Verband für Blinden- und Sehbehindertenpädagogik e. V. (Hrsg.)

Perspektiven im Dialog

XXXVI. Kongress für Blinden- und Sehbehindertenpädagogik
01.08. bis 05.08.2016 in Graz
Kongressbericht

VERBAND FÜR BLINDEN- UND SEHBEHINDERTENPÄDAGOGIK E. V.

Perspektiven im Dialog

XXXVI. Kongress für Blinden- und Sehbehindertenpädagogik
01.08. bis 05.08.2016 in Graz

Kongressbericht

edition bentheim · Würzburg 2017

Bibliografische Information der Deutschen Nationalbibliothek

Die Deutsche Nationalbibliothek verzeichnet diese Publikation in der Deutschen Nationalbibliografie; detaillierte bibliografische Daten sind im Internet über http://dnb.dnb.de abrufbar.

Bibliographic information published by the Deutsche Nationalbibliothek

The Deutsche Nationalbibliothek lists this publication in the Deutsche Nationalbibliografie; detailed bibliographic data are available in the Internet at http://dnb.dnb.de.

© edition bentheim der Johann Wilhelm Klein-Akademie GmbH 2017

Ohmstr. 7, 97076 Würzburg, Deutschland

Tel. 0931 2092-2394, Fax 0931 2092-2390

info@jwk-akademie.de

www.edition-bentheim.de

ISBN 978-3-946899-02-0

Redaktion: Programmausschuss VBS

Dr. Wolfgang Drave, edition bentheim

Layout: arnd rüttger für pth-mediaberatung GmbH

Auslieferung: Spurbuchverlag

Am Eichenhügel 4, 96148 Baunach, Deutschland

Tel. 09544 1561, Fax: 09544 809

info@edition-bentheim.de

Das Buch oder Teile davon dürfen weder fotomechanisch, elektronisch noch in irgendeiner anderen Form ohne schriftliche Genehmigung des Verlags wiedergegeben werden.

Inhalt

(Die mit „⊕ Web" gekennzeichneten Vorträge sind nicht im Buch enthalten, sondern können online unter www.edition-bentheim.de heruntergeladen werden. Die nicht gekennzeichneten Vorträge sind im Kongressbericht abgedruckt.)

Dieter Feser
Kongress-Eröffnung 21

Hauptvorträge

Barbara Gasteiger-Klicpera, Edvina Bešić
Inklusive Modellregionen – Vision und Wirklichkeit 23

Andrea Holzinger, David Wohlhart
Professionalisierung für Inklusive Bildung 39

Thomas Bernhard
Das Recht auf Bildung gem. Art. 24 der UN-Behindertenrechtskonvention: Herausforderungen bei der Umsetzung aus rechtswissenschaftlicher Sicht 53

Rupert W. Strauß
Genetisch bedingte Netzhauterkrankungen – Stand der Forschung und Therapieausblicke 67

Josef Zihl, Lydia Unterberger
CVI – Medizinische und neuropsychologische Aspekte 75

Vera Heyl
Blindheit und Sehbehinderung aus der Perspektive einer Entwicklungspsychologie der Lebensspanne 89

Keynotes und Vorträge

Themenschwerpunkt Inklusive Regionen und Modelle

Birgit Drolshagen, Fabian van Essen
Inklusive Regionen und sozialer Raum – ein Thema für die Sehgeschädigtenpädagogik 105

Josef Adrian
Inklusion braucht differenzierte Strukturen 123

Peter Rodney-Jensen
Individual and social premises for inclusion of visually impaired students 135

Franz-Josef Beck
Temporäre stationäre Beschulung im FöS-Sehen – Exklusion zur Vorbereitung auf die Inklusion 143

Jutta Manninger (Holding Graz Linien)
Maßnahmen zur Verbesserung der Barrierefreiheit 151

INHALT

Christian Biber, Petra Rösl-Thies
Das SehMobil des Blindeninstituts – Konzeption und Umsetzung ⊕ Web

Dietmar Böhringer
Unfallverhütung durch Gestaltung barrierefreier Treppen – ein wesentlicher
Beitrag zur Inklusion blinder und sehbehinderter Menschen ⊕ Web

Katharina Bossert De Paz, Regina Frieß, Ulrike Steffen
Besondere Menschen brauchen besondere Lösungen ⊕ Web

Franz Feiner, Irene Pack
EU-Projekt ETHIKA ⊕ Web

Florian Hilgers
Ende der Schulzeit = Ende der Inklusion? Der erste allgemeine Arbeitsmarkt
als Nagelprobe für eine „inklusive Gesellschaft" ⊕ Web

Wiebke Gewinn
Individuelle Bildungspläne als Instrument zur Gestaltung inklusiver
Bildungssettings für Lernende mit Beeinträchtigung des Sehens ⊕ Web

Marija Gschaider-Kraner
Stock und iPhone in der Hand ⊕ Web

Annette Hallenberger, Bettina Ludwig, Sabine Häßler-Hahm
Kursangebote als Möglichkeit zur Entwicklung von Lesekompetenzen
in inklusiven Schulsettings bei blinden und sehbehinderten Schülerinnen
und Schülern ⊕ Web

Matthias Kopp, Anna Sarach
Inklusive Sport- und Freizeitangebote für blinde
und sehbehinderte Menschen ⊕ Web

Karin Kubec, Birgit Schloffer
Exklusive Inklusion? „Blind – na und?" 🌐 Web

Rudolf Lacher
Skulpturen am Dachsberg – Kunst anders sehen.
Die Skulpturensammlung des Blindeninstituts Rückersdorf 🌐 Web

Sarah Laßmann, Vera Heyl
Perspektiven blinder und sehbehinderter Schülerinnen und Schüler
auf Inklusion 🌐 Web

Michael Longhino, Christine Pluhar
Ergebnisse des Projektes „Inklusive Bildung in der Oststeiermark
und seine Übertragbarkeit" 🌐 Web

Doris Löpmeier
Perspektive Sehen 2020 – Inklusive Schulentwicklungsplanung für die
LWL-Förderschulen, Förderschwerpunkt Sehen in Westfalen-Lippe 🌐 Web

Michaela Meier
Berufliche Perspektiven anhand des Qualifizierungsprojektes BeTraIn zur
Begleitung, dem Training und der Integration am allgemeinen Arbeitsmarkt:
Personenzentrierte Begleitung versus steigende Herausforderungen
in der Arbeitswelt 🌐 Web

Ina Oertel-Bauer
Case Management in der Beratung/Unterstützung Erwachsener.
Ein Spannungsbogen von der Beratungsstelle für blinde und sehbehinderte
Menschen über Netzwerkarbeit bis zu Integrationsmaßnahmen 🌐 Web

Ina Oertel-Bauer, Anja Leuoth
Beratungs- und Unterstützungsangebot am Arbeitsplatz 🌐 Web

Felix Oldörp
Progressive Muskelrelaxation mit blinden und sehbehinderten Schülern –
eine didaktische Konzeptentwicklung zur Umsetzung im inklusiven
Sportunterricht ⊕ Web

Anja Reichenbach, Jonas Staub
Von der Ersatzbank in die Startformation – inklusive Projekte in der Schweiz ⊕ Web

Fabian Tänzer
Beratung und Unterstützung an einer Berliner Gemeinschaftsschule
(Schwerpunkt Sehen) – das iBUZ der Paul-und-Charlotte-Kniese-Schule ⊕ Web

Joachim Till
Gemeinsam geht es besser! Vier Jahre inverse Inklusion
an der Betty-Hirsch-Schule Nikolauspflege Stuttgart ⊕ Web

Heike Wiedemann, Uwe Wiedemann
Auge um Auge, Stich um Stich, Zug um Zug ⊕ Web

Themenschwerpunkt Professionalisierung

Hannelore Knauder, Alexandra Strohmeier-Wieser
**Schulische Förderung: Akzeptanz und Herausforderung
für Grundschullehrer/innen** 159

Markus Lang, Elisa Keesen, Klaus Sarimski
**Hörsehbehindertenspezifische / taubblindenspezifische Fachkompetenz
in Frühförderung und Schule. Ergebnisse und Schlussfolgerungen
einer Studie zur pädagogischen Versorgungslage in Deutschland** 169

Margit Brummer
Lebensinstrument Musik! ⊕ Web

Birgit Drolshagen
Berufsbild Schulbegleitung – Von der Heterogenität der Perspektiven
und ihrem Potenzial für den Inklusionsprozess ⊕ Web

Kunigunde Frey
Kunst durch Ausdruck – Ausdruck durch Professionalität –
durch Professionalität Integration ⊕ Web

Cathleen Hestermann
EDUCARE (2015 – 2017) ⊕ Web

Frederike Isenberg
Personalentwicklungskonzept zur Qualifizierung neuer Mitarbeiter
im Sonderpädagogischen Dienst ⊕ Web

Thomas Katlun, Markus Lang, Axel Bolsinger, Martin Giese
Angeborene und erworbene Erkrankungen des Auges und
die damit verbundenen Möglichkeiten und Einschränkungen
für unterschiedliche Sportformen ⊕ Web

Hannelore Knauder, Alexandra Strohmeier-Wieser
Schulische Förderung: Akzeptanz und Herausforderung
für Grundschullehrer/innen ⊕ Web

Barbara Latzelsberger
„Lernen ist wie Küssen – nur ohne Lippen – Von der Entwicklung
eines etwas anderen Qualifizierungsangebots für Fachkräfte
im Taubblindenwesen ⊕ Web

INHALT

Juliane Leuders
Der Förderschwerpunkt Sehen in der Aus- und Fortbildung
von Regelschullehrkräften: Rahmenbedingungen und Zielsetzungen
für das Fach Mathematik 🌐 Web

Maria Nagel, Barbara Levc
Unterrichtsmaterialien für den Deutschunterricht in der Sonderpädagogik
für Schüler/innen mit Sehbehinderung oder Blindheit 🌐 Web

Erika Oks, Margarete Neuhaus, Martina Müller-Korn
Ein Konzept für Dialog und Austausch von Familien und deren
therapeutischem und pädagogischem Fachpersonal. Möglichkeiten
und Grenzen im inklusiven Kontext 🌐 Web

Viola Oser Lüthi
Familien im Austausch 🌐 Web

Viola Oser Lüthi
Wie kann die Orientierung von blinden oder hochgradig sehbehinderten
Kindern oder Personen mit erhöhtem Betreuungsbedarf in bewohnten
Räumen unterstützt werden? 🌐 Web

Sinikka Rapp, Flemming Ask Larsen
„Keep in touch" – Über die Bedeutsamkeit von Berührungsqualität
für Menschen mit Hör-/Sehbehinderung und Taubblindheit 🌐 Web

Christina Riedler, Martina Gollner
Accessibility All Areas – Ein Projekt zur Verbesserung der
Partizipationsmöglichkeiten von Menschen mit Behinderungen
auf Live-Musik-Events 🌐 Web

PERSPEKTIVEN IM DIALOG

Marie-Luise Schütt
Wie viel Sehgeschädigtenpädagogik braucht das allgemeine Lehramt? ⊕ Web

Amelie Schneider
Die Arbeit an überregionalen Beratungs- und Förderzentren –
Spannungsmomente in der Gestaltung inklusiver Settings
zwischen Theorie und Praxis ⊕ Web

Monika Weigand
Schriftdolmetscher – eine vielversprechende berufliche Perspektive
für blinde und sehbehinderte Menschen ⊕ Web

Themenschwerpunkt Medizin

Lea Hyvärinen
Transdisciplinary Assessment of Visual Functioning in Infants and Children 179

⋯❖ ⊕ ❖⋯

Alexander Avian
„Bist du es, Papa?" – Strategien zum Umgang mit Prosopagnosie
im Kindes- und Erwachsenenalter ⊕ Web

Franz-Josef Beck
Die Hirnaktivität beim Lesen und die Auswirkungen
auf den Leselernprozess bei einer Sehbehinderung ⊕ Web

Katrin Binnenhei, Christine Muschner
Ist die Diagnostik von visuellen Wahrnehmungsstörungen
in der mobilen heilpädagogischen Frühförderung möglich? ⊕ Web

Marjolein Dik
Neue Zeiten – neue Probleme in der CVI-Diagnostik und -Behandlung   🌐 Web

Gertrude Jaritz, Birgit Schloffer
Wie nachhaltig ist das steirische interdisziplinäre Forschungsprojekt
zum Thema CVI?   🌐 Web

Henriette Maritta Neuwirth
NICHTS bleibt zurück?! Darstellung eines alternativen Weges
mit den Höhen und Tiefen aus Sicht einer Mutter   🌐 Web

Claudia Rauch
Blindheit – eine Diagnose mit Folgen   🌐 Web

Michaela Velikay-Parel
Überblick und Fortschritte der elektronischen Netzhautimplantate   🌐 Web

Themenschwerpunkt Lebensphasen

Stephan Marks
Menschenwürde und Scham   189

Renate Walthes
**„... aber versuchen will ich ihn." Über den Umgang mit Herausforderungen
im Lebenslauf blinder und sehbeeinträchtigter Menschen**   199

Marco Bambach, Sabine Kampmann

Gut sehen bis ins hohe Alter – wie Behindertenhilfe und Altenhilfe gemeinsam für mehr Durchblick bei Senioren sorgen können ⊕ Web

Michaela Bitterlich

Das Prädikat „Besonders für sehgeschädigte Menschen geeignet". Unterstützung des selbstbestimmten Lebens im Alter ⊕ Web

Anneke Blok, Miranda Zwijgers

Taktiles Profil – ein Zusatz für mehrfachbehinderte Personen. Ein Beobachtungsinstrument zur Erkennung des taktilen Funktionierens blinder oder stark sehbehinderter Personen mit einer schweren geistigen Behinderung. ⊕ Web

Martin Brandner, Klaus-Martin Rannacher

Raum für alle Menschen – Vision für ein Tageszentrum für Seniorinnen und Senioren ⊕ Web

Sonja Breitenbach

Lesen lernen als konstruktiver Auseinandersetzungsprozess unter besonderer Berücksichtigung von Schülerinnen und Schülern mit Sehbeeinträchtigung ⊕ Web

Gerhard Brenner

Biografiearbeit mit Menschen mit schwerer Behinderung ⊕ Web

Regina Deckert, Karin Mutschler

„Mein Leben fängt neu an" – Unterstützung beim Übergang von schulischer Bildung zu beruflicher Bildung aus psychologischer und orthoptischer Sicht ⊕ Web

INHALT

Regina Deckert, Erdmuthe Hemmann-Kuhne

Macht schlechteres Sehen anfälliger für Stress? – Vorstellung eines Seminars zur Stärkung der Stressbewältigungskompetenz in der Hauswirtschaftlichen Ausbildung ⊕ Web

Sven Degenhardt

Das „Spezifische Curriculum" als Baustein gelingender inklusiver Bildungsprozesse für Menschen mit Beeinträchtigung des Sehens ⊕ Web

Anne Engert, Andrea Lucke

„Aufsuchende Sehförderung: Vor-Ort-Veranstaltungen". Interdisziplinäre Impulse zur Sehförderung für Kinder mit Sehbehinderung und weiterem Förderbedarf ⊕ Web

Anne Engert, Gabriele Löhnig

Materialien zur Überprüfung elementarer und komplexer Sehfertigkeiten sehgeschädigter mehrfachbehinderter Kinder ⊕ Web

Anne Engert, Gabriele Löhnig

Sehförderung im Alltag von sehbehinderten mehrfachbehinderten Kindern ⊕ Web

Sonja Etteldorf, Rainer Garburg

Sail away! Unterwegs mit allen Sinnen. Ablegen als Gruppe, ankommen als Team ⊕ Web

Katharina Feichtner-Bramböck

„Freedom of movement" in den ersten Lebensjahren eines Kindes mit Fokus auf den „wahrnehmenden Stock" nach Daniel Kish und Juan Ruiz ⊕ Web

Jens Geldner

Bedeutungen von Erwerbsarbeit im Kontext der beruflichen Rehabilitation blinder und sehbehinderter Menschen ⊕ Web

Martin Giese
Inklusion – (k)eine Sache der Förderschule? ⊕ Web

Marija Gschaider-Kraner
Erweiterte Perspektiven durch koordinierte Übergänge ⊕ Web

Jutta Hennies, Markus Meier
Diagnose: Mehrfachbehindert taubblind –
auf dem Weg in eine inklusive Welt? ⊕ Web

Christoph Henriksen, Sven Degenhardt, Marie-Luise Schütt
Schulassistenz – Segen oder Fluch für die inklusive Schule? ⊕ Web

Nadja Högner
Schulische und berufliche Situation von Menschen
mit dualer Sinnesschädigung – Ergebnisse aktueller Studien ⊕ Web

Ursula Hofer, Markus Lang
Aktivität und Teilhabe an inklusiver Bildung: Unterstützende didaktische
Konzepte und technologische Kompetenzen als Voraussetzung ⊕ Web

Stefanie Holzapfel
Akzeptanz vergrößernder Sehhilfen durch Kinder mit Sehbehinderungen ⊕ Web

Barbara Levc
„Ich zieh dir an, was du nicht siehst." Selbstrepräsentation von Mädchen
und Frauen unter dem Aspekt von Sehbehinderung bzw. Blindheit ⊕ Web

Barbara Levc, Jakob Putz
Zwischen Inklusion und Konfusion. Wie gelingt der Übergang
von der Schule zur Hochschule? ⊕ Web

Henning Müller

Innovative Ansätze in der Berufsvorbereitung – erfolgreicher Übergang in Ausbildung und Arbeit ⊕ Web

Karin Pammer

Modulares Kurssystem für sehbehinderte und blinde Kinder als Qualitätsergänzung für die integrative Beschulung sehbeeinträchtigter Kinder in Tirol ⊕ Web

Manfred Sonnleitner

Die Geburt eines behinderten Kindes als Grenzerfahrung. Der Prozess des Trauerns von Eltern aus existenzanalytischer Perspektive ⊕ Web

Ursula Sperrer-Kniep

Unterricht in Lebenspraktischen Fähigkeiten als wichtige Grundbedingung für gelingende Inklusion ⊕ Web

Stefanie Steinbauer

„Visually Impaired Seniors Active Learning" – Das VISAL-Projekt ⊕ Web

Andreas Töpfer, Renate Strohmeier

„Perspektive? Arbeit!" – Transnationale berufliche Mobilität sehbehinderter Menschen ⊕ Web

Themenschwerpunkt Medien

Vivian Aldridge
Alte Inhalte in neuen Punkten: Die neue 6-Punkte-Braillemathematikschrift 225

Ursula Hofer, Markus Lang
Zukunft der Brailleschrift (ZuBra): Ein Forschungsprojekt der Interkantonalen Hochschule für Heilpädagogik Zürich und der Pädagogischen Hochschule Heidelberg. Ergebnisse der Onlinebefragung hochgradig sehbehinderter und blinder Personen zur Nutzung von Braille, Computer und anderen Technologien 233

Ellen und Martin Brieger
iPad-Klassen am bbs nürnberg – Chancen, Grenzen und weiterführende Überlegungen 243

Elke Ameis
„Ich will SCHOKOLATTE hören!" – Erweiterung der Kommunikationsmöglichkeiten über auditives Scanning mit der iPad-App GoTalkNOW und Partnerscanning mit einem Kommunikationsbuch ⊕ Web

Reiner Delgado, Eva Cambeiro Andrade
Seminare, E-Learning, Blended Learning für Beratende – Medizin, Low Vision, Reha, Recht, ein Curriculum auch für PädagogInnen? ⊕ Web

Nadja Högner ⊕ Web
Die Bedeutung von Tablet und Smartphone für Menschen mit Blindheit/Sehbehinderung

INHALT

Florian Hilgers
Auf die richtige Auswahl kommt es an! Tipps und Tricks zu einer
schnellen und erfolgreichen Umarbeitung von Abbildungen
an die Bedürfnisse sehbehinderter Schülerinnen und Schüler
mit der kostenlosen Bildbearbeitung „GIMP 2"   ⊕ Web

Ferdinand Kemeth, Sylvie Couronné
Blindtrack: Technisches Assistenzsystem für mehr Autonomie
sehbehinderter Sportler im Lauftraining   ⊕ Web

Frank Laemers, Markus Lang
Alex und die Reise zu den Musterinseln – Ein Bilderbuch für sehende,
blinde und sehbehinderte Kinder – geht das?   ⊕ Web

Matthias Leopold
EDUPUB – barrierefreie E-Books in Schule, Ausbildung und Beruf   ⊕ Web

Ruth List
Begriffsbildung und Welterfahrung für blinde und sehbehinderte
Menschen durch 3D-Technologien – Erfahrungen und Perspektiven
aus dem EU-Projekt AMBAVis „Access to museums for blind and visually
impaired people through 3D technology"   ⊕ Web

Veronika Mayerböck, Gottfried Hauser
LIGHTSCORES – Kannst du hören, was du siehst?   ⊕ Web

Vanessa Petrausch
Inklusives Lehrmaterial für die Unified Modeling Language (UML)   ⊕ Web

Walter Rainwald
Österreich Computer Camp – eine Erfolgsgeschichte wird 18   ⊕ Web

Katrin Vitt
Kompetenzraster zum Umgang mit dem E-Buch-Standard ⊕ Web

Sr. Boriska Winiger
Blind oder sehbehindert – Vorhang auf! Handreichung zu Theaterprojekten ⊕ Web

Fabian Winter
iPad-Nutzung blinder Grundschüler/innen ⊕ Web

Susanne Zimmermann-Janschitz
„Ways2See" – Eine GIS-basierte digitale Informationsplattform
für sehbehinderte und blinde Menschen ⊕ Web

DIETER FESER, 1. VORSITZENDER VBS E.V.

Kongress-Eröffnung

Ein herzliches Willkommen an die teilweise weitgereisten Kolleginnen und Kollegen. Ein herzlicher Gruß, verbunden mit großem Dank geht an die vielen Vertreterinnen und Vertreter der Universitäten, Politik und regionalen Administration.

Dieser 36. VBS-Kongress ist etwas ganz Besonderes:

Er steht unter der Schirmherrschaft von Martin Schulz, Präsident des Europäischen Parlaments.

Eine besondere Auszeichnung sind die persönlichen Schirmherrschaften von

- Verena Bentele, Beauftragte der Bundesregierung der Bundesrepublik Deutschland für die Belange behinderter Menschen, und
- Dr. Erwin Buchinger, Anwalt für Gleichbehandlungsfragen für Menschen mit Behinderung der Republik Österreich.

Der 36. VBS-Kongress bedeutet: Kontinuität und Neues

Neu ist, dass der ICEVI Europe (International Council for Education of People with Visual Impairments) sich als europäischer Kooperationspartner am Kongress beteiligt; die Präsidentin Betty Leotsakou ist als Repräsentantin anwesend.

Kontinuität findet sich bei der großen Thematik der Teilhabe von Menschen mit Blindheit und Sehbehinderung.

Neu sind dabei jedoch der weite, internationale Blick, das Verhältnis von Medizin und Pädagogik und die Erörterung verschiedener therapeutischer Ansätze.

Bei den vielen Themen, Referenten und damit dem großen Fachwissen ist das Besondere an diesem Kongress das einander Zuhören, gemeinsam Ansätze weiterentwickeln und sich konstruktiv auseinandersetzen.

Der Blick in Theorie, Wissenschaft und Praxis macht die Veranstaltung lebendig und nachhaltig zugleich.

Der 36. VBS-Kongress ist nicht nur der größte Kongress im deutschsprachigen Raum, sondern auch europaweit. Daher freut es uns, dass von hier Signale gesendet werden, Botschaften ausgehen, Prozesse in Gang kommen und neue Wege gegangen werden.

Gerade die Veränderungsprozesse schaffen neue Ausgangspositionen – aber: nach wie vor gilt und ist dem VBS sehr wichtig: jeder einzelne Menschen mit Beeinträchtigung des Sehens kann Teilhabe erleben und hat auch einen rechtlichen Anspruch darauf – unabhängig vom Ort der Förderung.

Der VBS e.V. war hier schon immer involviert, immer mit vorne dran und dieser Kongress wird dies weiterführen.

Aus deutscher Sicht muss auch ein Hinweis auf das Bundesteilhabegesetz erfolgen, denn inmitten der gegenwärtigen bildungs- und sozialpolitischen Veränderungen findet gerade großer Protest der Verbände und Wohlfahrtsorganisationen am aktuellen Entwurf des Gesetzes statt. Aus deren und auch unserer Sicht sind Nachbesserungen dringend erforderlich. Soeben wurde eine weitere Resolution des VBS zur Verbesserung des Gesetzesentwurfes u.a. an die Kultusministerkonferenz auf den Weg gebracht.

Es darf nicht sein, dass mit neuen Festlegungen im Bundesteilhabegesetz Verschlechterungen in unterschiedlichen Dimensionen einhergehen und damit wichtige und bewährte Standards zur Sicherung der schulischen, beruflichen und sozialen Teilhabe gefährdet sind.

Nach diesem kurzen Exkurs zum Bundesteilhabegesetz möchte ich am Schluss all denen ganz herzlich danken, die in unterschiedlichen Gremien und Vorbereitungsteams dazu beigetragen haben, den Kongress in Graz auf den Weg zu bringen.

Beeindruckend war bis jetzt alles – auch schon bei der Anreise: Das sagenhafte Willkommensgefühl südländischer Gastfreundfreundschaft gepaart mit nördlicher Gewissenhaftigkeit.

Der VBS-Kongress 2016 in der wunderschönen Steiermark ist hiermit eröffnet!

HAUPTVORTRÄGE

BARBARA GASTEIGER-KLICPERA & EDVINA BEŠIĆ

„Inklusive Modellregionen – Vision und Wirklichkeit"

Einleitung

Mit der Ratifizierung der UN-Behindertenrechtskonvention (UN-BRK) hat sich Österreich im Jahr 2008 dazu verpflichtet, die Rechte von Menschen mit Behinderung zu gewährleisten, zu fördern und zu schützen (Bundesministerium für Arbeit, Soziales und Konsumentenschutz, 2014). Zur Umsetzung dieser Vereinbarung wurde im Jahr 2012 in Österreich ein Nationaler Aktionsplan (NAP) Behinderung 2012-2020 verabschiedet und in weiterer Folge in einzelnen Bundesländern eigene Aktionspläne entwickelt. Als erstes Bundesland initiierte die Steiermark die Konzeption einer Reihe von Maßnahmen zur Umsetzung von Inklusion. Diese Maßnahmen wurden unter der Koordination des Sozialressorts in einem Aktionsplan 2012-2014 zusammengefasst (erste Phase). Die zweite Phase des Aktionsplanes 2015-2017 befindet sich derzeit in Umsetzung (Amt der Steiermärkischen Landesregierung, 2015).

Auch im Bereich der inklusiven Bildung nimmt die Steiermark österreichweit eine Vorreiterrolle ein. Das besondere Engagement des Landes für inklusive Schulen hat sich in den letzten dreißig Jahren kontinuierlich weiterentwickelt. Insgesamt konnte der Anteil an Kindern mit sonderpädagogischem Förderbedarf (SPF), die in Regelschulen unterrichtet werden, auf über 80% erhöht werden (Bruneforth et al. 2016). Derzeit wird an dem Ziel gearbeitet, in der Steiermark mehrere inklusive Modellregionen einzurichten, in denen der Schwerpunkt auf der Weiterentwicklung inklusiver Schul- und Unterrichtsangebote liegt. Basierend auf den gesammelten Erfahrungen und Erkenntnissen soll ein detailliertes Entwicklungskonzept umgesetzt werden, das die Qualität des Bildungssystems soweit heben kann, dass an allen Schulen inklusiv unterrichtet wird und separierende Einrichtungen nicht mehr notwendig sind (Gasteiger-Klicpera & Wohlhart, 2015).

Über die Art und Weise, wie Inklusion in Schulen umgesetzt werden soll, liegen derzeit unterschiedliche Vorstellungen und Konzeptionen vor. Nach Peters (2009) kann Inklusion auf verschiedenen Niveaus implementiert werden, verschiedene Ziele haben, sich auf unterschiedliche Klassifikationen des SPF beziehen und Hilfestellungen in verschiedenen Kontexten geben. Aufgrund dieser Divergenzen im Verständnis plädieren viele dafür, Inklusion als einen Prozess zu verstehen. Im Rahmen dieses Prozesses können flexible Konzepte entwickelt und auf die unterschiedlichen Bedürfnisse der Kinder auch unterschiedlich eingegangen werden. Nach Ainscow und Miles (2008) ist eine inklusive Schule "one that is on the move, rather than one that has reached a perfect state" (Ainscow & Miles 2008, S. 20).

Das Modell der Inklusiven Regionen in Österreich

Da es in Österreich nur wenige städtische Ballungsgebiete mit einer sehr hohen Bevölkerungsdichte gibt, wurde zur Weiterentwicklung der inklusiven Schule auf ein Modell zurückgegriffen, das die ländliche Struktur des Landes berücksichtigt. Die Idee besteht darin, Inklusive Regionen zu schaffen, in denen die Expertise für inklusive Schule in regionalen Zentren gebündelt und flächendeckend ein inklusives Angebot umgesetzt wird.

Eine Inklusive Region wird folgendermaßen definiert: „Eine Inklusive Region ist eine Region, die das Ziel verfolgt, in ihrem Einflussbereich den Artikel 24 ‚Bildung' der UN-Behindertenrechtskonvention vollständig umzusetzen" (Bundesministerium für Bildung und Frauen, 2015, S. 2).

In einer Inklusiven Region sollen alle in dieser Region wohnenden Schüler/innen an Regelschulen unterrichtet und auf Sonderbeschulung verzichtet werden. Daher ist es notwendig, Möglichkeiten für Schüler/innen mit schweren/mehrfachen Behinderungen oder mit gravierenden Störungen im Bereich der sozial-emotionalen Entwicklung vorzusehen.

Das Ziel einer Inklusiven Region besteht darin, die inklusive pädagogische Qualität und den Support an Regelschulen so zu heben, dass aussondernde Einrichtungen möglichst nicht mehr gebraucht werden, wie es die UN-BRK und der

NAP-Behinderung 2012-2020 vorsehen. Dies bedeutet, dass Selektions- und Segregationsmechanismen überwunden werden, dass in Zukunft auf die Einstufung von Schüler/innen in den Lehrplan der Allgemeinen Sonderschule verzichtet und stattdessen lernzieldifferente Lehrpläne und individuelle Förderpläne zur Differenzierung von Lernangeboten innerhalb des Lehrplans der Regelschule entwickelt werden (Bundesministerium für Bildung und Frauen, 2015).

Zwei weitere Punkte sind für die Durchführung entscheidend: die Weiterentwicklung der Supportsysteme und die Entwicklung von Modellen der alternativen Ressourcensteuerung. Die Supportsysteme stellen inklusionspädagogische und sonderpädagogische Maßnahmen bereit, beraten und unterstützen Lehrpersonen und Eltern. Schließlich sollen Modelle der alternativen Ressourcensteuerung entwickelt und erprobt werden, wobei zwischen einer indexbasierten Steuerung und einer Zuteilung durch Experten differenziert wird.

Obwohl diese allgemeinen Grundlagen bundesweit einheitlich sind, sieht die Ausgestaltung der Inklusiven Regionen in der Praxis sehr unterschiedlich aus.

Die Umsetzung des Konzeptes in Tirol

Die Umsetzung des Konzeptes in Tirol ist durch den landesweiten Aufbau der Pädagogischen Beratungszentren (PBZ) gekennzeichnet. Diese werden im Auftrag des Landesschulrates für Tirol errichtet und übernehmen die Aufgaben der Zentren für Inklusiv- und Sonderpädagogik. Ein Team aus mobilen Pädagog/innen berät die Lehrpersonen und Eltern in Zusammenhang mit Fragen des gemeinsamen Unterrichts von Schülern/Schülerinnen mit und ohne Behinderung. Zudem plant und implementiert dieses Team Unterstützungsmaßnahmen, die durch die Heterogenität der Schülergruppen erforderlich werden. In jeder der zehn Bildungsregionen Tirols wurde ein Pädagogisches Beratungszentrum eröffnet.

Dieser Aufbau in Tirol wird durch einen starken politischen Konsens getragen, der Landesschulrat unterstützt gemeinsam mit der Landesregierung diese Entwicklung. Für die Implementierung ist ein Landeskoordinator verantwortlich, der seit 2014 im Einsatz ist und der Landesschulinspektorin bei der Weiterentwicklung zur Seite steht.

Die Umsetzung des Konzeptes in Kärnten

In Kärnten konnte die Inklusion von Schülern/Schülerinnen in die Regelschule in den letzten Jahren ausgeweitet und somit die Inklusionsquote Schritt für Schritt erhöht werden. Das besondere Merkmal des „Kärntner Modells" ist die Betreuung der Schüler/innen in Kleinklassen. In diesen Kleinklassen, die an Regelschulen angebunden sind, werden ausschließlich Schüler/innen mit Behinderungen unterrichtet. Die Kleinklassen sind für Schüler/innen mit hohem und höchstem Unterstützungsbedarf gedacht und entsprechend gut ausgestattet. So werden z. B. sechs Schüler/innen mit zwei Lehrkräften unterrichtet, die als Kleinklasse an einer Regelschule angebunden sind. Zudem findet, soweit möglich, auch gemeinsamer Unterricht mit den anderen Schülern/Schülerinnen in verschiedenen Fächern statt.

Dieses Konzept der Betreuung in Kleinklassen ist bereits weitgehend implementiert und hat Eltern und Schülern/Schülerinnen neue Möglichkeiten eröffnet. Dies führt auch dazu, dass die Sonderschulen nach und nach geschlossen werden können. Möglich wird diese Entwicklung auch durch zusätzliche Ressourcen, die seitens des Landes für die Kleinklassen zur Verfügung gestellt werden.

Die Umsetzung des Konzeptes in der Steiermark

In der Steiermark steht die Implementierung Inklusiver Regionen im Zentrum der Bemühungen um eine inklusive Schule. Derzeit sind die Regionen steirischer Zentralraum, Graz und Umgebung inkl. Voitsberg sowie die Oststeiermark als Inklusive Regionen identifiziert.

Wichtigstes Ziel ist die Erhöhung der inklusiven Qualität an allen Schulen. Eine wichtige Maßnahme zur Umsetzung ist daher die inklusive Schulentwicklung. Lehrerteams aus allen Schulen erhalten seitens der Pädagogischen Hochschulen Fortbildungen zum „Index für Inklusion". Zudem sind Sonderschulen dabei, Konzepte für die Weiterentwicklung und Umwandlung in inklusive Schulen zu erarbeiten und umzusetzen.

Eine Studie zur schulischen Inklusion in der Region Oststeiermark

Um den Prozess der Etablierung der Inklusiven Region in der Oststeiermark zu begleiten und wissenschaftlich zu evaluieren, wurde das Team des Arbeitsbereichs für Integrationspädagogik der Universität Graz mit der Erarbeitung einer wissenschaftlichen Studie beauftragt. Das Ziel dieser Studie bestand darin, eine Analyse der Rahmenbedingungen für die Umsetzung von Inklusion an Bildungsinstitutionen durchzuführen und Ideen zu ihrer Weiterentwicklung zu generieren. Dabei standen die Lehrplanung, interdisziplinäre Teamkooperation, Rahmenbedingungen, Ausbildung der Lehrkräfte und Netzwerkarbeit im Mittelpunkt. Es ging einerseits um die Chancen und Herausforderungen für den Inklusionsprozess, aber auch um die Möglichkeiten der Weiterentwicklung aus Sicht der Befragten.

Für die Untersuchung wurden leitfadengestützte Interviews mit 25 Expert/innen durchgeführt. In die Stichprobe wurden je zwei Schulen jedes Schultyps aufgenommen (zwei Volksschulen, Neue Mittelschulen und Polytechnische Schulen). Aus diesen Schulen wurden jeweils eine Regelschullehrkraft, eine Sonderpädagogin/ein Sonderpädagoge und die Leitung befragt. Zudem wurden zwei Regelschullehrkräfte und die Schulleitung einer Allgemeinbildenden Höheren Schule (AHS) Unterstufe interviewt und die Leitungen der vier Zentren für Inklusiv- und Sonderpädagogik (ZIS). Bei der Auswahl der Schulen wurde darauf geachtet, dass diese bereits Erfahrung mit Integration und Inklusion hatten.

Der Interviewleitfaden für die Gespräche wurde auf der Basis zweier Instrumente zur inklusiven Schulentwicklung, dem „Index for Inclusion" (Booth & Ainscow, 2011) und dem „Leitfaden Profilbildung inklusive Schule" (Fischer, Heimlich, Kahlert & Lelgemann, 2012) entwickelt. In beiden Instrumenten wird davon ausgegangen, dass das Thema Inklusion die Schule als System betrifft. Schulen sollen sich in einem inklusiven Schulentwicklungsprozess so verändern, dass sie den unterschiedlichen Bedürfnissen aller Kinder und Jugendlichen gerecht werden. Dabei sind neben der Barrierefreiheit die Erweiterung der Kompetenzen von Lehrkräften und die Zusammenarbeit aller Beteiligten wesentlich. Zusätzliche Ressourcen sollen über ein tragfähiges, rasch reagierendes und kompetentes Unterstützungssystem bereitgestellt werden. Ein wesentlicher Aspekt liegt in der interdisziplinären Zusammenarbeit von Fachkräften mit anderen Beteiligten bzw.

in der Weiterentwicklung von schulischen und außerschulischen Kooperationen.

Alle außer drei Interviews wurden mit einem Aufnahmegerät aufgezeichnet. Bei den Gesprächen, bei denen keine Audioaufzeichnung möglich war, wurden Gedächtnisprotokolle erstellt und bei der Auswertung mit berücksichtigt.

Die Gespräche wurden wörtlich transkribiert und anhand einer computergestützten qualitativen Inhaltsanalyse ausgewertet. Für die Auswertung wurde ein Kategorienschema verwendet, das aufgrund theoretischer Annahmen und aufgrund der Aussagen, die in den Interviews vorkamen, erstellt und im Laufe der Analyse mehrfach überarbeitet wurde.

Ergebnisse

Ressourcen

Als besonders wichtiger Punkt wird seitens aller Befragten die Verteilung der Ressourcen gesehen. So würden sie sich Veränderungen in den Bereichen Klassenhöchstzahl, Ressourcenverteilung und Antragsstellung für einen Sonderpädagogischen Förderbedarf wünschen. Bei der Klassenhöchstzahl wären 17-23 Schüler/innen mit maximal vier Kindern mit SPF (Sonderpädagogischem Förderbedarf) ideal. Zudem sollte die Ressourcenverteilung flexibler gestaltet werden.

In Bezug auf personelle Ressourcen wurde eine Reihe an Forderungen geäußert. Besonders betont wurde, dass das Zwei-Lehrer-Modell in allen Unterrichtsstunden vorhanden sein müsse, da Inklusion ohne die Doppelbesetzung für die Befragten undenkbar sei *"....weil allein als Lehrer in einer Klasse kann man [...] das nicht machen, also funktioniert das einfach nicht"* (21, 22).

Weiters sind die Befragten der Ansicht, es solle hochwertig ausgebildetes Pflegepersonal eingestellt werden. Diese Frage betrifft das finanzielle Engagement des Schulerhalters, da dieser die Aufgabe hat, das Betreuungspersonal bereitzustellen. Ein Anliegen der Lehrpersonen wäre, dass bei der Anstellung des Betreuungspersonals nicht nur die kostengünstigste Variante gewählt wird:

Also das Betreuungspersonal kriegen wir bis jetzt von [einer Organisation] [...]. Es kommt wirklich gut ausgebildetes Personal, die schauen, dass das mit dem Kind passt, dass die Zusammenarbeit gut ist, dass die Chemie zwischen dem Betreuer und dem

Kind passt, dass auch das für die Eltern [...] und den Lehrer passt. Ich weiß, wenn ich sage zur [Organisation], das passt nicht, dann schicken sie mir einen anderen, das kann ich in der Gemeinde nicht sagen und ich habe auch zum Bürgermeister gesagt, was machen wir, wenn die krank wird. Bei der [Organisation] ist es so, wir haben im Vertrag [...], wenn eine Person länger als eine Woche krank ist oder nicht kommen kann, dann schicken [sie] uns jemanden, das hätte ich da nicht. Außerdem, wie stelle ich die Qualifikation dieser Person fest [die vom Schulerhalter eingestellt wurde]? Ich habe dann ja nicht die Auswahl von drei, vier Personen, sondern die Gemeinde stellt jemanden an und das ist eben auch die [...] Meinung: ‚Naja pflegen [...] kann eh jeder, das könnte ja auch irgendeine Mutter am Vormittag machen, die ein paar Stunden arbeiten will oder so irgendwie'. Aber dass da viel mehr dahintersteckt, das ist noch nicht so vorgedrungen. (4I, 23)

Zudem wird deutlich, dass sich die Schulen mehr Autonomie in der Rekrutierung des Personals wünschen würden und dass die Schulleitung darauf achten muss, dass die passenden Rahmenbedingungen für den Unterricht gewährleistet sind.

Ein weiterer Kritikpunkt aller Befragten bezieht sich auf die inputorientierte Ressourcenverteilung in Bezug auf die benötigte sonderpädagogische Förderung. Die Ressourcen müssten flexibler einsetzbar sein.

[...] ich glaube, dass man bei verantwortungsvollen Schulleitern die Autonomie ein bisschen dorthin legen kann und einmal generell sagen kann: ‚Das ist das Paket an Stunden, das bekommt der und ihr entscheidet frei, wie ihr damit umgeht'. Ich glaube einfach, wenn man da ein bisschen einen Spielraum hat, sich leichter tut [...]. (1I, 94)

Die befragten Schulleitungen und Lehrkräfte würden sich besonders zu Schulanfang mehr Personal wünschen, da zu diesem Zeitpunkt neue Herausforderungen auf Lehrkräfte und Schüler/innen zukommen.

[...] Wir hätten eigentlich gerne in dieser Eingangsstufe einfach mehr Stunden und mehr Personal, damit die Kinder einfach gut starten können und ich glaube, das wäre eine gute Basis, dass sich das dann einfach auswirkt für ihre spätere Schullaufbahn. (3I, 65)

Neben den personellen sind für die Befragten auch die materiellen Ressourcen wichtig. In diesem Zusammenhang nennen die Befragten den Bedarf an Unterrichtsmaterialien, wie Computer und Schulbücher, die dem individuellen Lernstand der Kinder angemessen sind.

Die Lehrkräfte und Schulleitungen zeigen in diesem Bereich ein hohes Maß an Eigeninitiative. Die Lehrkräfte entwickeln in den meisten Fällen ihr eigenes Material, das den individuellen Bedürfnissen der einzelnen Kinder entspricht. Exemplarisch sei hier eine Schule erwähnt, die sich vor allem durch ihre technologische Ausstattung auszeichnet. Die Schulleitung hat es durch Recherche, intensive Kooperationen mit Firmen und sehr viel Eigeninitiative geschafft, dass jede Klasse eine interaktive Tafel und jedes Kind ein eigenes Notebook besitzt.

Räumliche Voraussetzungen

Damit die inklusive Entwicklung vorangehen kann, wird Barrierefreiheit als wichtige Voraussetzung betrachtet. Viele Schulgebäude sind nicht für Personen mit allen Arten von Behinderungen barrierefrei zugänglich. Mangelnde Zugänglichkeit bezieht sich am häufigsten auf Kinder mit Schwerst- und Mehrfachbehinderungen. Konkret fehlt es meistens an der Ausstattung der Klassen, an Therapieräumen und an Möglichkeiten, sich im Schulgebäude zu bewegen. In diesem Zusammenhang würden sich die Schulen bauliche Veränderungen wünschen, um nicht nur das Schulgebäude barrierefrei, sondern auch den Unterricht im Klassenraum individuell und differenziert gestalten zu können.

Also unsere Schule ist schon sehr alt und die Ausstattung ist weit hinter der/ also weit nicht zeitgemäß. Ob das jetzt rein die Lehrmittelausstattung ist oder auch die bauliche Ausstattung ist. (81,29)

Ein weiterer Punkt sind zusätzliche Nebenräume, die sich in der Nähe des Klassenraumes befinden und so einen raschen Ortswechsel erlauben sollten. Diese Nebenräume wären nicht nur für Kinder mit Behinderung wichtig, sondern auch für andere Kinder, die gerne ungestört arbeiten wollten.

Einstellungen der Lehrenden

Alle Befragten betonten, dass ihre Einstellung zur Inklusion positiv wäre, es aber dennoch weiterhin Schwierigkeiten im Inklusionsprozess gäbe. Dabei handle es sich um die Inklusion von Kindern mit Schwerst- und Mehrfachbehinderung sowie von Kindern mit sozial-emotionalem Förderschwerpunkt. Nach Meinung der Befragten wären diese Kinder nicht für die Inklusion geeignet. Dies wurde auch von allen ZIS-Leitungen betont. Die Befragten begründeten die segregierenden Schulformen mit dem Prinzip des Kindeswohls, da die Bedürfnisse von Kindern mit Schwerst- und Mehrfachbehinderung und von Kindern mit sozial-emotionalem Förderschwerpunkt nur in Förderschulen angemessen und ausreichend befriedigt werden könnten.

Nur drei Personen (aus derselben Schule) gaben an, dass sie in der Arbeit mit schwerst- und mehrfachbehinderten Kindern Erfahrungen gesammelt hätten und dass aus ihrer Sicht Inklusion aller Schüler/innen möglich sei. Hier zeigt sich wieder, dass eigene Erfahrungen einen wichtigen Einfluss auf die Einschätzung der Möglichkeiten von Inklusion haben. Durch positive Erfahrungen wandeln sich auch die Einstellungen der Lehrkräfte zum Positiven.

Nachdem es positive Erfahrungen gibt und nachdem es durchaus gelungen ist. Ich glaube, da ist schon so ein Schalter umgelegt worden, dass das klar ist. Wenn wir beide wissen, es ist eine regelmäßige Begleitung notwendig, die wir nicht geben können, dann kann ich das Kollegium [nicht] dafür gewinnen. Wenn ich aber sagen kann [...] passt auf, das und das ist vereinbart und das und das zugesagt, das leisten wir und das ist uns zugesagt, das kommt jetzt als externe Leistung noch dazu – [dann geht das]. (19I, 57-48)

Aus diesem Zitat wird jedoch auch ersichtlich, dass die Möglichkeiten der Inklusion eng an die verbindliche Zusage von Unterstützung gekoppelt sind.

Interdisziplinäre Teamkooperation

Die Teamarbeit wird überwiegend positiv bewertet. Für die Mehrheit liegt der Vorteil der Zusammenarbeit zwischen Sonderpädagogen/Sonderpädagoginnen und Regelschullehrkräften in der gemeinsamen Verantwortung für die Schüler/innen und darin, dass durch die Unterstützung einer zweiten Lehrperson mehr Flexibilität im Unterricht möglich ist. Die Schul- und ZIS-Leitungen betonen, dass die Bereitschaft der Lehrkräfte, Zeit in die gemeinsame Arbeit zu investieren, generell gestiegen sei. Dies wird als positive Entwicklung wahrgenommen.

Aus den Interviews geht hervor, dass für eine gute Arbeit im Team eine Reihe an Kompetenzen notwendig ist: Bereitschaft, im Team zu arbeiten, Teamfähigkeit, ein hohes Maß an Flexibilität, gemeinsame Besprechungen/Supervisionen und (außer-) schulischer Austausch. Neben genauen Absprachen und klaren Strukturen ist für die Befragten die klare Abgrenzung der Zuständigkeitsbereiche wichtig.

Zusammenfassend wird die Teamkooperation seitens aller Befragten als Grundvoraussetzung für die Umsetzung inklusiven Unterrichts gesehen. Ein wichtiger Grund dafür ist, dass sich die Lehrkräfte ohne die Unterstützung der Sonderpädagog/innen überfordert fühlen.

Ich kann das vielleicht gut mit einer Sonderpädagogin zusammen, aber ich fühle mich in dem Fall [alleine] jetzt einfach überfordert, dann kann es nicht mehr gelingen. (4I, 128)

Aus- und Fortbildung der Lehrpersonen

Aus der Sicht aller Befragten besteht ein hoher Weiterbildungsbedarf in den Bereichen Diagnostik, Krisenintervention, soziale Kompetenz/Sensibilisierungstrainings, Deutsch als Zweitsprache, Team-Teaching und Elternarbeit. Zudem besteht ein hoher Informationsbedarf bezüglich des Inklusionsprozesses.

Hier ist wichtig zu beachten, dass die Befragten auch keine Überforderung durch Weiterbildungen hervorrufen möchten. Allerdings wäre kontinuierliche Weiterbildung wichtig, um Kenntnisse und Kompetenzen auf einem hohen Niveau zu halten.

Ein weiterer wichtiger Punkt bezog sich auf die Ausbildung des Betreuungspersonals: *„[...] dieses Pflege- und Hilfspersonal wird immer wichtiger werden. Es gibt keine Arbeitsplatzbeschreibung für die Menschen. Wir erleben es aktuell, dass die Putzfrau zur Pflegehelferin ernannt wird"* (2I). Die Befragten würden sich Ausbildungslehrgänge für das Betreuungspersonal wünschen, in denen diese die notwendigen fachlichen Qualifikationen erlangen. Zudem wäre auch eine Arbeitsplatzbeschreibung notwendig.

Im Gegensatz zum Weiterbildungsbedarf, den die Gesprächspartner anmerken, sehen sie das Weiterbildungsinteresse seitens der Lehrenden nicht unbedingt als gegeben an. An den Weiterbildungen würden hauptsächlich Lehrkräfte teilnehmen, die in Integrationsklassen (I-Klassen) arbeiten, hingegen hätten Lehrkräfte, die nicht in I-Klassen unterrichten, nur ein geringes Interesse an dem Thema.

Bedeutung der Klassenzusammensetzung

Für die Lehrenden ist die Klassenzusammensetzung ein wichtiger Faktor in Bezug auf die Lehrplanung. Die am häufigsten vorkommende Herausforderung bei der Klassenzusammensetzung wird darin gesehen, dass in I-Klassen häufig mehrere „schwierige" Schüler/innen sind. Eine Volksschuldirektorin fasst die Befürchtungen der Befragten zusammen:

Bitte macht keine Restklassen, sondern eine gute Situation mit beeinträchtigten Kindern. Das ist die einzige Chance für Inklusion. Eine gute Mischung und nicht, wir stecken alles, was bereits Schwierigkeiten macht, in eine Integrationsklasse, da sind zwei Lehrer drin [...]. (1I, 67)

Die Heterogenität der Schülerpopulation ist für eine Klasse von großer Bedeutung. Dabei soll eine Leistungsstreuung in der I-Klasse zu finden sein, neben Schülern/Schülerinnen mit SPF sollen auch leistungsstarke Schüler/innen vertreten sein.

Um die Schulklassen wirklich heterogen zusammenzusetzen, entwickelte eine Volksschule vor zwei Jahren ein innovatives Konzept, das sich bewährt hat.

Wir arbeiten immer [...] daran, dass es keine fixe Klasseneinteilung für die Erstklässler mehr gibt. Das heißt, wir fahren jetzt bereits das zweite Jahr [...] damit, dass wir eine zwei- bis dreiwöchige Eingangsphase machen, wo die Kinder hin und her wechseln zwischen Klassen und Lehrern, um möglichst heterogene Gruppen zu schaffen. Im Sinne: dieses Kind kann mit der Lehrerin gut und mit diesen Kindern gut und dieses Kind kann mit der Lehrerin gut. Das heißt, das ist zwar am Anfang sehr viel Arbeit, weil die Kolleginnen sich jeden Tag zusammensetzen müssen, reflektieren: ‚Die beiden Kinder, das geht nicht, bitte doch Tausch, also so hin und her.' Aber die haben dafür nach drei Wochen drei erste Klassen in einer Form gehabt, wie wir sie ewig nicht mehr erlebt haben. Natürlich tauchen dann schon auch wieder Dinge auf, aber wir sind durch dieses Schema in diesen Klassen so, dass man sagt: ‚Wir können schon, wenn es ein bisschen zu lodern beginnt, eingreifen'. (1I, 67)

Die Mehrheit der Befragten würde sich auch eine innovative Klassenzusammensetzung wünschen, doch dies wäre in den meisten Fällen nicht möglich. Grund dafür wären fehlende Informationen über die Schüler/innen vor dem Schuleintritt (trifft mehr auf die Sekundarstufe zu), das Mitspracherecht der Eltern bei der Klassenzusammensetzung und die Berücksichtigung der Fachgebiete in Fachschulen.

Zusammenfassung und Diskussion

Da die Ausgangssituation in den einzelnen Bundesländern Österreichs sehr unterschiedlich ist, werden auf dem Weg zu einer inklusiven Schule unterschiedliche Schwerpunkte gesetzt. Kernbereich der Umsetzungsstrategie ist die exemplarische Etablierung Inklusiver Regionen in Tirol, Kärnten und der Steiermark. Während in Tirol der flächendeckende Ausbau pädagogischer Beratungszentren im Vordergrund steht, wird in Kärnten das Konzept der Kleinklassen ähnlich jenem der Ressource-Rooms umgesetzt. Schließlich wird in der Steiermark vorwiegend an der Implementierung von Inklusiven Regionen gearbeitet, in denen es in naher Zukunft keine Sonderschulen mehr geben wird.

Im Rahmen einer begleitenden Evaluation wurden die besonderen Chancen und Herausforderungen der Inklusiven Regionen durch Experteninterviews erhoben. Einige wesentliche Ergebnisse sollen im Folgenden zusammenfassend diskutiert werden.

Besonders kritisch sehen die Befragten die Fragen der Ressourcenzuteilung und der Personalentwicklung. Ein wesentlicher Punkt für die Lehrenden und Schulleitungen ist die Verlässlichkeit in der Zusage von Ressourcen. Derzeit werden lediglich die Ressourcen an den Sonderschulen Jahr für Jahr verbindlich zugesagt. Nach Specht et al. (2007) werden die Sonder- und Regelschulen auf ungleiche Weise mit Ressourcen versorgt, „da die Zuordnung nach Lehrplananforderungen und Stundentafeln nur für Sonderschulklassen in vollem Umfang durchgeführt wird" (S. 67). Im Regelschulwesen sind die Lehrpersonen verunsichert, sie wissen nicht, ob und wieweit sie die notwendigen Ressourcen bekommen werden.

Dies zeigt sich auch bei der Frage nach den Einstellungen zur Inklusion. Die Lehrkräfte betonen ihre positive Einstellung zu Inklusion, allerdings wird auch die Wichtigkeit einer zuverlässigen Bereitstellung von Ressourcen betont. Eine deutliche Verbindung zwischen Einstellungen zur Inklusion und der Verfügbarkeit von Ressourcen ist auch aus der Metaanalyse von Avramidis und Norwich (2002) bekannt. Wenn diese Ressourcen (z. B. zusätzliches Personal, Materialien etc.) vorhanden waren, stieg die Bereitwilligkeit der Lehrkräfte, in einer Integrationsklasse zu unterrichten und ihre Einstellung zur Inklusion veränderte sich zum Positiven.

Ein weiterer wichtiger Punkt in Bezug auf die Einstellungen sind die bisherigen Erfahrungen der Lehrpersonen. Im Rahmen der Interviews wurde deutlich, dass die Lehrkräfte eher bereit waren, Schüler/innen mit Behinderungsarten, die ihnen bekannt waren, zu inkludieren. Daraus kann der Schluss gezogen werden, dass die Motivation der Lehrkräfte, mit Schülern/Schülerinnen zu arbeiten, deren Behinderungsart ihnen nicht bekannt ist, eher gering ist und die Einstellungen gegenüber diesen Kindern auch negativer sind. Aus diesem Grund erscheint es notwendig, Lehrkräften die Möglichkeit zu geben, Erfahrungen mit Inklusion zu machen und damit einhergehend eher positive Einstellungen gegenüber Inklusion zu entwickeln (LeRoy & Simpson, 1996).

In Bezug auf die Ressourcenzuteilung und die Personalentwicklung wünschen sich die Schulen eine Stärkung der autonomen Steuerungsmöglichkeiten. Dies zeigt sich auch in Bezug auf das Betreuungspersonal. Hier liegt den Schulen daran, dass ihnen mehr Möglichkeiten offen stehen, dieses zusätzliche Personal an den Schulen flexibel einzusetzen. Derzeit erfolgt die Bereitstellung zusätzlichen Personals weitgehend unkoordiniert und unabhängig vom Schulsystem. Für die Schule ist vor allem notwendig, dass die Qualität der Betreuung gewährleistet wird. Um diese Qualität für die Kinder sicherzustellen, muss das zusätzliche Personal adäquat qualifiziert sein, eine klare Vorstellung davon haben, um welche Tätigkeiten es sich handelt, d. h. eine konkrete Arbeitsplatzbeschreibung vorliegen haben und Klarheit darüber haben, wer wofür verantwortlich ist.

Zudem müssen alternative Möglichkeiten der Ressourcenzuteilung diskutiert werden, aber auch alternative Möglichkeiten, diese Ressourcen einzusetzen. Es sollte weitgehend in die Autonomie der Schule gelegt werden, wie sie ihre Ressourcen einsetzt und welche Prioritäten sie in der inklusiven Schule setzen will. Um zusätzliche Ressourcen zu lukrieren, können Schulen eigene Kooperationsstrukturen am Ort aufbauen. Einigen Schulen ist dies hervorragend gelungen und sie konnten zusätzliche Ressourcen erhalten.

Kooperationen werden nicht nur bei der Akquirierung von Ressourcen als wichtig empfunden, sondern auch im täglichen Unterricht. Die Regelschullehrkräfte betonten, dass sie Inklusion ohne die Kooperation mit den Sonderpädagogen nicht umsetzen könnten, da sie selbst nicht über die notwendige Ausbildung verfügten. Nach Ansicht der Schul- und ZIS-Leitungen hat sich die anfängliche Skepsis gegenüber dem Zwei-Lehrer-Modell in den letzten Jahren gelegt und die Lehrkräfte arbeiten gerne und gut zusammen. Als Grund für diese Entwicklung wird die Möglichkeit genannt, sich die Verantwortung für alle Schüler/innen zu teilen und auch neue Kompetenzen zu erwerben.

Neben diesen positiven Aspekten werden allerdings die Rahmenbedingungen der Teamarbeit kritisiert. Insbesondere wird die zur Verfügung stehende Zeit als zu gering erachtet. Für die Teams wird seitens der Schulen zu wenig Zeit für die Vor- und Nachbereitung des gemeinsamen Unterrichts vorgesehen. Nach Friend (2008) ist diese Zeit für die gemeinsame Arbeit eine Voraussetzung für eine effektive Arbeit im Team und sie sollte im Schultag eingeplant werden.

Ein weiterer Kritikpunkt in der Teamarbeit ist der damit verbundene Arbeitsaufwand für die Sonderpädagogen/innen. Diese müssen, speziell in der Sekundarstufe, mit verschiedenen Personen in mehreren Schulen kooperieren, was mit sehr viel zusätzlichem Aufwand und Stress verbunden ist. Um diesen Druck von den Sonderpädagogen/Sonderpädagoginnen zu nehmen, empfehlen Specht et al. (2007), diesen eine gesamte Unterrichtsverpflichtung in einer Klasse zuzuweisen.

Dies ersetzt aber nicht die Aus-, Fort- und Weiterbildung der Regelschullehrkräfte. Die Befragten würden sich mehr Klarheit über ihre Aufgaben im Inklusionsprozess wünschen und an den Fort- und Weiterbildungen sollten alle Lehrkräfte teilnehmen. Dadurch würde eine gemeinsame Basis für die inklusive Bildung in der Schule geschaffen.

Schließlich thematisierten die Lehrenden die Gestaltung der Übergänge und der Zusammensetzung der Klassen. Die Schulen brauchen einen weiteren Spielraum in der Gestaltung der Übergänge; sowohl vom Kindergarten in die Volksschule als auch von der Volksschule in die weiterführenden Schulen. Hier sollen die Schulen die Möglichkeit haben, Informationen seitens der abgebenden Institutionen zu erhalten und damit auch planen können. Die Schulen müssen die Möglichkeit haben, die Klassen möglichst heterogen und kompatibel zusammenzusetzen, sodass sich nicht in einer einzigen Schulklasse alle Schwierigkeiten häufen und die Lehrpersonen überfordert sind. Ergebnisse internationaler Studien haben gezeigt, dass eine heterogene Klassenzusammensetzung positive Auswirkungen auf die akademischen Leistungen und sozialen Fähigkeiten aller Kinder hat (Allodi, 2002; Saleh, Lazonder & De Jong, 2005). Daher sollte die Zusammensetzung der I-Klassen jener des Schuljahrgangs an einer konkreten Schule entsprechen (Specht et al., 2007).

Die Schulen haben im Rahmen dieser Studie gezeigt, dass sie durch Eigeninitiative viel bewirken können. Zudem wurde deutlich, dass für eine erfolgreiche Umsetzung von Inklusion eine Reihe an Voraussetzungen notwendig ist. Vor allem in Bezug auf Ressourcensteuerung und Aus-, Fort- und Weiterbildungen der involvierten Personen sind die Voraussetzungen noch wenig gegeben. Inklusion betrifft nicht nur die Lehrkräfte und Schulleitungen, sondern alle involvierten Personen/Institutionen. Aus diesem Grund ist es wichtig, den Schulen schon von Anfang an die notwendigen Rahmenbedingungen zur Verfügung zu stellen, damit diese bei der Inklusion erfolgreich sein können. Positive Erfahrungen können auch für andere Schulen gute Praxismodelle darstellen und andere Schulen ermutigen, sich auf den Inklusionsprozess einzulassen.

Literatur

Ainscow, Mel und Miles, Susie (2008) "Making Education for All inclusive: where next?" In: Prospects, 38, 1, 15-34.

Allodi, Mara Westling (2002) "A Two-level Analysis of Classroom Climate in Relation to Social Context, Group Composition, and Organization of Special Support" In: Learning Environments Research 5, 3, 253-274.

Amt der Steiermärkischen Landesregierung (2015) „Umsetzung der UN-Behindertenrechtskonvention. Aktionsplan des Landes Steiermark. Phase 2: 2015-2017" Graz: Amt der Steiermärkischen Landesregierung, Abteilung 11 – Soziales. (http://www.soziales.steiermark.at/cms/dokumente/11910254_94717223/7c7836cd/2015_05_06%20FINALVERSION%20pdf_.pdf entnommen am 20.10.2015).

Avramidis, Elias und Norwich, Braham (2002) "Teachers' attitudes towards integration/inclusion: a review of the Literature" In: European Journal of Special Needs Education, 17, 2, 129-147.

Booth, Tony und Ainscow, Mel (2011) "Index for Inclusion. Developing learning and participation in schools" Bristol: CSIE.

Bruneforth, Michael / Lassnigg, Lorenz / Vogtenhuber, Stefan / Schreiner, Claudia / Breit, Simone (Hrsg.) (2016) „Nationaler Bildungsbericht Österreich 2015, Band 1: Das Schulsystem im Spiegel von Daten und Indikatoren" Bundesinstitut BIFIE.

Bundesministerium für Arbeit, Soziales und Konsumentenschutz (2014) „UN-Behindertenrechtskonvention" (http://www.sozialministerium.at//site2/Soziales/Menschen_mit_Behinderungen/UN_Konvention_ueber_die_Rechte_von_Menschen_mit_Behinderungen/ entnommen am 20.10.2015).

Bundesministerium für Bildung und Frauen (2015) „Verbindliche Richtlinien zur Entwicklung von Inklusiven Modellregionen" (https://www.bmb.gv.at/schulen/bw/abs/rl_inklusive_modell_2015.pdf?5151vi entnommen am 20.10.2015).

Fischer, Erhard / Heimlich, Ulrich / Kahlert, Joachim / Lelgemann, Reinhard (2012) „Profilbildung inklusive Schule – ein Leitfaden für die Praxis" München: Bayerisches Staatsministerium für Unterricht und Kultus.

Friend, Marylin (2008) "Co-Teaching: A simple solution that isn't simple after all" In: Journal of Curriculum and Instruction, 2, 2, 9-19.

Gasteiger-Klicpera, Barbara und Wohlhart, David (2015) „Inklusive Regionen. Ein Konzept zur Umsetzung der UN-Behindertenrechtskonvention im Bildungssystem" In: VHN, 84, 3, 185-191.

LeRoy, Barbara und Simpson, Cherie (1996) "Improving student outcomes through inclusive education" In: Support for learning, 11, 1, 32-36.

Peters, Susan (2009) "Inclusion as a strategy for achieving education for all" In: Florian, Lani (Hrsg.) "The SAGE Handbook of Special Education" London: SAGE, 117-131.

Saleh, Mohammad / Lazonder, Ard / De Jong, Ton (2005) "Effects of Within-Class Ability Grouping on Social Interaction, Achievement, and Motivation" In: Instructional Science, 33, 2, 105-119.

Specht, Werner / Seel, Andrea / Stanzel-Tischler, Elisabeth / Wohlhart, David (2007) „Individual Support within the Austrian Education System. Strategies for the Development of Quality in Special Needs Education" Graz: Bundesinstitut für Bildungsforschung, Innovation und Entwicklung des Bildungswesens. (http://www.cisonline.at/fileadmin/kategorien/Bifie_2007.pdf entnommen am 20.10.2015).

ANDREA HOLZINGER UND DAVID WOHLHART

Professionalisierung für Inklusive Bildung

Die Grundlage für die PädagogInnenbildung Neu stellt das Bundesrahmengesetz zur Einführung einer neuen Ausbildung für PädagogInnen dar, das 2013 vom österreichischen Nationalrat beschlossen wurde. Mit diesem Gesetz wurden das Hochschulgesetz 2005 und das Universitätsgesetz 2002 geändert und die Lehramtsausbildung auf eine neue Basis gestellt (bmukk, 2013).

Die PädagogInnenbildung Neu orientiert sich an Altersstufen und nicht wie bisher an Schultypen. Es handelt sich um eine vollakademische Ausbildung nach der Bolognastruktur, die in zwei Phasen verläuft – dem Bachelorstudium und dem Masterstudium – und die darüber hinaus eine Induktionsphase für alle LehrerInnen der Primarstufe und Sekundarstufe vorsieht. Die Induktionsphase beginnt mit Dienstantritt und endet nach 12 Monaten. Sie kann entweder nach dem Bachelorstudium oder erst nach Abschluss des Masterstudiums erfolgen.

Das Bachelorstudium Primar und das Bachelorstudium Sekundar Allgemeinbildung umfassen eine Workload von 240 EC und dauern jeweils 4 Jahre. Das Masterstudium Primar entspricht einer Workload von 60 oder 90 EC, das Masterstudium Sekundar Allgemeinbildung 120 EC. Erfolgt das Masterstudium im Anschluss an das Bachelorstudium, dauert es ein bis zwei Jahre, erfolgt es berufsbegleitend, muss es innerhalb von 5 Jahren abgeschlossen werden. Voraussetzung für das Verbleiben im Schuldienst nach einem Zeitraum von 5 Jahren ist der Masterabschluss.

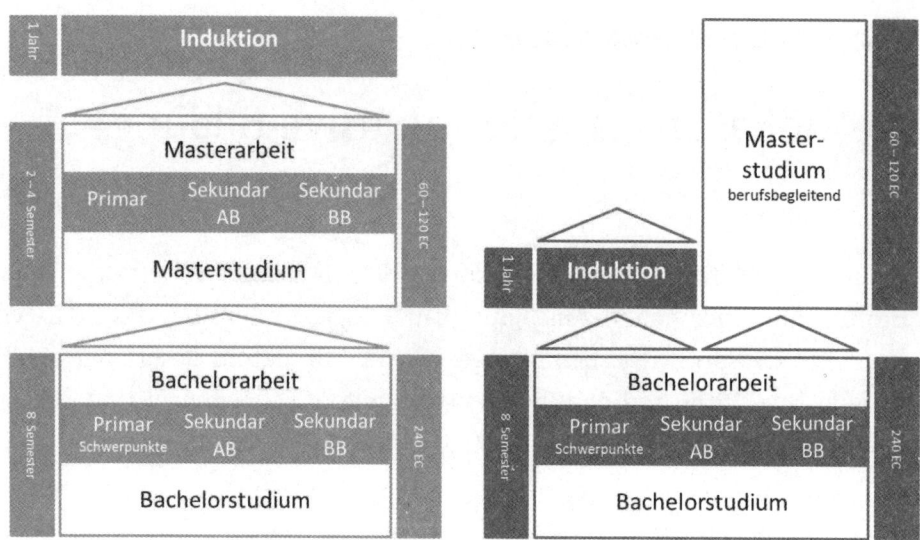

Abb. 1: Struktur der PädagogInnenbildung NEU – eigene Darstellung

Im § 38 des Bundesrahmengesetzes 2013 zur Einführung einer neuen Ausbildung für PädagogInnen ist vorgegeben, dass die Curricula der Bachelor- und Masterstudien die Zielsetzung von Art. 24 der UN-Behindertenrechtskonvention (Vereinte Nationen, 2006) zu beachten und Inklusive Pädagogik in einem angemessenen Ausmaß zu berücksichtigen haben. Ferner wird im § 42, Abs. 1a, explizit auf den grundlegenden Kompetenzerwerb für die Umsetzung inklusiver Bildung verwiesen: „Die Curricula von Bachelor- und Masterstudien zur Erlangung eines Lehramtes haben kompetenzorientiert nach Maßgabe der Anlage gestaltet zu sein. Sie haben die Entwicklung professionsorientierter Kompetenzen wie allgemeiner und spezieller pädagogischer Kompetenzen, fachlicher und didaktischer Kompetenzen, inklusiver und interkultureller Kompetenzen, sozialer Kompetenzen, Beratungskompetenzen und Professionsverständnis zu berücksichtigen sowie ein umfassendes Verständnis für die Bildungsaufgabe zu fördern."

Verankerung von Inklusion in der Studienarchitektur

Der der PädagogInnenbildung Neu zugrundeliegende Inklusionsbegriff ist gekennzeichnet durch eine Orientierung an allen Diversitätsbereichen (Interkulturalität, Mehrsprachigkeit, Interreligiosität, Behinderung und vieles mehr) und hat den gemeinsamen Unterricht aller SchülerInnen zum Ziel.

Ziel ist daher einerseits das Wahrnehmen der besonderen und speziellen Bedürfnisse aller SchülerInnen, eine fundierte Kenntnis über das, was Menschen voneinander unterscheidet und dadurch einzigartig und so individuell macht, und andererseits die Suche nach dem Verbindenden, dem Gemeinsamen – auf der Basis einer professionellen, an inklusiven Prinzipien ausgerichteten Haltung, die durch das erforderliche Wissen und Können zur Realisierung inklusiven Unterrichts gestützt wird.

In der im Projekt QSP erarbeiteten Förderpyramide kommt dieser Übergang vom Gemeinsamen zum Besonderen gut zum Ausdruck. Inklusionspädagogische Kompetenzen beinhalten sonderpädagogische Kompetenzen, gehen aber über diese hinaus, da sie sich nicht nur auf Behinderung, sondern auch auf andere Diversitätsbereiche beziehen und da sie sicherstellen, dass Differenzierung und Individualisierung nicht isoliert, sondern im sozialen Verband stattfinden, also als immanentes Merkmal des Unterrichts. An der Basis handelt sich dabei um allgemeine Erziehungs- und Bildungsbedürfnisse, die alle Kinder haben und die daher von allen PädagogInnen kompetent wahrgenommen werden müssen. Die Mitte der Pyramide bilden jene besonderen Erziehungs- und Bildungsbedürfnisse, die noch keinen Sonderpädagogischen Förderbedarf begründen, die aber dennoch intensiverer Aufmerksamkeit und spezieller Präventions- und Interventionsprogramme bedürfen. Hier sind sonderpädagogische Kompetenzen erforderlich, die nicht mehr von jedem Lehrer/jeder Lehrerin verlangt werden können. An der Spitze stehen spezielle Erziehungs- und Bildungsbedürfnisse, die im Allgemeinen mit manifesten Behinderungen einhergehen. Die Zahl der Kinder in diesem Bereich ist klein, ihre Förderung benötigt aber Fachwissen und -können, das über die allgemeine Sonderpädagogik hinausgeht.

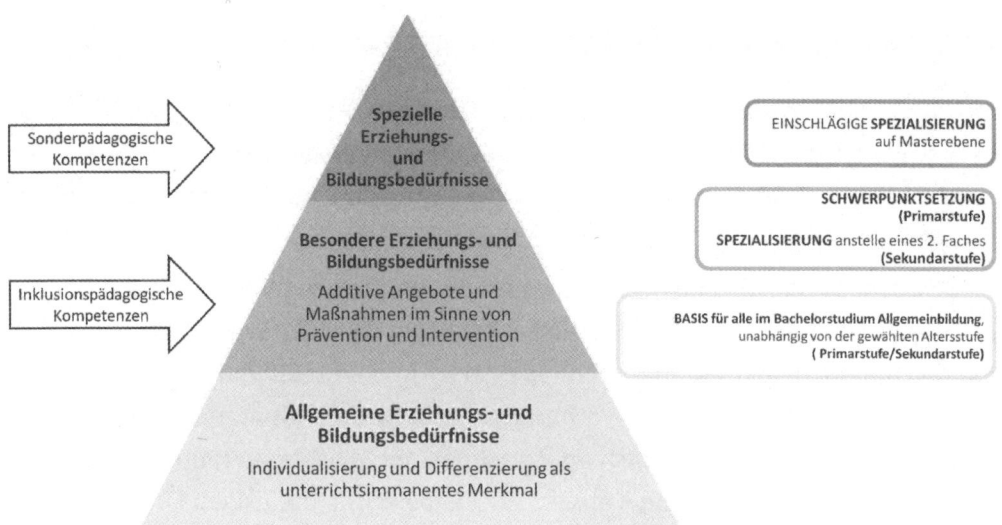

Abb. 2: Kompetenzen für Inklusive Bildung in Anlehnung an die Förderpyramide von Specht, Seel, Stanzel-Tischler & Wohlhart, 2007 – eigene Darstellung

Der Struktur der Förderpyramide folgend ist der Kompetenzerwerb in der Architektur der PädagogInnenbildung verankert. Im Entwicklungsverbund Südost wurde Inklusive Pädagogik als eines der fünf Kernelemente der Profession festgelegt und in den Curricula aller Altersstufen verankert. Kompetenzen der allgemeinen Sonderpädagogik können in der Primarstufe im Schwerpunkt Inklusive Pädagogik mit Fokus Behinderung oder in der Sekundarstufe Allgemeinbildung in der Spezialisierung Inklusive Pädagogik mit Fokus Behinderung erworben werden. In der Primarstufe umfasst der Schwerpunkt im Bachelorstudium 60 EC, in der Sekundarstufe 95 EC, äquivalent zu einer Ausbildung in einem Unterrichtsfach. Spezifische sonderpädagogische Kompetenzen, z.B. für den Unterricht von blinden Kindern und Jugendlichen, können in einschlägigen Masterstudien erworben werden.

Inklusive Pädagogik als Kernelement der Profession

Der Umgang mit Diversität und der Vielfalt der Lernenden hinsichtlich Migrationshintergrund, Geschlecht sowie personaler Aspekte wie Behinderung und Krankheit ist für alle Studierenden ein zentraler Ausgangspunkt für den Kompetenzerwerb im Bereich des Wissens, des Handelns und der Haltung. Diese Konzeption entspricht dem Profil einer inklusiven Lehrperson (Teacher Education for Inclusion – TE4I) nach der European Agency for Development in Special Needs Education (2012), einem Modell, das Mindestanforderungen für alle PädagogInnen festlegt, die in inklusiven Settings arbeiten. Wissen, Handeln und Haltung korrespondieren in diesem Modell mit vier inhaltlichen Zielen, nämlich der Wertschätzung der Diversität von Lernenden, der Förderung aller Lernenden, der Fähigkeit zur Kooperation mit anderen und der Bereitschaft zur beruflichen Weiterentwicklung im Sinne lebenslangen Lernens.

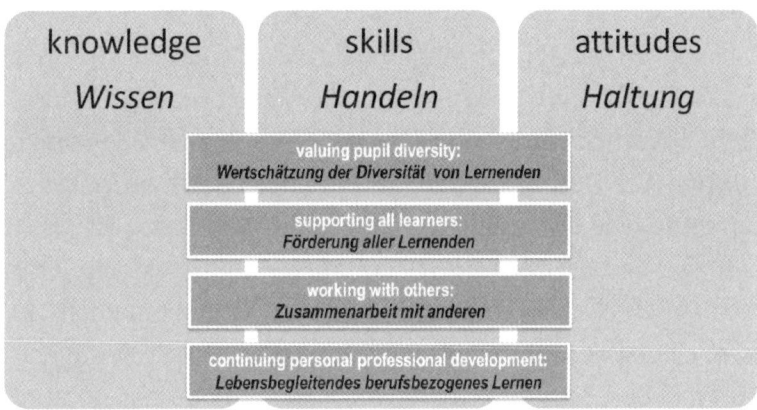

Abb. 3: *Teacher Education for Inclusion (TE4I), 2012 – eigene Darstellung*

Ein Forschungsprojekt der Pädagogischen Hochschule Steiermark widmete sich von 2011 bis 2014 den Fragen, welche Kompetenzen alle in inklusiven Settings arbeitenden PädagogInnen benötigen und welche Kompetenzen PädagogInnen benötigen, die sich auf den Differenzbereich Behinderung spezialisieren.

Das dem Projekt zugrundeliegende Forschungsdesign baut auf einem Mixed-Methods-Ansatz auf. Neben Analysen der aktuellen Rahmenbedingungen, Fakten und Entwicklungstrends und ausgehend vom Fundamentum des Profils inklusiver Lehrpersonen gemäß dem Projekt TE4I wurden in Phase 1 eine schriftliche Fragebogenerhebung und in Phase 2 mündliche Befragungen mittels leitfadengestützter ExpertInneninterviews durchgeführt. Die Auswertung erfolgte hermeneutisch und inhaltsanalytisch nach dem Modell der Qualitativen Inhaltsanalyse nach Mayring. Das entscheidende Kriterium für die Auswahl der TeilnehmerInnen am Projekt war ein hoher Bezug zur Praxis in inklusiven Settings, der sich am Merkmal „Praxislehrperson in der Teampraxis in Volksschule und Neuer Mittelschule" manifestierte. An der schriftlichen Befragung beteiligten sich 65 Personen, die als Teampartner in inklusiven Settings arbeiteten und entweder als SonderschullehrerInnen oder als VolksschullehrerInnen oder als NMS-LehrerInnen qualifiziert waren. An den Interviews nahmen 12 Tandems – bestehend aus SonderschullehrerIn und VolksschullehrerIn oder NMS-LehrerIn und SonderschullehrerIn teil (Holzinger et al., 2014, S. 271).

Beim Kompetenzbereich *Wertschätzung der Vielfalt* herrscht Übereinstimmung, dass Vielfalt nur als Mehrwert eingeschätzt werden kann, wenn sie zum gemeinsamen Ziel erklärt wird: *„Wir wollen die Vielfalt – dadurch kann sie blühen und gedeihen ... dadurch wird sie zur Qualität"*. Der Begriff Diversität umfasst für die ExpertInnen alle Differenzbereiche und bezieht sich auf kulturelle, sprach- und leistungsbezogene Diversität. Von zentraler Bedeutung ist die Modellfunktion der Lehrperson in Hinblick auf eine offene und neugierige Grundhaltung, die sich nach außen abbildet und sowohl bei den SchülerInnen als auch bei den Studierenden als solche wahrgenommen wird. Für den diesbezüglichen Kompetenzerwerb wird den Schulpraktischen Studien ein überaus hoher Stellenwert zugeschrieben, wobei konkrete Empfehlungen für die Weiterentwicklung und Veränderung der bestehenden Praxisformate gegeben werden: Es werden mehr Gelegenheiten zum Hospitieren gefordert, das Durchlaufen einer möglichst breiten Palette an schulischen Settings und längere über die gesamte Studiendauer verteilte zusammenhängende Zeiträume für Praktika (Holzinger et al., 2014, S. 272).

Im Mittelpunkt des Kompetenzbereiches *Förderung aller Lernenden* steht der Individualisierungsansatz. Dafür werden Beobachtungs-, Diagnose-, Kommunikations- und Organisationskompetenz benötigt. Es braucht sowohl „Mut zur Individualisierung" als auch Wissen über Differenzierungs- und Individualisierungsmöglichkeiten sowie Strategien, „wie ich Individualisierung konkret organisiere". Um diese Kompetenzen erwerben zu können, sollte der Persönlichkeitsbildung während der Ausbildung ein höherer Stellenwert beigemessen werden. Studierende müssen pädagogische Arbeit als Beziehungsarbeit erkennen, in der die Bedürfnisse jeder einzelnen Person ernst genommen werden müssen – und nicht nur die kollektiven einer gleichaltrigen Gruppe. Diese Erkenntnisse lassen sich über Biografiearbeit und Reflexion der eigenen Schulzeit ermöglichen. Ferner wird auch hier auf die Bedeutung und Wirkung der Schulpraktischen Studien verwiesen, auf eine stärkere Verknüpfung von Theorie und Praxis durch ein Praxismodell, welches dem realen Schulalltag näherkommt und u.a. auch die Belastbarkeit der Studierenden und das Selbstmanagement trainiert (Holzinger et al., 2014, S. 272).

Die *Kooperation mit anderen* wird sehr umfassend definiert und bezieht sich auf KollegInnen, auf Eltern und Erziehungsberechtigte und auf Personen der Schulsozialarbeit, der Jugendwohlfahrt und der Schulpsychologie. Kommunikations- und Konfliktlösungskompetenz, verbunden mit Empathiefähigkeit, werden als grundlegend für das Gelingen von Kooperation definiert. Eine interviewte Expertin begründet dies wie folgt: *Es ist wichtig, dass man sich in den Anderen gut hineinversetzen kann, weil ich dann besser verstehen kann, warum jemand in manchen Dingen anders reagiert, als ich es erwarte.* Um diese Kompetenzen bereits während der Ausbildung erwerben zu können, muss es entsprechende Erfahrungs- und Handlungsräume dafür geben. Es bedarf sowohl des Erlebens, wie PraxislehrerInnen als Team agieren, als auch des eigenen Ausprobierens und Erfahrens, wie sich verschiedene Persönlichkeiten der TeampartnerInnen auf die Zusammenarbeit auswirken, sowie des Reflektierens, warum man mit einer/einem TeampartnerIn besser zusammenarbeitet als mit einer/einem anderen. Studierende müssen in Rollenspielen Gespräche mit Eltern simulieren, das eigene Gesprächsverhalten unter Anleitung reflektieren und aus der Analyse von Fallbeispielen lernen können. Über diese Handlungskompetenzen hinaus braucht es aber auch vertieftes kommunikationstheoretisches Wissen und ein Bewusstsein über die Heterogenität in Hinblick auf Zugänge, Erwartungen und Ansprüche von KollegInnen, Eltern bzw. Erziehungsberechtigten und PartnerInnen in interdisziplinären Teams (Holzinger et al., 2014, S. 273).

Lebensbegleitendes Lernen wird als Grundlage für ein erfolgreiches und erfüllendes Berufsleben angesehen. Als Motor für die Bereitschaft zur kontinuierlichen Weiterbildung werden Neugierde und Offenheit definiert. Ferner bedarf es der Reflexion der eigenen Lern- und Bildungsbiografie, um zu erkennen, in welchen Bereichen ein Weiterbildungsbedarf besteht. Weiterbildung wird als Frage der Haltung definiert, die in der Ausbildung grundgelegt werden muss, beispielsweise durch die Möglichkeit, gemeinsam mit im Dienst befindlichen LehrerInnen Fort- und Weiterbildungsveranstaltungen zu besuchen (Holzinger et al., 2014, S. 274).

Für Lehrpersonen, die sich auf die Begleitung von Kindern mit Behinderungen spezialisieren, werden behinderungsspezifisches Wissen und die damit in Verbindung stehenden Handlungskompetenzen als zentral erachtet. Abhängig vom Bedarf muss das in der Ausbildung erworbene grundlegende kategorienübergreifende Wissen alle Formen von Behinderungen betreffend in spezifischen Fortbildungen erweitert werden. Neben dem behinderungsspezifischen Wissen und Können werden vor allem adaptive Kompetenzen für Unterricht und Teamarbeit genannt, beispielsweise Flexibilität. Die Kompetenz zur Flexibilität bezieht sich u.a. auf die situationsgerechte Reaktionsfähigkeit auf das Verhalten von SchülerInnen, auf die Anpassungsfähigkeit in Hinblick auf KooperationspartnerInnen und auf die verschiedenen Rahmenbedingungen und Situationen (Holzinger et al., 2014, S. 275).

Schwerpunkt Inklusive Pädagogik in der Primarstufe

Der Schwerpunkt Inklusive Pädagogik mit Fokus Behinderung ermöglicht Studierenden die Qualifizierung für die Begleitung von Kindern mit Behinderungen, Lernschwierigkeiten und psychosozialen Benachteiligungen in Schule und Bildung. Zu den Aufgaben der AbsolventInnen zählen die Bildung, Beratung und Unterstützung von SchülerInnen mit besonderen und speziellen Förderbedürfnissen innerhalb des Unterrichts und rund um Unterricht und Schule, gemeinsam mit den Eltern und Erziehungsberechtigten und allen, die das Kind in seiner Bildung und Entwicklung begleiten und fördern.

Der Umfang des Schwerpunktes umfasst 60 EC. Im Vergleich zur bislang üblichen dreijährigen Ausbildung von SonderschullehrerInnen erscheint dies zunächst wenig. Da das Studium aber ausschließlich auf die Primarstufe ausgerichtet ist und sowohl die bildungswissenschaftlichen Grundlagen als auch fachdidaktisches Wissen und Können aus der Primarstufe vorausgesetzt werden können, bietet der Schwerpunkt deutlich mehr an inklusiven und sonderpädagogischen Inhalten als die bisherige Ausbildung.

8. Sem 10 EC	Diversität und Intersektionalität (8 EC)
7. Sem 10 EC	Systemische Vernetzung (6 EC)
6. Sem 10 EC	Förderbereich emotionale und soziale Entwicklung (12 EC inkl. 4 EC Pädagogisch Praktische Studien)
5. Sem 10 EC	Förderbereich Lernen (12 EC inkl. 4 EC Pädagogisch Praktische Studien)
4. Sem 10 EC	Inklusive Bildung (6 EC)
3. Sem 10 EC	Förderbereiche Sehen, Hören, Motorik, Sprache und Kognition (8 EC)

Abb. 4: *Struktur des Schwerpunkts Inklusive Pädagogik in der Primarstufe (BAC)*

Jene Bereiche, die im schulischen Alltag die größten und häufigsten Herausforderungen darstellen, stehen im Zentrum des Schwerpunkts: die Förderbereiche „Lernen" sowie „sozial-emotionale Entwicklung". Zahlen zum Auftreten dieser Förderbereiche liegen in Österreich aufgrund der unspezifischen Vergabe des sonderpädagogischen Förderbedarfs nicht vor, wie Feyerer im Nationalen Bildungsbericht 2009 anmerkt (Feyerer, 2009, S. 76). Die Evidenz aus der Schulpraxis, aber auch Zahlen aus Deutschland (vgl. Klemm, 2015) bestätigen die praktische Bedeutung dieser Förderbereiche.

Aufbauend auf dem Schwerpunkt Inklusion im Bachelorstudium können Studierende im Masterstudium die Befähigung für die Begleitung von Kindern und Jugendlichen mit Behinderungen, Lernschwierigkeiten und psychosozialen Benachteiligungen in der Sekundarstufe erwerben. Dieses Masterstudium ist um 30 EC länger als das minimale Masterstudium für die Primarstufe. Diese 30 EC sind auf

Themen der Inklusion in der Sekundarstufe ausgerichtet, wie z.B. Berufsorientierung, Teamarbeit im Fachunterricht oder spezifische Anliegen in der Begleitung körper- und sinnesbehinderter Kinder. Zudem ist die Masterarbeit mit 25 EC dem Thema Inklusion zu widmen.

Eine weitere mögliche Option im Masterstudium ist die Vertiefung in einem Förderschwerpunkt. Auch hier beträgt der Umfang 30 EC mehr, die Befähigung bezieht sich aber nicht auf einen anderen Altersbereich, sondern auf einen der Förderbereiche Sehen, Hören, Motorik & Mobilität, sprachliche bzw. kognitive Entwicklung. Diese kategorialen Masterstudien werden nicht an allen Standorten angeboten. Die Verteilung der Standorte in Österreich ist derzeit noch in der Diskussion.

Spezialisierung Inklusive Pädagogik in der Sekundarstufe Allgemeinbildung

In der Sekundarstufe ist die Spezialisierung mit einem Unterrichtsfach gleichzusetzen. Im ersten Durchgang hat sich gezeigt, dass es keine Präferenzen für das zweite Unterrichtsfach gibt. Die etwa 30 Studierenden, die derzeit in Ausbildung sind, haben Fächer wie Mathematik, Englisch, Deutsch, Biologie, Physik u.v.m. gewählt.

Die Spezialisierung qualifiziert für die Begleitung von Kindern mit Behinderungen, Lernschwierigkeiten und psychosozialen Benachteiligungen in Schule und Bildung im Bereich der Sekundarstufe. Sie umfasst im Bachelorstudium 95 EC; die Fachausbildung in der Spezialisierung beginnt bereits im 1. Semester. Auch hier stehen wie im Schwerpunkt für die Primarstufe die Förderbereiche „Lernen" und „sozial-emotionale Entwicklung" im Zentrum des spezifischen Kompetenzerwerbs.

8. Sem 11 EC	Vertiefung Förderbereich Sehen, Hören, Motorik (8)		Berufsorientierung
7. Sem 12 EC	Spezifische Professionalisierung II (6)	Überblick über die Förderbereiche Sehen, Hören, Motorik, Sprache und geistige Entwicklung (8)	und -vorbildung (6)
6. Sem 12 EC	PPS (2)		
5. Sem 12 EC	PPS (2)	Erweiterte Fachdidaktik unter dem Aspekt der Förderung II (10)	
4. Sem 12 EC	PPS (1)	Förderbereich Lernen (14)	
3. Sem 12 EC		Erweiterte Fachdidaktik unter dem Aspekt der Förderung I (10)	
2. Sem 12 EC	Förderbereich sozial-emotionale Entwicklung (14)		
1. Sem 12 EC	Vertiefende Orientierung in Diversitätsbereichen (8)		Spezifische Professionalisierung I (6)

Abb. 5: Struktur der Spezialisierung Inklusive Pädagogik in der Sekundarstufe (BAC)

Die Spezialisierung umfasst – mit Ausrichtung auf die Sekundarstufe – die gleichen Elemente wie der Schwerpunkt in der Primarstufe. Einige Besonderheiten der Sekundarstufe sind hier aber hervorzuheben.

Zum einen sind die Studierenden fachlich und fachdidaktisch nur in einem weiteren Fach orientiert, während PrimarstufenlehrerInnen alle Fächer kennengelernt haben. Sie werden aber als inklusive LehrerInnen mit anderen FachkollegInnen kompetent zusammenarbeiten müssen – daher ist ein Einblick in die Differenzierungs- und Individualisierungsmöglichkeiten in einzelnen Fächern sowie spezifischen Förderanliegen in diesen Fächern erforderlich. Dafür wird in zwei Modulen unter dem Aspekt der Förderung ein erweiterter Überblick über die jeweilgen

Fächer und deren Didaktik gegeben. Zudem gehört der Bereich Berufsorientierung und -vorbildung in der Sekundarstufe gerade mit Blick auf Behinderungen zu den wichtigen Aufgabenbereichen. Schließlich besuchen Kinder mit Körper- und Sinnesbehinderungen die Sekundarstufe in Österreich oft ohne spezifischen Förderbedarf. Die diesbezüglichen Aufgabenstellungen werden vertiefend angesprochen, wobei es möglich ist, alle Förderbereiche oder einen zu wählen.

Im derzeit genehmigten Masterstudium kann die Spezialisierung erweitert werden durch Beratungs- und Forschungskompetenzen, um die Entwicklung von inklusivem Unterricht in einer inklusiven Schule unterstützen und evaluieren zu können. Das Weiterentwickeln und Innovieren der bestehenden Unterrichtsformate, rückblickend auf eine 30-jährige Tradition in unserem Bundesland Steiermark und in der steirischen Schullandschaft, zählt zu den Zielen dieser Masterstudienvariante.

Ausblick

Ergänzend zu den bisher entwickelten Masterstudien ist die Entwicklung kategorialer Masterstudien intendiert. Im Bereich der Förderschwerpunkte Sprache und sozial-emotionale Entwicklung wird es aufgrund des hohen Förderbedarfs der SchülerInnen in jedem der vier österreichischen Verbünde und teilweise in jedem Bundesland eigene Angebote geben müssen. Im Bereich der kategorialen Master Sehen, Hören, Motorik werden auch in Zukunft die Angebote eher bundesweit entwickelt und organisiert werden.

In Hinblick auf diese Masterangebote gibt es aber noch viele offene Fragen, die es vor dem Hintergrund internationaler Studien zu diskutieren und zu beantworten gilt. So stellt sich beispielsweise die Frage, ob ein kategoriales Masterstudium gleich im Anschluss an das Bachelorstudium überhaupt sinnvoll ist. Vor allem im Förderbereich sozial-emotionale Entwicklung wird die Berufserfahrung als Zulassung für das Masterstudium als sehr wesentlich erachtet. Ferner ist die Qualifizierung der in Masterstudien Lehrenden ein immanentes Thema. Einerseits kann Österreich auf ein professionsorientiert hoch qualifiziertes Personal zurückgreifen, andererseits fehlt es an akademischem Personal mit einem spezifischen Doktorat bzw. mit einer Habilitation. Ein weiterer Fragekomplex wird sich den Übergängen bisheriger LehramtsabsolventInnen widmen müssen, welche Möglichkeiten des Besuches eines kategorialen Masterstudiums sich für diesen Personenkreis eröffnen. Schlussendlich wird sich der Dienstgeber der Frage zuwenden müssen, wie die neu qualifizierten Personen ihrem Profil und den Bedürfnissen der Schulen sowie der Schulstandorte entsprechend optimal eingesetzt werden können – als LehrerInnen in inklusiven oder segregierenden Settings, als mobile LehrerInnen an Schulen, als ExpertInnen an Beratungszentren, als MitarbeiterInnen an pädagogischen Hochschulen im Rahmen von Schulentwicklungsprozessen u.v.m.

Literatur

bmukk (2013). Bundesrahmengesetz zur Einführung einer neuen Ausbildung für Pädagoginnen und Pädagogen, verfügbar unter:
https://www.ris.bka.gv.at/Dokumente/RegV/REGV_COO_2026_100_2_855066/REGV_COO_2026_100_
2_855066.html [13.08.2016]

European Agency for Development in Special Needs Education (Hrsg.) (2012). Inklusionsorientierte Lehrerbildung. Ein Profil für Inklusive Lehrerinnen und Lehrer. Odense: European Agency

Feyerer, E. (2009). Qualität in der Sonderpädagogik: Rahmenbedingungen für eine verbesserte Erziehung, Bildung und Unterrichtung von Schüler/inne/n mit sonderpädagogischem Förderbedarf. In: W. Specht (Hrsg.), Nationaler Bildungsbericht Österreich 2009, Band 2: Fokussierte Analysen bildungspolitischer Schwerpunktthemen (S. 73–97). Graz: Leykam. Verfügbar unter https://www.bifie.at/buch/102 [07.08.2016]

Holzinger, Andrea, Komposch Ursula, Kopp-Sixt, Silvia, Much, Peter, Pickl, Gonda G. (2014). Kompetenzen für Inklusive Bildung. In: Erziehung & Unterricht 3-4, S. 270 – 278

Hochschulgesetz (2005). Bundesgesetz über die Organisation der Pädagogischen Hochschulen und ihre Studien (Hochschulgesetz 2005 – HG), verfügbar unter: https://www.ris.bka.gv.at/ Dokumente/BgblAuth/BGBLA_2006_I_30/BGBLA_2006_I_30.html [07.08.2016]

Klemm, K. (2015). Inklusion in Deutschland. Daten und Fakten. Bertelsmann-Stiftung. Verfügbar unter htttps://www.bertelsmann-stiftung.de/de/publikationen/publikation/did/inklusion-in-deutschland-1/

Specht, Werner, Seel, Andrea, Stanzel-Tischler, Elisabeth & Wohlhart, David und die Mitglieder der Arbeitsgruppen des QSP-Projekts (2007). Strategien für die Weiterentwicklung von Qualität in der Sonderpädagogik, Graz: bifie Report 09/07

Universitätsgesetz (2002). Bundesgesetz über die Organisation der Universitäten und ihre Studien (Universitätsgesetz 2002 – UG) verfügbar unter: https://www.ris.bka.gv.at/GeltendeFassung.wxe?Abfrage=Bundesnormen&Gesetzesnummer=20002128 [07.08.2016]

Vereinte Nationen (2006). Die UN-Behindertenrechtskonvention. Übereinkommen über die Rechte von Menschen mit Behinderungen.

Autoren

Mag. Dr. Andrea Holzinger: Institutsleiterin an der Pädagogischen Hochschule Steiermark

David Wohlhart, BEd: Lehrender an der Kirchlichen Pädagogischen Hochschule der Diözese Graz-Seckau; Schulbuchautor

THOMAS BERNHARD

Das Recht auf Bildung gem. Art. 24 der UN-Behindertenrechtskonvention

Herausforderungen bei der Umsetzung aus rechtswissenschaftlicher Sicht

Die UN-Behindertenrechtskonvention (BRK) feiert in diesem Jahr ihr zehnjähriges Bestehen. Insbesondere Artikel 24 BRK, der erstmals ein Recht auf inklusive Bildung für Menschen mit Behinderungen statuiert, hat in den vergangenen Jahren für intensive Diskussionen auf rechtlicher, politischer und pädagogischer Ebene geführt. Mittlerweile hat diese Vorschrift in fast allen Bundesländern in Deutschland Reformen der Schulgesetze veranlasst. Dennoch sind viele Fragen weiterhin nicht endgültig geklärt. Es gibt viele unterschiedliche Auslegungen, was unter einem inklusiven Bildungssystem zu verstehen ist. Zudem beschäftigt die Gerichte vor allem die Frage, welche individuellen und einklagbaren Rechte sich aus der BRK ergeben. Ist etwa die Verweisung auf eine Förderschule noch zulässig? Und darf es mittelfristig überhaupt noch Förderschulen für Menschen mit Behinderungen geben? Ist die in vielen Bundesländern gewählte Lösung eines Wahlrechts zwischen Förder- und Regelschule mit der BRK vereinbar?

Unter anderem auf diese Fragen versucht der vorliegende Beitrag eine Antwort zu geben. Vorangestellt werden zur besseren Einordnung einige grundsätzliche Ausführungen dazu, wie die BRK entstanden ist, wie sie rechtlich einzuordnen ist und welche Ziele sie verfolgt. Zudem wird erläutert, welche Mechanismen zur Überwachung der Umsetzung („Monitoring") vorgesehen sind, welche Konsequenzen ein Verstoß gegen die Konvention also haben kann.

I. Die UN-Behindertenrechtskonvention (BRK)

1. Entstehungsgeschichte

Die BRK ist ein völkerrechtlicher Vertrag, also ein Vertrag zwischen Staaten. Er wurde von 2001 bis 2006 in New York auf der Ebene der Vereinten Nationen verhandelt. Neu daran war im Vergleich zur Entstehung anderer Menschenrechtskonventionen die starke Beteiligung von Nichtregierungsorganisationen (NGOs), insbesondere von Verbänden von Menschen mit Behinderungen. Diese hatten das Motto „nothing about us without us" ausgerufen und konnten auch tatsächlich erheblichen Einfluss auf den Text der Konvention nehmen (vgl. ausführlich zu der Entstehungsgeschichte von Bernstorff 2008, S. 13 ff.). Der vereinzelt erhobene Vorwurf, die Konvention sei daher undemokratisch zustande gekommen und staatsrechtlich nicht verbindlich (Flaig 2012, S. 47, 48), ist dennoch unzutreffend: Am 13. Dezember 2006 stimmte letztlich die UN-Generalversammlung, an der nur Vertreter von Staaten und keine Vertreter von NGOs beteiligt sind, dem Vertrag mit der Resolution 61/106 einstimmig zu. Auch hierdurch waren die einzelnen Staaten aber noch nicht an den Vertrag gebunden. In Kraft tritt die Konvention vielmehr erst dann, wenn sie von einem Staat unterzeichnet und ratifiziert wird. Hierzu ist beispielsweise in Deutschland die Zustimmung des Bundestages und des Bundesrates erforderlich.

Die Konvention hat aber weltweit große Unterstützung unter den Staaten gefunden und gilt mittlerweile in 166 Staaten (eine aktuelle Liste der Staaten, die die BRK unterzeichnet und ratifiziert haben, ist abrufbar unter https://treaties.un.org/Pages/Treaties.aspx?id=4&subid=A&lang=en). Auch Deutschland (am 24. Februar 2009) und Österreich (am 26. September 2008) haben die BRK bereits vor einigen Jahren ratifiziert.

2. Einordnung in das System des internationalen Menschenrechtsschutzes

Die BRK ist der jüngste „spezielle" internationale Menschenrechtsvertrag. Nach der unverbindlichen allgemeinen Erklärung der Menschenrechte (1948) einigte sich die UN-Generalversammlung im Jahr 1966 auf zwei grundlegende und verbindliche Menschenrechtsverträge, nämlich den Internationalen Pakt über Bürgerliche und Politische Rechte sowie über den Internationalen Pakt über wirtschaftliche, soziale und kulturelle Rechte. Selbstverständlich können sich alle Menschen in Staaten, die diese Pakte ratifiziert haben, auf diese Menschenrechte berufen. Dennoch hat sich im Laufe der Zeit gezeigt, dass bestimmte Gruppen nicht in vollem Umfang davon profitierten und dass es daher notwendig war, für diese speziellere Regelungen zu schaffen. Hierunter fallen beispielsweise die Frauenrechtskonvention aus dem Jahr 1979, die Kinderrechtskonvention aus dem Jahr 1989 und nun eben die BRK aus dem Jahr 2006.

3. Ziele und zentrale Konzepte der BRK

Ziel der BRK ist es also nicht, neue Rechte oder gar Sonderrechte für Menschen mit Behinderungen zu schaffen. Zweck dieses Übereinkommens ist es vielmehr, gem. Art. 1 Abs. 1 BRK, „den vollen und gleichberechtigten Genuss aller Menschenrechte und Grundfreiheiten durch alle Menschen mit Behinderungen zu fördern, zu schützen und zu gewährleisten und die Achtung der ihnen innewohnenden Würde zu fördern." Es geht also darum, die allgemeingültigen Menschenrechte so auszulegen, dass auch alle Menschen mit Behinderungen in gleichem Maße daran teilhaben können.

Dies spiegelt sich auch in den allgemeinen Grundsätzen der Konvention wider, zu denen gem. Art. 3 Buchstabe b) und e) BRK unter anderem Nichtdiskriminierung und Chancengleichheit gehören. Man kann wohl sogar so weit gehen, die BRK insgesamt als eine Nichtdiskriminierungskonvention zu bezeichnen.

Um dies zu verstehen, ist das der BRK zu Grunde liegende Modell von Behinderung von großer Bedeutung: Lange Zeit war das medizinische Modell von Behinderung anerkannt, nach dem der Fokus bei der Beschäftigung mit Behinderung auf die körperliche, psychische oder kognitive Schädigung des Einzelnen gerichtet wird, der mit Diagnose, Therapie und Förderung begegnet werden soll (Degener 2009, S. 200). Ihren eindrucksvollsten Ausdruck findet dieses Modell etwa darin, wenn in einem Schwerbehindertenausweis der „Grad der Behinderung" bestimmt wird, der sich eben ausschließlich danach richtet, wie stark eine Person körperlich, psychisch oder kognitiv beeinträchtigt ist.

Im Gegensatz hierzu sehen die Vertreter des sozialen Modells von Behinderung diese als soziales Konstrukt an: Die Menschen mit Behinderungen werden also nicht durch eine körperliche Beeinträchtigung an der vollen Teilhabe an der Gesellschaft gehindert, sondern erst durch in der Gesellschaft selbst bestehende Vorurteile und Barrieren (Degener 2009, S. 200). Was damit gemeint ist, lässt sich am besten an einem Beispiel verdeutlichen: Ein blinder Mensch möchte eine Straße überqueren, an der es zwar eine Ampel gibt, die aber nur ein optisches Signal aussendet. Nach dem medizinischen Modell liegt das Problem einzig in der fehlenden Sehkraft dieses Menschen, die ihn daran hindert, die Straße zu überqueren. Nach dem sozialen Modell von Behinderung hat der Mensch zwar eine körperliche Beeinträchtigung, die Behinderung entsteht aber erst durch die Barriere in der Umwelt, dass nämlich die Ampel kein akustisches oder durch Vibration wahrnehmbares Signal aussendet und somit blinde Menschen daran gehindert werden, alleine die Straße zu überqueren. Vor diesem Hintergrund sind auch Kampagnen wie die des Bundesministeriums für Arbeit und Soziales „Behindern ist heilbar" sowie der Aktion Mensch „Behindert ist man nicht, behindert wird man" zu verstehen.

Auch wenn also die (körperliche) Beeinträchtigung nicht heilbar ist, so kann man dennoch versuchen, gegen die (durch gesellschaftliche Barrieren verursachten) Behinderungen etwas zu unternehmen. So erklärt es sich, dass die BRK in erster Linie auch eine Antidiskriminierungskonvention darstellt. Der BRK liegt nämlich eindeutig ein soziales Modell von Behinderung zu Grunde, was sich schon aus der Begriffsbestimmung in Art. 1 Abs. 2 BRK ergibt: „Zu den Menschen mit Behinderungen zählen Menschen, die langfristige körperliche, seelische, geistige oder Sinnesbeeinträchtigungen haben, welche sie **in Wechselwirkung mit verschiedenen Barrieren** an der vollen, wirksamen und gleichberechtigten Teilhabe an der Gesellschaft hindern können." (Hervorhebung durch den Verfasser).

4. Monitoring

Bezüglich der Überwachung der Umsetzung der Konvention ist zunächst darauf hinzuweisen, dass auch Staaten, die die Konvention ratifiziert haben, bei Verstößen kaum zur Umsetzung gezwungen werden können. Es sind keine Strafen bei mangelnder Umsetzung vorgesehen und es gibt auch keinen Gerichtshof, der die Umsetzung überwacht, wie es beispielsweise der Europäische Gerichtshof für Menschenrechte für die Europäische Menschenrechtskonvention ist.

Dennoch sieht die BRK einige Mechanismen vor, die durchaus effektiv sein können. Zum einen werden die Staaten angehalten, auf nationaler Ebene Institutionen zu schaffen, die die Umsetzung der Konvention überwachen. In Deutschland ist das beispielsweise die Monitoring-Stelle zur BRK, die beim Deutschen Institut für Menschenrechte in Berlin angesiedelt ist.

Daneben gibt es einen internationalen Ausschuss für die Rechte von Menschen mit Behinderung. Dessen 18 Mitglieder werden von der Konferenz der Vertragsstaaten gewählt. Die Mitglieder sind hauptsächlich Wissenschaftler oder Vertreter von Verbänden von Menschen mit Behinderungen. Der Ausschuss kommt zwar nur zweimal im Jahr für etwa drei Wochen in Genf zusammen, übernimmt aber dennoch vielfältige Aufgaben und kann durchaus Einfluss auf die Umsetzung in den verschiedenen Mitgliedsstaaten nehmen. Dies wird im Folgenden anhand einiger Beispiele dargestellt:

An erster Stelle zu nennen ist hier das Staatenberichtsverfahren. Demnach müssen Staaten zwei Jahre nach der Ratifikation und danach alle vier Jahre einen Staatenbericht vorlegen, in dem sie die Situation von Menschen mit Behinderungen in dem jeweiligen Land schildern und darstellen, welche Maßnahmen zur Umsetzung der BRK unternommen worden sind. Gleichzeitig reicht meist auch die Zivilgesellschaft einen sog. „Schattenbericht" ein, in dem sie auf die aus ihrer Sicht weiterhin bestehenden Probleme hinweist, die der Staat in dem Staatenbericht möglicherweise nicht ausreichend benannt hat. Anschließend findet in Genf ein sog. „konstruktiver Dialog" zwischen dem Ausschuss und der Regierung des jeweiligen Staates statt, in dem diese versucht, die Fragen der Ausschussmitglieder zu beantworten. Abgeschlossen wird das Verfahren durch die „Abschließenden Bemerkungen" (concluding observations), die der Ausschuss einige Zeit später veröffentlicht. In diesen stellt er aus seiner Sicht dar, was in dem Staat bereits gut umgesetzt ist und an welchen Stellen noch Nachholbedarf besteht.

Ein Beispiel, in dem dieser Bericht eine konkrete Auswirkung hatte, ist die deutsche Übersetzung der BRK. In der offiziellen amtlichen Übersetzung in Deutschland und Österreich findet sich an keiner Stelle das Wort „Inklusion". Es ist vielmehr von „Integration" und einem „integrativen Bildungssystem" die Rede. Dies wurde von der Zivilgesellschaft und auch der Wissenschaft schon seit Langem kritisiert (vgl. zum Beispiel Krajewski/Bernhard 2012, S. 168). Auswirkungen für den Regelungsgehalt der BRK hat die Übersetzung eigentlich nicht. Die Sprachen, deren Wortlaut verbindlich ist, sind nämlich in Art. 50 BRK geregelt: Arabisch, Chinesisch, Englisch, Französisch, Russisch und Spanisch. Deutsch gehört also nicht dazu. In den anderen Sprachen ist aber eindeutig von einem inklusiven Bildungssystem die Rede (Bernhard 2016, S. 64 ff.). Dennoch führte die falsche deutsche Übersetzung natürlich zu Irritationen bei der Anwendung der BRK. Der Ausschuss hat in den Abschließenden Bemerkungen zu dem Staatenbericht von Österreich dann ausdrücklich auf dieses Problem hingewiesen und klargestellt, dass die BRK „Inklusion" fordert und nicht „Integration" (Committee on the Rights of Persons with Disabilities 2013, Concluding Observations Austria, S. 6). Im Juni 2016 hat Österreich nun eine neue amtliche Übersetzung beschlossen und in seinem Bundesgesetzblatt bekannt gemacht, in der sich die richtige Übersetzung findet (BGBl. III Nr. 105/2016).

Daneben besteht nach dem Fakultativprotokoll zur BRK auch die Möglichkeit einer Individualbeschwerde. Deutschland und Österreich haben auch dieses Fakultativprotokoll ratifiziert. Das bedeutet, dass sich einzelne Personen, die sich in ihren Rechten aus der BRK verletzt fühlen, unter bestimmten Voraussetzungen auch direkt an den Ausschuss wenden können. Eine dieser Voraussetzungen ist aber, dass sie zunächst den nationalen Rechtsweg beschritten haben, sich also beispielsweise an die deutschen Gerichte gewandt und auch alle Möglichkeiten von Rechtsmitteln ausgeschöpft haben.

Zudem beschließt der Ausschuss zu einzelnen Artikeln der Konvention sog. „Allgemeine Bemerkungen" (general comments), die die Auslegung bestimmter Rechte konkretisieren sollen. Diese Allgemeinen Bemerkungen sind zwar rechtlich nicht verbindlich, geben aber doch wichtige Anhaltspunkte dafür, wie die BRK zu verstehen ist. Ganz aktuell hat der Ausschuss Allgemeine Bemerkungen zu Artikel 24 BRK, also zu dem Recht auf Bildung, beschlossen und veröffentlicht (Committee on the Rights of Persons with Disabilities 2016, General comment No 4 – Article 24: Right to inclusive education).

II. Das Recht auf Bildung in der BRK und seine innerstaatliche Umsetzung

Das Recht auf Bildung gehört zu der Gruppe der sozialen Menschenrechte. Diese Eingruppierung hat für die innerstaatliche Umsetzung große Bedeutung. Nach früher herrschender Ansicht wurden die bürgerlichen und politischen Rechte, die im Zivilpakt normiert sind, als negative Rechte angesehen, da sie einfach dadurch verwirklicht werden können, indem der Staat sie nicht einschränkt, beispielsweise die Meinungs- und Pressefreiheit. Daher wurden diese auch als unmittelbar anwendbar und einklagbar angesehen. Demgegenüber bezeichnete man die im Sozialpakt normierten wirtschaftlichen, sozialen und kulturellen Rechte als positive Rechte, da der Staat sie nur durch ein positives Tun verwirklichen kann. Dies ist aber nicht von heute auf morgen zu erreichen und der Staat hat bei dem Einsatz der ihm zur Verfügung stehenden Mittel einen großen Ermessensspielraum, weshalb diese Rechte als nicht unmittelbar anwendbar und auch nicht als individuell einklagbar angesehen wurden. Der Staat ist nach dieser Auffassung nur verpflichtet, sie progressiv, also nach und nach, zu verwirklichen (zu dieser früher vertretenen Unterscheidung ausführlich mit weiteren Nachweisen Bernhard 2016, S. 65 ff.).

In der Literatur und in den verschiedenen Menschenrechtsausschüssen der Vereinten Nationen ist man schon länger von dieser starren Trennung abgekommen. In der BRK hat dies nun erstmals auch in einem verbindlichen menschenrechtlichen Vertrag Ausdruck gefunden.

Artikel 4 Abs. 2 BRK lautet:

„Hinsichtlich der wirtschaftlichen, sozialen und kulturellen Rechte verpflichtet sich jeder Vertragsstaat, unter Ausschöpfung seiner verfügbaren Mittel und erforderlichenfalls im Rahmen der internationalen Zusammenarbeit Maßnahmen zu treffen, um nach und nach die volle Verwirklichung dieser Rechte zu erreichen, **unbeschadet derjenigen Verpflichtungen aus diesem Übereinkommen, die nach dem Völkerrecht sofort anwendbar sind.**" (Hervorhebung durch den Verfasser).

Es wird also der Grundsatz beibehalten, dass die sozialen Rechte nur nach und nach verwirklicht werden können und müssen. Dennoch findet sich im letzten Halbsatz der eindeutige Hinweis darauf, dass auch diese Rechte sofort anwendbare Elemente enthalten können. Diese Elemente zu identifizieren, ist für die innerstaatliche Umsetzung von großer Bedeutung, denn diese können dann auch individuelle Rechte vermitteln und einklagbar sein.

Im Folgenden wird zunächst die Umsetzung der progressiv zu verwirklichenden Pflichten dargestellt und im Anschluss daran wird auf die sofort anwendbaren Rechte eingegangen.

1. Die Umsetzung der progressiv zu verwirklichenden Pflichten

Art. 24 BRK verpflichtet die Vertragsstaaten zur Umsetzung eines inklusiven Bildungssystems. Dies ist nicht von heute auf morgen zu realisieren, sondern nur nach und nach. Trotzdem ist diese Verpflichtung keine rein politische, die rechtlich nicht nachprüfbar ist. Die Rechtswissenschaft kann hier auf zwei Wegen eine Rolle spielen:

Zum einen muss die BRK interpretiert werden. Es gibt sehr viele unterschiedliche Interpretationen, was unter einem inklusiven Bildungssystem zu verstehen ist. Beispielsweise streben viele Bundesländer auch langfristig nicht an, Förderschulen generell abzuschaffen, sondern wollen ein Wahlrecht zwischen Förder- und Regelschule schaffen. Ob dies mit der BRK vereinbar ist, ist sehr umstritten. Die nationale Monitoring-Stelle in Berlin hält ein solches Wahlrecht beispielsweise allenfalls übergangsweise für zulässig (Monitoring-Stelle zur UN-Behindertenrechtskonvention 2011, S. 14). Eine historische Betrachtung zeigt, dass während der Verhandlungen der BRK insbesondere die Blinden- und Gehörlosenverbände sich für ein solches Wahlrecht stark gemacht hatten. Viele andere Verbände von Menschen mit Behinderungen haben sich aber vehement dagegen ausgesprochen. Deshalb wurde im Text der BRK schließlich kein Wahlrecht ausdrücklich aufgenommen (vgl. dazu mit weiteren Nachweisen Bernhard 2016, S. 179 ff.). In Hinblick auf blinde und gehörlose Menschen hat man sich allerdings auf eine Kompromissformel geeinigt. Ansonsten ist in dem ganzen Art. 24 BRK lediglich von einer inklusiven Beschulung die Rede. Lediglich in Art. 24 Abs. 2 Buchstabe e) und Abs. 3 Buchstabe c), in denen es um blinde und gehörlose Menschen geht, ist von einer Beschulung „in einem Umfeld, das die beste schulische und soziale Entwicklung gestattet", die Rede. Daher ist jedenfalls bzgl. blinder und gehörloser

Menschen davon auszugehen, dass auch langfristig Förderschulen durch die BRK nicht verboten werden. Es spricht zudem auch viel dafür, dies auch generell so zu sehen. Im Rahmen des Staatenberichtsverfahrens der Bundesrepublik Deutschland wurde beispielsweise ebenfalls über die Frage der Zulässigkeit eines Wahlrechts diskutiert. Der Ausschuss hat sich hierzu noch immer nicht klar positioniert. Allerdings findet sich in den abschließenden Bemerkungen zu Deutschland die Formulierung, dass Regelschulen Kinder mit Behinderungen aufnehmen sollten, „wenn diese sich dafür entscheiden" (Committee on the Rights of Persons with Disabilities 2015, Concluding Observations Germany, S. 8).

Zudem kann die Rechtswissenschaft bei der Überprüfung der Umsetzung eine Bedeutung haben. Obwohl nämlich den Staaten bei der Art und Weise der Umsetzung ein großer Ermessensspielraum zukommt, müssen sie in der Lage sein, nachzuweisen, dass sich das Bildungssystem tatsächlich „nach und nach" in Richtung eines inklusiven Bildungssystems entwickelt. Dies kann beispielsweise durch Statistiken gelingen. Der Ausschuss stellt hier regelmäßig stark auf die Anzahl der Schüler mit Behinderungen an Regelschulen ab und kritisiert etwa in Deutschland, dass weiterhin zu viele Menschen mit Behinderungen an Förderschulen unterrichtet werden (Committee on the Rights of Persons with Disabilities 2015, Concluding Observations Germany, S. 8). Selbstverständlich ist das aber nicht das einzige Kriterium, denn lediglich der Ort der Beschulung sagt noch nicht viel darüber aus, ob die Bildung dort auch gelingt. Dies ist zwar schwer messbar, doch gibt es dennoch statistisch nachweisbare Indizien dafür, ob der Staat auch hierfür etwas unternimmt. Dies betrifft beispielsweise den Einsatz von verschiedenen Fachkräften an Regelschulen oder auch die Aus- und Fortbildung der Lehrkräfte an den Regelschulen in dem Bereich Inklusion (dazu ausführlich mit einer exemplarischen Darstellung und Bewertung der verschiedenen Indikatoren für den Freistaat Bayern Bernhard 2016, S. 151 ff.).

2. Die Umsetzung der sofort anwendbaren Rechte

Wie oben dargestellt, gibt es auch sofort anwendbare Elemente des Rechts auf Bildung in Art. 24 BRK. Die beiden bedeutendsten sollen hier kurz dargestellt werden:

a) Das Recht auf angemessene Vorkehrungen

Angemessene Vorkehrungen sind in Art. 2 BRK definiert als „notwendige und geeignete Änderungen und Anpassungen, die keine unverhältnismäßige oder unbillige Belastung darstellen und die, wenn sie in einem bestimmten Fall erforderlich sind, vorgenommen werden, um zu gewährleisten, dass Menschen mit Behinderungen gleichberechtigt mit anderen alle Menschenrechte und Grundfreiheiten genießen oder ausüben können".

Einfacher ausgedrückt müssen also Barrieren, die im Einzelfall bestehen, beseitigt werden, wenn dies keine unverhältnismäßige Belastung bedeuten würde. Dies ist die praktische Seite des oben dargestellten sozialen Modells von Behinderung. Die in diesem Sinne verstandenen „Behinderungen" sollen durch angemessene Vorkehrungen überwunden werden.

Dass dies ein sofort anwendbares Recht ist, ergibt sich aus der Definition des Begriffs Diskriminierung in Art. 2 BRK, der auch die Verweigerung angemessener Vorkehrungen als eine Form der Diskriminierung beschreibt. Es ist im internationalen Menschenrechtsschutz aber seit Langem anerkannt, dass das Recht auf Nichtdiskriminierung ein sofort anwendbares Recht darstellt, und dies war den Vertragsstaaten bei den Verhandlungen auch bewusst (Quinn 2009, S. 258).

Der Ausschuss weist sowohl in der Allgemeinen Bemerkung zu Art. 24 BRK als auch in den jeweiligen Abschließenden Bemerkungen zu den Staatenberichten häufig auf die große Bedeutung dieses Konzepts hin und bemängelt die Umsetzung (Committee on the Rights of Persons with Disabilities 2015, Concluding Observations Germany, S. 3). In Deutschland beispielsweise ist das Recht auf angemessene Vorkehrungen, wie es die BRK definiert, noch nicht gesetzlich verankert. Es wäre zwar durchaus möglich, Ansprüche unmittelbar aus der BRK abzuleiten, doch ist die Rechtsprechung diesbezüglich bislang sehr zurückhaltend (vgl. für eine Übersicht der bisherigen Rechtsprechung zur BRK Bernhard 2015, S. 79 ff.).

b) Das Recht auf Regelschulzugang

Zudem gibt Art. 24 BRK auch ein sofort anwendbares Recht auf den Zugang zu einer Regelschule (Committee on the Rights of Persons with Disabilities 2015,

Concluding Observations Germany, S. 8). Das folgt bereits aus der Formulierung in Art. 24 Abs. 2 Buchstabe b) BRK, nach dem die Vertragsstaaten sicherstellen, dass „Menschen mit Behinderungen gleichberechtigt mit anderen in der Gemeinschaft, in der sie leben, Zugang zu einem integrativen [gemeint ist „inklusiven", siehe oben], hochwertigen und unentgeltlichen Unterricht an Grundschulen und weiterführenden Schulen haben." Wird also einem Menschen wegen einer Beeinträchtigung der Zugang zu einer Regelschule versagt, dann stellt dies eine Ungleichbehandlung wegen der Beeinträchtigung dar.

Fraglich ist allerdings, ob dieses Recht schrankenlos gewährleistet werden muss oder ob im Einzelfall dennoch die Überweisung auf eine Förderschule gerechtfertigt sein kann. Die deutsche Monitoring-Stelle zur BRK geht beispielsweise davon aus, dass jegliche Einschränkung dieses Rechts einen Verstoß gegen Art. 24 BRK darstellt (Monitoring-Stelle zur UN-Behindertenrechtskonvention 2011, S. 13). Demgegenüber gibt es in vielen Bundesländern mittlerweile zwar grundsätzlich ein Wahlrecht zwischen Förder- und Regelschule, bei dem aber noch verschiedene Einschränkungen geregelt sind. Dies sind insbesondere häufig ein Finanzierungsvorbehalt, das Kindeswohl des Kindes mit Behinderungen sowie die Rechte der anderen Kinder in der Klasse (vgl. für eine Übersicht der Regelungen in den verschiedenen Bundesländern Mißling/Ückert 2015, S. 63 ff.).

Diese Ausnahmen sind wohl grundsätzlich zulässig, müssen aber von der Verwaltung und der Rechtsprechung sehr restriktiv ausgelegt werden. Menschenrechte beanspruchen grundsätzlich keine absolute Geltung. Auch bürgerliche und politische Rechte wie beispielsweise die Versammlungsfreiheit können eingeschränkt werden, etwa wenn von der Versammlung eine Gefahr ausgeht. Grundsätzlich ist es also denkbar, dass es gerechtfertigt sein kann, dass ein Kind auch gegen seinen Willen bzw. den Willen der Eltern auf eine Förderschule überwiesen wird. Allerdings ist dabei zu beachten, dass diese Schranken immer völkerrechtskonform im Lichte der BRK ausgelegt werden müssen.

Der Ressourcenvorbehalt kann beispielsweise keinesfalls schon dann eingreifen, wenn die Beschulung an der Regelschule zusätzlichen Aufwand erfordern würde. Denn nach dem oben dargestellten Konzept der angemessenen Vorkehrungen besteht auf die Überwindung bestehender Hindernisse sogar ein Anspruch. Zudem ist zu beachten, dass die Beschulung an Förderschulen ebenfalls sehr teuer ist und dass grundsätzlich die Beschulung an der Regelschule nach der BRK vorrangig ist (Bernhard 2016, S. 301 ff.).

Auch bei der Frage des Kindeswohls ist eine restriktive Auslegung geboten. Teilweise wird diese Schranke generell kritisiert, da das Kindeswohl der Beschulung an der Regelschule nicht entgegenstehen könne, da nach der Wertung der BRK immer die Regelschule die bessere Wahl für das Kindeswohl sei (Monitoring-Stelle zur UN-Behindertenrechtskonvention 2011, S. 14). Dieser Auffassung kann nicht gefolgt werden, denn es kann durchaus Fälle geben, in denen trotz aller Maßnahmen und Vorkehrungen der Besuch der Regelschule dem Kindeswohl zuwider läuft (so die überwiegende Auffassung in der rechtlichen Literatur, vgl. beispielsweise Poscher/Rux/Langer 2008, S. 35 f.). Allerdings kann dafür nicht einfach die momentane Situation an der Schule betrachtet und gefragt werden, ob unter diesen Bedingungen die Aufnahme des Kindes mit Behinderungen Sinn ergeben würde. Vielmehr muss überlegt werden, wie die bestehenden Hindernisse durch angemessene Vorkehrungen überwunden werden können (Bernhard 2016, S. 346 ff.). Nur wenn auch bei der Umsetzung aller denkbaren angemessenen Vorkehrungen immer noch eine Gefährdung des Kindeswohls bestehen würde, kann diese Schranke eingreifen.

III. Fazit

Die BRK hat insbesondere bzgl. des Rechts auf inklusive Bildung von Menschen mit Behinderungen den Anstoß gegeben für weitreichende Reformen in mittlerweile fast allen Bundesländern. Auch an den Zahlen lässt sich die Tendenz erkennen, dass mehr Kinder mit Behinderungen an Regelschulen unterrichtet werden. Auch nach Inkrafttreten der BRK sind aber Förderschulen, insbesondere solche für blinde und sehbehinderte Kinder, nicht generell verboten. Trotzdem wird sich auch die Blinden- und Sehbehindertenpädagogik künftig noch mehr darauf ausrichten müssen, die Unterstützung von Kindern mit Sehbeeinträchtigungen an Regelschulen sicherzustellen.

Literatur

Bernhard, Thomas (2015), Art. 24 UN-BRK: Rezeption in der Rechtsprechung nach fünf Jahren, in: RdJB 2015/1, S. 79 – 89

Bernhard, Thomas (2016), Anforderungen an ein inklusives Bildungssystem nach der UN-Behindertenrechtskonvention – Eine Untersuchung der Rechtslage im Freistaat Bayern

Bernstorff, Jochen von (2008), Nichtstaatliche Akteure in der Rechts- und Politikgestaltung. Zur Legalität und Legitimität der Beteiligung von Nichtregierungsorganisationen im Völkerrecht, herausgegeben von der Konrad-Adenauer-Stiftung

Committee on the Rights of Persons with Disabilities, Concluding Observations Austria, UN-Dok. CRPD/C/AUT/CO/1 vom 30. September 2013

Committee on the Rights of Persons with Disabilities, Concluding Observations Germany, UN-Dok. CRPD/C/DEU/CO/1 vom 13. Mai 2015

Committee on the Rights of Persons with Disabilities, General comment No 4 – Article 24: Right to inclusive education, UN-Dok. CRPD/C/GC/4 vom 2. September 2016

Degener, Theresia (2009), Die UN-Behindertenrechtskonvention als Inklusionsmotor, in: RdJB 2/2009, S. 200–219

Flaig, Egon (2012), Inklusion, in: Brodkorb, Mathias/Koch, Katja (Hrsg.), Das Menschenbild der Inklusion, S. 47 – 56

Krajewski, Markus/Bernhard, Thomas (2012), Art. 24 – Bildung, in: Welke, Antje (Hrsg.), UN-Behindertenrechtskonvention mit rechtlichen Erläuterungen, S. 164 – 175

Mißling, Sven/Ückert, Oliver (2015), Das Recht auf inklusive Bildung in der Schule – Stand der Umsetzung von Art. 24 UN-BRK in der deutschen Schulgesetzgebung nach fünf Jahren, in: RdJB 2015/1, 63 – 78

Monitoring-Stelle zur UN-Behindertenrechtskonvention – Deutsches Institut für Menschenrechte (2011), Eckpunkte zur Verwirklichung eines inklusiven Bildungssystems (Primarstufe und Sekundarstufen I und II)

Poscher, Ralf/Rux, Johannes/Langer, Thomas (2008), Von der Integration zur Inklusion – Das Recht auf Bildung aus der Behindertenrechtskonvention der Vereinten Nationen und seine innerstaatliche Umsetzung, Gutachten erstellt im Auftrag der Max-Traeger-Stiftung

Quinn, Gerard (2009), Disability and Human Rights: A New Field in the United Nations, in: Krause, Catarina/Scheinin, Martin (Hrsg.), International Protection of Human Rights: A Textbook, S. 247 – 271

Autor

Dr. Thomas Bernhard LL.M. (Galway) war in den vergangenen fünf Jahren wissenschaftlicher Mitarbeiter am Lehrstuhl für Öffentliches Recht und Völkerrecht an der Friedrich-Alexander-Universität Erlangen-Nürnberg und hat sich in dieser Zeit intensiv mit dem Thema „Inklusion" beschäftigt. Momentan ist er als Rechtsreferendar bei der Regierung der Oberpfalz in dem Sachgebiet Schulrecht tätig.

RUPERT W. STRAUSS

Genetisch bedingte Netzhauterkrankungen – Stand der Forschung und Therapieausblicke

Die Netzhaut mit ihren Sinneszellen (Photorezeptoren) dient zur Licht- und Bildwahrnehmung im menschlichen Auge. Krankheiten der Netzhaut bedingen häufig eine substantielle Beeinträchtigung des Sehens. Neben Erkrankungen wie diabetischer Retinopathie oder altersbedingter Makuladegeneration (AMD) finden nun auch genetisch bedingte Erkrankungen zunehmend Beachtung in der wissenschaftlichen Forschung. Hier führen krankheitsverursachende Veränderungen (pathogene Mutationen) im Erbgut (DNA) zu einer Dysfunktion der Netzhautzellen („stationäre Dysfunktion") oder sogar zu einem progressiven Absterben über die Zeit („Dystrophie"). Während der Fortschritt der medizinischen Forschung zur Etablierung neuer Therapien bei diabetischer Retinopathie und manchen Formen der AMD in den letzten zehn Jahren geführt hat, gab es für genetisch bedingte Netzhauterkrankungen lange Zeit keine zugelassenen Behandlungsmöglichkeiten. Dies ist umso bedauerlicher, da Patienten mit genetisch bedingten Netzhauterkrankungen nicht nur neben der visuellen Beeinträchtigung eine erhebliche zusätzliche psychische Belastung erleben, sondern oft bereits im Kindes- oder Jugendalter betroffen sind.

Erst im letzten Jahr wurden „elektrische Prothesen" für das Endstadium der Retinitis pigmentosa von der amerikanischen „Food and Drug"-Administration (FDA) und der „European Medicines Agency" (EMA) zugelassen. Obwohl die genetisch bedingten Netzhauterkrankungen in ihrer Gesamtheit zu den häufigsten Gründen für Blindheit oder Blindheit im Sinne des Gesetzes bei Patienten im erwerbsfähigen Alter in den westlichen Industrienationen zählen, ist eine der Hauptschwierigkeiten zur Entwicklung von Therapien, dass sie eine sehr heterogene Krankheitsgruppe darstellen: zum einen steigt fast täglich die Zahl der neu identifizierten Mutationen („Genotyp"), zum anderen stellen sie sich sowohl für den Patienten (in Bezug auf die Symptome) wie für den Augenarzt (in Bezug auf das klinische Aussehen, „Phänotyp") sehr unterschiedlich dar. Manche Erkrankungen betreffen nur den Ort des schärfsten Sehens („Makula") mit den Folgen einer reduzierten Sehschärfe, andere das gesamte System der Photorezeptorenuntergruppe der „Zapfen" mit gestörtem Farbsehen, Lichtempfindlichkeit und ggf. Gesichtsfeldeinschränkungen, wieder andere das System der „Stäbchen" mit den Symptomen von Nachtblindheit. Die verschiedenen Therapieansätze, die derzeit sowohl in der Grundlagenforschung entwickelt, als auch schon in der klinischen Forschung an betroffenen Patienten getestet werden, zielen daher auf teils sehr unterschiedliche Erkrankungen in teils sehr unterschiedlichen Krankheitsstadien ab. Auch die Therapieziele mögen verschiedene sein. Eine komplette Übersicht über alle derzeitigen getesteten Therapieansätze würde den Rahmen dieses Berichtes sprengen, aber die wichtigsten seien im Folgenden kurz skizziert.

Gentherapie („gene replacement" oder „gene augmentation therapy")

Das Konzept der Gentherapie hat zum Ziel, durch das Hinzufügen einer „gesunden Kopie" des betroffenen Gens die krankheitsverursachende Wirkung der mutierten Gene in den betroffenen Zellen zu kompensieren (Dalkara 2016, S. 134). Hierzu werden „aufbereitete" veränderte Viren als Transportmedium (Vektor) angewandt, die die „gesunde DNA" in die Zellen einschleusen. Meist erfordert dies eine operative Entfernung des Glaskörpers (Vitrektomie), um die die Viren enthaltende Suspension unter die Netzhaut zu injizieren. Dabei wird nur ein umschriebenes Areal der Netzhaut behandelt. Die erste Erkrankung, bei der die Gentherapie an Patienten und Patientinnen angewandt wurde, ist die Leber'sche kongenitale Amaurose, eine der schwersten retinalen Dystrophien. Sie ist gekennzeichnet durch eine drastische Minderung der Sehschärfe (Visus) mit Einschränkungen des Gesichtsfelds, teils bis zur vollständigen Erblindung. Oft treten zusätzlich ein „Zittern der Augen" (Nystagmus) sowie ein Schielen auf. Die betroffenen Patienten und Patientinnen können schon erheblich sehbehindert oder blind zur Welt kommen. Erste Versuche mit der Gentherapie wurden an Tieren (Hunden) durchgeführt, ehe im Jahre 2008 drei Gruppen von Forschern und Forscherinnen erstmals Patienten und Patientinnen mittels Gentherapie behandelten. Die Sehfunktion erholte sich etwas in den behandelten Netzhautarealen der Patienten und

Patientinnen ohne signifikante Nebenwirkungen. Zudem gaben diese Studien erste Antworten auf die Vorteile einer früheren Intervention, Dosierung und auch der chirurgischen Technik. Eine der Hauptschwierigkeiten der Gentherapie bei der Leber'schen kongenitalen Amaurose ist der Tatsache geschuldet, dass ein Fortschreiten der Erkrankung auch Auswirkungen auf die Netzhautstruktur hat und diese für chirurgische Manipulationen fragiler macht. Bei der Nachverfolgung der Patienten und Patientinnen konnte beobachtet werden, dass die Verbesserung der Sehfunktion zunächst bis zu drei Jahren anhaltend war; allerdings gibt es Hinweise, dass die strukturelle Degeneration der Netzhaut trotz Gentherapie weiter voranschritt. Zudem zeigte sich bei manchen der ersten Patienten und Patientinnen, die bis zu sechs Jahre nachverfolgt wurden, nun auch eine erneute Abnahme der Sehfunktion (Jacobson 2015, S. 1920). Die Ursachen hierfür sind noch nicht endgültig geklärt und Gegenstand kontroverser Diskussionen.

Auch bei anderen retinalen Dystrophien wurde und wird die Gentherapie nun in frühen klinischen Phasen erprobt. Zu diesen gehören unter anderem der Morbus Stargardt, die Chorioideremie, X-chromosomal vererbte Retinoschisis und Retinitis pigmentosa im Rahmen eines Usher-Syndroms.

Pharmakotherapie

Mehrere verschiedene Ziele werden mit den unterschiedlichen Arten der Pharmakotherapie bei retinalen Dystrophien verfolgt. Zum einen sollen „Komplikationen", die im Rahmen einer Netzhautdystrophie auftreten, behandelt werden; hier handelt sich zum Beispiel um Wassereinlagerungen (Ödeme) in der Netzhaut. Bereits in der Augenheilkunde etablierte Substanzen, die bei anderen retinalen Erkrankungen, die mit solchen Ödemen einhergehen, etabliert sind, können teils mit dem Erfolg einer Sehverbesserung auch bei retinalen Dystrophien angewandt werden (Sahel 2010, S. 160). In einem zweiten Ansatz sollen Triggerfaktoren, die zur Progression einer retinalen Dystrophie führen, vermindert werden, wie zum Beispiel oxidativer Stress.

Das eigentliche Ziel der Pharmakotherapie ist jedoch, die durch die Genmutationen hervorgerufene Pathophysiologie auf zellulärer und molekularer Ebene zu beheben. Ein Beispiel ist nochmals die bereits erwähnte Leber'sche kongenitale

Amaurose. Bei dieser Erkrankung führen die krankheitsverursachenden Mutationen zu Enzymdefekten bei der Regeneration des Sehfarbstoffs, die im Wechselspiel zwischen den Photorezeptoren und dem benachbarten retinalen Pigmentepithel (RPE) im Rahmen eines Zyklus stattfindet. Da dieser Kreislauf durch entstehende Enzymdefekte nun unterbrochen ist, hat man versucht, durch orale Substitution eines Analogons die Reaktionskette wiederherzustellen. In einer ersten Studie wurden 14 Patienten und Patientinnen über einen Zeitraum von sieben Tagen behandelt, was eine Verbesserung des Gesichtsfeldes um 28 bis 68 % bewirkte, sechs (43%) Patienten und Patientinnen zeigten eine Verbesserung der Sehschärfe um 2-30 Buchstaben (Koenekoop 2014, S. 1513). Nach einer Nachbeobachtungszeit von zwei Jahren jedoch wiesen elf (79%) wieder das ursprüngliche Gesichtsfeld und zehn (71%) die ursprüngliche Sehschärfe auf; drei (21%) Patienten und Patientinnen behielten jedoch ein verbessertes Gesichtsfeld und vier (30%) Patienten und Patientinnen eine bessere Sehschärfe. In einer zweiten Studie wurden 18 Patienten und Patientinnen über einen Zeitraum von ebenfalls sieben Tagen mit einer Dosis täglich behandelt (Scholl 2015, S. e0143846. doi: 10.1371); acht der 18 Patienten und Patientinnen (44%) zeigten eine 20-prozentige Zunahme, und vier der 18 Patienten und Patientinnen (22%) gar eine 40-prozentige Zunahme im Gesichtsfeld; auch die Sehschärfe verbesserte sich: 12 Patienten und Patientinnen (67%) zeigten eine Verbesserung von einer Zeile, und 5 (28%) eine Verbesserung von zwei Zeilen im Sehschärfentest. Bei zwei Patienten und Patientinnen wurde auch eine funktionelle Magnetresonanztomographie (fMRT) durchgeführt: hier zeigte sich eine signifikante positive Antwort auf die dargebotenen Stimuli von Kontrast, Bewegung und Mustergröße in beiden Gehirnhälften.

Bei anderen pharmakologischen Ansätzen sollen Substanzen die Bildung von toxischen Nebenprodukten, die zum Zelltod von Photorezeptoren und/oder RPE-Zellen führen, vermindern. Ein solches Beispiel ist modifiziertes Vitamin A, das derzeit bei Patienten mit Morbus Stargardt getestet wird.

Neuroprotektion

Weiteres Interesse gilt auch Faktoren, die Nervenzellen schützen („Neuroprotektion"). Hier handelt es sich um natürlich im Auge vorkommende Moleküle, die eine solche Wirkung auf die Netzhautzellen entfalten. Ein solcher sehr gut charakterisierter Faktor ist der „ciliary neurotrophic factor" (CNTF). Dieser zeigte im Tiermodell eine gute Wirkung auf das Überleben von Zapfen bei Dystrophien, die vorwiegend die Stäbchen betreffen, und in einer ersten klinischen Studie zeigten drei von sieben Patienten und Patientinnen auch eine Verbesserung der Sehschärfe (Wen 2012, S. 145); allerdings konnten diese positiven Ergebnisse in den folgenden prospektiven, maskierten, randomisierten Multizenter-Studien nicht belegt werden.

Stammzelltherapie

In klinischen Situationen, bei denen keine Zellen mehr zur Verfügung stehen, die mittels Gen- oder Pharmakotherapie behandelt werden können, das heißt, Spätstadien von retinalen Dystrophien, würde der Ersatz von retinalen Zellen bedeuten, das Sehen zu erhalten oder evtl. gar zu verbessern. Stammzellen könnten hierfür eine Möglichkeit darstellen. Diese können entweder von Embryonen („embryonic stem cells") stammen oder aber von bereits erwachsenen Patienten („induced pluripotent stem cells") gewonnen werden. Die Stammzellen sollen die untergegangenen Photorezeptoren und/oder die RPE-Zellen ersetzen, die sie unterstützen. Erste Studien sind derzeit im Gange, und embryonale Stammzellen wurden bei 18 Patienten und Patientinnen mit fortgeschrittener altersbedingter Makuladegeneration (AMD) und Morbus Stargardt transplantiert (Dalkara 2016, S. 141). Bei diesen ersten Studien zeigten sich keine Sicherheitsbedenken. Bei den behandelten Augen konnte sogar eine Verbesserung der Sehschärfe beobachtet werden im Vergleich zu den unbehandelten Kontrollaugen.

Evaluierung von Effektivitätsgrößen

Es stellt sich jedoch die Frage, inwieweit die Sehschärfe, bei der der Patient bzw. die Patientin aufgefordert wird, immer kleiner werdende Zeichen (Optotypen) zu lesen, als geeignetes Maß für die Messung der Effektivität von neuen Therapien herangezogen werden kann. Obgleich dies der am häufigsten angewandte Test bei klinischen Studien im Bereich der Augenheilkunde ist, sind diesem im

Bereich der Netzhautdystrophien Grenzen gesetzt. Erstens wird nur eine Änderung von mindestens drei Zeilen als klinisch signifikant angesehen, da bereits beim gesunden Auge eine gewisse Variabilität des Testergebnisses bekannt ist. Zweitens testet er nur das zentrale Sehen, das bei manchen Dystrophien wie der Retinitis pigmentosa erst sehr spät betroffen ist. Drittens können Patienten und Patientinnen lernen, andere Netzhautorte für die Fixation besser zu nutzen, nachdem die Makula degeneriert ist; in der Tat kann man daher bei manchen Patienten und Patientinnen paradoxerweise sogar eine natürliche Verbesserung der Sehschärfe feststellen. Viertens kann der Verlust des zentralen Sehens auch sehr langsam vor sich gehen, und teils können Plateauphasen von konstanten, wenn auch niedrigen Sehschärfen beobachtet werden, die Jahre bis Jahrzehnte anhalten können. Neueste bildgebende Verfahren, die wie beispielsweise die optische Kohärenztomographie (OCT) Querschnittsaufnahmen der Netzhautschichten bis in den Mikrometerbereich oder gar der einzelnen Photorezeptoren wie beim Adaptive-optics imaging ermöglichen, können hier in Verbindung mit funktionellen Tests wie spezieller Gesichtsfelder alternative Zielgrößen liefern. Dazu muss aber natürlich auch erst einmal der natürliche Krankheitsverlauf evaluiert werden. Dies geschieht derzeit beispielsweise für den Morbus Stargardt, die häufigste Makuladystrophie im Kinder- und Jugendalter, in der sogenannten „ProgStar-Studie": „The Natural History of the Progression of Stargardt Disease: Retrospective and Prospective Studies."

Schlussfolgerung

Dieser kurze Überblick zeigt, dass ein ganzes Arsenal von Therapieansätzen für retinale Dystrophien sich derzeit in Entwicklung und Evaluierung befindet. Derzeit bietet nur die eingangs erwähnte retinale Prothese eine zugelassene Behandlungsoption, und diese ist begrenzt auf Patienten und Patientinnen mit dem Endstadium einer Retinitis pigmentosa. Die nähere Zukunft wird zeigen, ob Ansätze wie Pharmako- oder Gentherapie mögliche Behandlungsoptionen für frühere Stadien der verschiedenen retinalen Dystrophien darstellen können.

Literatur

Dalkara, Deniz, Olivier Goureau, Katia Marazova, und José-Alain Sahel (2016): Let There Be Light: Gene and Cell Therapy for Blindness. In: Human Gene Therapy, 27, 2, 134-147

Jacobson, Samuel G., Artur V. Cideciyan, Alejandro J. Roman, Alexander Sumaroka, Sharon B. Schwartz, Elise Heon, und William W. Hauswirth (2015): Improvement and Decline in Vision with Gene Therapy in Childhood Blindness. In: The New England Journal of Medicine, 72, 20, 1920-1926

Koenekoop, Robert, Ruifang Sui, Juliana Sallum, Ingeborgh van den Born, Radwan Ajlan, Ayesha Khan, Anneke den Hollander, Frans Cremers, Janine Mendola, Ava Bittner, Gislin Dagnelie, Ronald Schuchard, David Saperstein (2014): Oral 9-cis retinoid for childhood blindness due to Leber congenital amaurosis caused by RPE65 or LRAT mutations: an open-label phase 1b trial. In: The Lancet, 384, 1513-20

Sahel, José-Alain, Sébastien Bonnel, Sarah Mrejen, und Michel Paques (2010): Retinitis Pigmentosa and Other Dystrophies. In: Gabriel Coscas (Hrsg.), Developments in Ophthalmology, Basel, Karger, 47, 160-167

Scholl, Hendrik, Anthony T. Moore, Robert K. Koenekoop, Yuquan Wen, Gerald A. Fishman, Ingeborgh van den Born, Ava Bittner, Kristen Bowles, Emily Fletcher, Frederick Collison, Gislin Dagnelie, Simona Degli Eposti, Michel Michaelides, David Saperstein, Ronald Schuchard, Claire Barnes, Wadih Zein, Ditta Zobor, David Birch, Janine Mendola, Eberhart Zrenner (2015): Safety and Proof-of-Concept Study of Oral QLT091001 in Retinitis Pigmentosa Due to Inherited Deficiencies of Retinal Pigment Epithelial 65 Protein (RPE65) or Lecithin: Retinol Acyltransferase (LRAT). In: PLoSOne 10, 12, e0143846. doi: 10.1371

Wen, Rong, Weng Tao, Yiwen Li und Paul A. Sieving (2012): CNTF and retina. In: Progress in Retinal and Eye Research, 31, 136-151

Autor

Priv.-Doz. Dr. med. Rupert W. Strauß, F.E.B.O.[1,2,3,4]

1 Augenklinik des Kepler Universitätsklinikums, Krankenhausstr. 9, 4021 Linz (Österreich)

2 Augenklinik der Medizinischen Universität Graz, Auenbruggerplatz 4, 8036 Graz (Österreich)

3 Moorfields Eye Hospital, NHS Foundation Trust, and UCL Institute of Ophthalmology, 11-43 Bath Street, Wolfson Building G4, EC1V 9EL London (United Kingdom)

4 Wilmer Eye Institute, Johns Hopkins University, Woods Building Suite 259B, Baltimore MD 21287 (United States of America)

JOSEF ZIHL UND LYDIA UNTERBERGER

CVI – Medizinische und neuropsychologische Aspekte

Einleitung

Die diagnostische Kategorie „zerebrale Sehstörungen" umfasst alle Störungen der visuellen Wahrnehmung, die durch eine Funktionsbeeinträchtigung des zentralen (d.h. postchiasmatischen) visuellen Systems verursacht werden. Für die diagnostische Einordnung zerebral verursachter Sehstörungen bei Kindern wurde der Begriff „cerebral visual impairment" (abgekürzt CVI) eingeführt. Für ein besseres Verständnis von CVI erscheint es unerlässlich, sich darauf zu verständigen, was unter „visuell9 1er Wahrnehmung" verstanden werden soll. Visuelle Wahrnehmung kann als „psychisches" Endprodukt einer Reihe von parallelen und seriellen interaktiven Prozessen der Informationsverarbeitung des visuellen Systems beschrieben werden, das dem Beobachter bewusst wird. Synonym wird hierbei oft der Begriff „funktionelles Sehen" verwendet. Visuelle Wahrnehmung findet also grundsätzlich auf der Ebene des Erlebens und Verhaltens statt und kann entsprechend nur auf dieser Ebene untersucht werden. Prozesse der visuellen Informationsverarbeitung können nur indirekt über die Messung assoziierter neurophysiologischer Aktivitäten erfasst werden; dazu zählen z.B. Ereigniskorrelierte Potenziale (ERP) oder Aktivierungsmuster, wie sie mit Hilfe bildgebender Verfahren (Positronen-Emissionstomographie, PET, oder funktionelle Magnetresonanztomographie, fMRT) gemessen werden können. Solche Aktivitäten stellen jedoch grundsätzlich nur Korrelate der visuellen Verarbeitung auf physiologischer Ebene dar und können deshalb nicht mit (Teil-) Leistungen der visuellen Wahrnehmung gleichgesetzt werden. Visuelle Wahrnehmungsstörungen manifestieren sich entsprechend ebenfalls auf der Ebene des Erlebens und Verhaltens und lassen sich nur auf dieser Ebene untersuchen und erfassen, unabhängig davon, ob ihre Ursache in morphologischen oder funktionellen Störungen des peripheren oder zentralen visuellen Systems liegt.

Das Thema CVI hat in den letzten Jahren zunehmend mehr Interesse gefunden. Ein wesentlicher Grund für dieses wachsende Interesse dürfte in der diagnostischen Erklärungsnot liegen, wenn die augenärztlichen und orthoptischen Untersuchungsergebnisse keine oder nur eine teilweise Erklärung visueller Beeinträchtigungen bei Kindern im Alltag liefern können (Lim et al. 2005; van Genderen et al. 2012). Die zunehmende Kenntnis über die zentralnervöse Organisation der visuellen Wahrnehmung hat zudem auch neue und wichtige Einsichten in Störungen der visuellen Wahrnehmung bei Kindern ermöglicht (z.B. Atkinson 2000, De Haan 2013). Zerebral bedingte Störungen der visuellen Wahrnehmung bei Kindern unterscheiden sich von denen bei Erwachsenen in zwei grundsätzlichen Aspekten. Während das visuelle System (und natürlich das gesamte Zentralnervensystem) beim Erwachsenen morphologisch vollständig entwickelt ist und zudem eine reiche, auf jeden Fall aber ausreichende visuelle Wahrnehmungserfahrung stattgefunden hat, ist dies oft nicht oder nur teilweise der Fall, wenn die visuelle Wahrnehmungsstörung sehr früh im Kindesalter aufgetreten ist. Das bedeutet, dass auch keine „normale", d.h. dem Entwicklungsalter entsprechende Entwicklung der visuellen Wahrnehmung stattfindet. Diese Entwicklungseinbußen sind entweder eine direkte Folge einer morphologischen Ursache (Entwicklungsstörung bzw. Schädigung des Gehirns) oder die Folge einer durch einen anderen Einflussfaktor beeinträchtigten Entwicklung (z.B. durch fehlende Neugierde, Aufmerksamkeit, Entwicklung und Anpassung von Wahrnehmungsstrategien). Auch eine Kombination beider Ursachen ist möglich.

Der zweite wesentliche Unterschied betrifft die Ätiologie der morphologischen Hirnschädigung. Da Kinder sehr viel seltener eine umschriebene, also genau lokalisier- und abgrenzbare Hirnschädigung aufweisen, finden sich entsprechend auch viel seltener isolierte Ausfälle, z.B. homonyme Gesichtsfeldverluste, Störungen der Farb- oder Formwahrnehmung, der Raumwahrnehmung oder des visuellen Erkennens (sog. visuelle Agnosien) als Erwachsene (Zihl 2011, Zihl und Dutton 2015). Wesentlich häufiger findet sich eine Kombination verschiedener visueller Teilleistungsstörungen. Der Begriff „CVI" wird in diesem Beitrag deshalb als unspezifische diagnostische Kategorie für zerebral verursachte Störungen der visuellen Wahrnehmung bzw. des Sehens verwendet (eine kritische Würdigung der Begriffsverwendung findet sich am Ende des Beitrags).

Visuelle, okulomotorische und assoziierte kognitive Störungsbilder bei CVI

Störungen der visuellen Wahrnehmung finden sich bei vermutlich mehr als 60% der Kinder mit einer „frühkindlichen" Hirnschädigung; nur feinmotorische und kognitive Störungen sind mit ca. 90% bzw. 80% häufiger (Zihl et al. 2012, Zihl und Dutton 2015). Da in den meisten Publikationen zu CVI nur Angaben zur Sehschärfe und zum Gesichtsfeld sowie zu okulomotorischen Funktionen vorliegen, ist eine zuverlässige Schätzung der Auftretenshäufigkeit von Störungen anderer Komponenten der visuellen Wahrnehmung kaum möglich. Bei Kindern mit CVI findet sich in der Regel eine Kombination von zerebral verursachten Störungen der visuellen Wahrnehmung und der Okulomotorik; außerdem bestehen häufig zusätzliche Funktionsstörungen im kognitiven, sprachlichen oder motorischen Bereich (vgl. Tabelle 1). In nahezu drei Viertel der Kinder findet sich außerdem eine bilaterale Opticusatrophie, sodass eine mögliche periphere Sehstörung oft nicht sicher ausgeschlossen werden kann. Die häufigste Ursache für das Auftreten von CVI ist eine perinatale Hirnschädigung, insbesondere Unterversorgung des Gehirns mit Sauerstoff (Tabelle 2). Die in diesem Beitrag genannten Häufigkeiten können natürlich je nach Zusammensetzung der untersuchten Gruppe variieren; dies gilt auch für die Angaben zu Ätiologie und Zeitpunkt der Hirnschädigung (Zihl und Dutton 2015).

Homonyme Gesichtsfeldeinbußen. Homonyme Gesichtsfeldeinbußen betreffen korrespondierende Bereiche beider Gesichtsfelder. Aufgrund der meist bilateralen Hirnschädigung stehen bei Kindern entsprechend bilaterale Gesichtsfeldausfälle im Vordergrund, entweder in Form einer beidseitigen Halbseitenblindheit („Röhrengesichtsfeld"), einem Verlust beider unterer Quadranten oder – insbesondere als Folge einer hypoxischen Hirnschädigung – einem relativen oder absoluten Zentralskotom. Einzelfallberichte weisen darauf hin, dass Kinder einseitige homonyme Gesichtsfeldausfälle gut kompensieren können, wenn diese sehr früh in der Entwicklung auftreten und keine weiteren, insbesondere kognitiven Störungen vorliegen. Beidseitige Gesichtsfeldausfälle wirken sich hingegen häufig auf den Überblick aus; dies gilt vor allem in komplexen und ungewohnten bzw. neuen Situationen. Kinder mit einem Verlust der unteren Quadranten fallen durch

Tabelle 1: Häufigkeiten visueller und okulomotorischer Störungen sowie assoziierter Auffälligkeiten (A) und ätiologische Ursachen (B) bei 203 Kindern mit CVI (modifiziert nach Zihl et al., 2012 und Fazzi et al., 2007). Die Sehschärfewerte beziehen sich auf den Fernvisus. Mehrfachangaben möglich.

Störung	Häufigkeit (%)
Gesichtsfeld	27.1
Sehschärfe	92.0
Raumorientierung	36.0
Visuelles Erkennen	91.7
Fixation	52.2
Sakkaden	38.9
Strabismus	68.0
Allgemeine Entwicklungsstörung	83.7
Motorische Störungen	79.8
Opticusatrophie	72.6
Epilepsie	39.9

Tabelle 2: Ätiologische Ursachen und Zeitraum der Hirnschädigung bei 203 Kindern mit CVI (modifiziert nach Zihl et al., 2012 und Fazzi et al., 2007). Alle Angaben in Prozent; Mehrfachangaben möglich.

Ätiologie bzw. Zeitraum	Häufigkeit (%)
Hypoxie bei Geburt	54.2
Frühgeburt	39.4
Morphologische Entwicklungsstörungen	18.7
Infarkte, Blutungen	09.7
Pränatal	25.1
Perinatal	64.5
Postnatal	10.4

häufige Stürze auf, weil sie Hindernisse oder Stufen nicht oder zu spät bemerken. Das Ausmaß der funktionellen Beeinträchtigung hängt natürlich davon ab, wieviel Restgesichtsfeld erhalten ist. Der Verlust des parafovealen Gesichtsfelds (ca. 5 Sehwinkelgrad links bis ca. 8 Sehwinkelgrad rechts von der Fovea) wirkt sich meist ungünstig auf die (ganzheitliche) Textverarbeitung und damit auf den Erwerb der Lesefähigkeit aus. Bei Kindern mit einem relativen oder absoluten Zentralskotom sind die fovealen Sehleistungen (Sehschärfe, Kontrastsehen) betroffen; die zentrale Fixation ist nicht möglich. Die Folge ist eine (dem Schweregrad der Betroffenheit entsprechende) Beeinträchtigung des visuellen Erkennens (siehe unter Sehschärfe).

Sehschärfe. Die Sehschärfe ist typischerweise nach einer bilateralen Schädigung des zentralen visuellen Systems betroffen; diese Bedingung findet sich bei Kindern am häufigsten (vgl. Tabelle 2). Optische Korrektur bessert in diesem Fall nicht. Die resultierende Sehbehinderung ist abhängig vom Schweregrad, d.h. das visuelle Erkennen ist vor allem dann betroffen, wenn eine hohe Sehschärfe bzw. eine hohe räumliche Kontrastauflösung erforderlich sind (z.B. bei der Erkennung von Gesichtern, figuralen Details oder Buchstaben). Die reduzierte Sehschärfe ist die am häufigsten berichtete zerebrale Sehstörung bei Kindern (wohl auch, weil sie am häufigsten untersucht wird). Ein schlechter Sehschärfewert kann aber z.B. auch durch eine beeinträchtigte Akkommodation, eine ungenaue Fixation, eine unzureichende Konzentration oder Daueraufmerksamkeit oder durch ein unzureichendes Instruktionsverständnis (mit-) verursacht sein; die (ausreichende) Untersuchbarkeit stellt deshalb eine wichtige Vorbedingung insbesondere auch für die Sehschärfe dar.

Visuelle Raumwahrnehmung. Es existieren keine systematischen Untersuchungen zur visuellen Raumwahrnehmung bei Kindern mit CVI. In Einzelfällen wurden Schwierigkeiten in der visuellen Lokalisation (Zihl und Dutton 2015), der Unterscheidung von Länge und Orientierung von Linien (Riva und Gazzaniga 1986, Meerwaldt und van Dongen 1988) und der geographischen Orientierung (Dutton et al. 1996) gefunden. Kinder mit CVI zeigen häufig Schwierigkeiten beim Abzeichnen von Linien und Figuren hinsichtlich der Länge und Orientierung von Linien oder der räumlichen Anordnung von Figuren oder Teilen von Figuren. In diesem Fall ist eine differentialdiagnostische Abgrenzung gegenüber sog. visuo-konstruktiven Störungen wichtig (dies gilt natürlich auch im umgekehrten Fall). „Echte" visuo-konstruktive Störungen sind dadurch definiert, dass die visuelle Raumwahrnehmung (ausreichend) intakt ist und keine Einschränkung der Funktionsfähigkeit der Hand (Parese, Sensibilitätsstörung, Dyspraxie bzw. Apraxie) vorliegt. Typischerweise ist die Fähigkeit betroffen, zwei-oder dreidimensionale Figuren abzuzeichnen oder aus dem Gedächtnis zu zeichnen oder zu bauen; die resultierenden Fehler betreffen die Länge, Orientierung und Größe von Formen oder Formelementen, allein oder innerhalb einer Figur bzw. eines räumlichen Bezugssystems.

Visuelles Erkennen. Störungen des visuellen Erkennens sind immer dann zu erwarten, wenn kritische visuelle (z.B. Sehschärfe, Kontrastsehen) oder kognitive Voraussetzungen (Aufmerksamkeit, visuelle Merkfähigkeit) nicht ausreichend gegeben sind. Schwierigkeiten im visuellen Benennen können eine Störung des visuellen Erkennens vortäuschen und sind von letzteren strikt zu unterscheiden. Primäre Störungen des visuellen Erkennens sind dadurch charakterisiert, dass trotz des Vorhandenseins der erforderlichen visuellen und kognitiven Voraussetzungen das Erkennen in der visuellen Modalität nicht möglich ist, während das Erkennen in der auditiven oder taktilen Modalität gelingt. Nach Lissauer (1890) besteht das Problem im Verlust der Synthese der Objektmerkmale zu einem Ganzen; deshalb können nur noch (globale oder lokale) Einzelmerkmale als Grundlage für die Identifizierung von Objekten, Gesichtern oder Orten

Tabelle 3: *Antworten eines Achtjährigen mit Entwicklungsagnosie bei Vorgabe realer Gegenstände (modifiziert nach Ariel und Sadeh 1996). Man beachte die „konkretistischen" Antworten aufgrund der Verwendung einzelner globaler (z.B. Ball) bzw. lokaler Objektmerkmale (z.B. Packpapier).*

Objekt	Antwort
Gelber Ball	Apfel
Lampe (stehend, mit Schirm)	Regenschirm
Braunes Packpapier	Baumwollstoff
Teebeutel	„weiß ich nicht"
Meeresmuschel	Blume
Parfümfläschchen	kleiner Mann (Spielzeugfigur)

verwendet werden, was zu typischen konkretistischen Antworten führt (vgl. Tabelle 3). Während Erwachsene vor dem Verlust des visuellen Erkennens genügend Möglichkeiten hatten, Objekte, Gesichter und Orte zu identifizieren, zu speichern und damit wiederzuerkennen, kann dies bei Kindern mit einer sog. Entwicklungsagnosie nicht oder nur eingeschränkt angenommen werden. Die bekanntesten Formen sind die sog. Entwicklungsprosopagnosie und die topographische bzw. geographische Entwicklungsagnosie. Kinder mit einer Entwicklungsprosopagnosie können das Gesicht vertrauter Menschen nicht erkennen, wenn zusätzliche Informationen in der visuellen (z.B. typische Haartracht, Bart, Brille) oder in der auditiven Modalität (Stimme) nicht zur Verfügung stehen. Kinder mit einer topographischen Entwicklungsagnosie haben Schwierigkeiten, sich in einer (eigentlich) vertrauten Umgebung allein zurechtzufinden bzw. sich Landmarken zu merken, die als Orientierungshilfen dienen können. Aufgrund fehlender systematischer Untersuchungen ist bislang nicht bekannt, wie häufig Entwicklungsagnosien auftreten; es dürfte sich jedoch eher um Einzelfälle handeln, wenn man nicht jede Schwierigkeit im visuellen Erkennen als „Entwicklungsagnosie" diagnostizieren will (für eine ausführliche Darstellung siehe Zihl und Dutton 2015).

Blickmotorik. Kinder mit CVI können auch Störungen der Blickmotorik aufweisen, die sich nicht durch eine Funktionsbeeinträchtigung der Augenmuskeln erklären lassen. Blickbewegungsmuster werden einerseits durch die räumliche Ausdehnung und Struktur eines Objekts oder einer Szene gesteuert (sog. bottom up-Steuerung); zum anderen aber spielt die Wahrnehmungsintention des Beobachters eine wichtige Rolle (sog. top down-Steuerung). Die Anteile externer und interner Steuerung variieren dabei je nach Situation (plötzliches Auftauchen eines neuen Objektes bzw. intentionales Suchen nach einem Objekt). Beide Komponenten setzen eine rasche, aber dabei möglichst vollständige Gesamtaufnahme über die aktuelle Umgebung (Reizvorlage, Szene) voraus, die dann als „Hintergrund" für die Dauer der nachfolgenden Detailanalyse im räumlichen Arbeitsgedächtnis zur Verfügung steht und als Grundlage für die raum-zeitliche Steuerung der Fixationswechsel dienen kann. Für diese Aktivitäten ist der posteriore parietale Kortex verantwortlich, der eine transiente „Aufnahme" der aktuellen Szene enthält und für die Anpassung des Blickbewegungsmusters an die räumliche Struktur der

Szene verantwortlich ist. Die (intentionale) Planung und Überwachung der blickmotorischen Aktivitäten erfolgt in präfrontalen Strukturen des Gehirns. Da posterior-parietale und präfrontale Strukturen in enger Abstimmung über reziproke Faserverbindungen im Marklager agieren, ist es nicht überraschend, dass Kinder mit CVI und einer Marklagerschädigung (z.B. bei periventrikulärer Leukomalazie, PVL) Schwierigkeiten im Lernen und Anwenden effizienter Blickbewegungsstrategien aufweisen (Zihl und Dutton 2015).

Assoziierte Funktionsstörungen. Assoziierte kognitive Entwicklungsstörungen, insbesondere fehlende Neugierde und beeinträchtigte Aufmerksamkeitsfunktionen (Konzentration, Daueraufmerksamkeit) können die visuellen Wahrnehmungsschwierigkeiten verstärken und ihre Entwicklung bzw. Behandlung negativ beeinflussen (Zihl et al. 2012, Unterberger 2015). Andererseits können sich visuelle Wahrnehmungsstörungen im Kindesalter in Form einer verminderten visuellen Belastbarkeit und damit einer scheinbaren Abnahme des visuellen Wahrnehmungsvermögens äußern, da sich die betroffenen Kinder im Vergleich zu gesunden Kindern in der visuellen Modalität übermäßig anstrengen müssen. Dies kann sich wiederum in ADHS-ähnlichen Verhaltensweisen äußern. Aufgrund der Komplexität der häufigen Assoziation von CVI mit einer allgemeinen kognitiven Entwicklungsstörung ist die diagnostische Abklärung der visuellen und kognitiven Anteile von Funktionsbeeinträchtigungen bei Kindern mit CVI in der Regel sehr zeitaufwendig, stellt aber eine kritische Voraussetzung für die Planung einer individuellen („personalisierten") Förderung bzw. Behandlung dar (Zihl et al. 2012, Zihl und Dutton 2015).

CVI – eine brauchbare diagnostische Kategorie?

Was „CVI" bedeutet und welche Definition von „CVI" in der Diagnostik akzeptiert und verwendet wird, hängt davon ab, welches Konzept dem Verständnis von visueller Wahrnehmung zugrunde gelegt wird. Wie in der Einleitung bereits ausgeführt wurde, stellt visuelle Wahrnehmung das dem Beobachter bewusst zugängliche bzw. von außen, d.h. auf der Verhaltensebene beobachtbare „psychische" Endprodukt einer Reihe von Analyse- und Speicherprozessen des visuellen Systems dar. Visuelle Wahrnehmung kann deshalb nur auf der Ebene des Erlebens bzw. Verhaltens beobachtet bzw. qualitativ oder quantitativ „gemessen" werden. Für die Erfassung visueller Wahrnehmungsfunktionen bzw. -leistungen bedarf es einer verbindlichen Beschreibung (Definition) und Operationalisierung (Messbarmachung) der unter dem Begriff „visuelle Wahrnehmung" enthaltenen Komponenten (Funktionen bzw. Teilleistungen) einschließlich ihrer Wechselwirkungen und Abhängigkeiten (miteinander und mit kognitiven Teilleistungen). Nur wenn diese Voraussetzungen gegeben sind, lassen sich Störungen der visuellen Wahrnehmung, wie sie im Rahmen von CVI auftreten können, zuverlässig erfassen und aufeinander beziehen bzw. voneinander abgrenzen. Die zuverlässige diagnostische Klassifikation bedarf somit – wie dies auch für kognitive Domänen (z.B. Aufmerksamkeit, Gedächtnis, exekutive Funktionen) gilt – eines validen Konstrukts des diagnostischen Gegenstandes und sollte hinsichtlich der Erfassung und Zuordnung von Konstruktmerkmalen (=diagnostischen Merkmalen) einheitlich und eindeutig sein, um diagnostisch korrekte Aussagen und zusätzlich eine möglichst eindeutige und einfache Kommunikation zwischen verschiedenen Untersuchern sicherzustellen.

Welche Merkmale enthält nun das Konstrukt „CVI"? 'C' steht für "*cerebral*" (zerebral), da in der Regel zusätzlich zur Hirnrinde auch das Marklager und damit die Faserverbindungen betroffen sind. 'V' ("visual") bedeutet *visuell* und meint damit allgemein die visuelle Modalität, d.h. ohne differenzierte Angaben darüber, welche Komponente/n der visuellen Wahrnehmung in welchem Ausmaß betroffen ist/sind. Da visuelles Wahrnehmen (Sehen) ohne kognitive Unterstützung auch in einfacher Form (z.B. Entdecken/Unterscheiden von Reizen) nicht existiert, ist die Bezeichnung „kognitiv visuell" wenig aussagekräftig (Ryderberg 2013). Die Blickmotorik spielt für die visuelle Wahrnehmung eine sehr wichtige Rolle; sie sollte deshalb als Bestandteil der visuellen Wahrnehmungstätigkeit betrachtet werden. 'I' steht schließlich für "*impairment*" und umfasst nach WHO-Kriterien jede Abweichung anatomischer Strukturen, physiologischer Prozesse oder psychischer Funktionen von der Norm. Zerebrale Sehstörungen werden meist unter „low vision" subsumiert, wobei aber lediglich das Gesichtsfeld und die Sehschärfe als anerkannte Maße für die Abweichung angeführt sind (Vision 2020). CVI kann somit – ähnlich wie bei Erwachsenen die Bezeichnung „zerebrale Sehstörungen" – als Sammelbegriff bei Kindern verwendet werden (Boot 2010). Begriffe wie „Zentrale visuelle Verarbeitungsstörung", „Zerebrale visuelle Informationsverarbeitungsstörung", oder „Visuelle Verarbeitungs- und Wahrnehmungsstörung" (VVWS) sind nicht besonders hilfreich, da Verarbeitungsstörungen zwar der visuellen Wahrnehmungsstörung zugrunde liegen, aber sich selbst nicht als solche auf der Verhaltensebene manifestieren und somit einer Beobachtung bzw. Untersuchung nicht zugänglich sind.

Leider existiert bis heute keine einheitliche Definition von CVI, wohl auch, weil eine verbindliche Klassifikation im ICD-System (Ravenscroft 2016) fehlt. Dies mag auch erklären, dass es keine einheitliche, verbindliche Terminologie hinsichtlich der visuellen Funktionen bzw. (Teil-) Leistungen in den an der Diagnostik von CVI beteiligten Fachdisziplinen gibt. Hinzu kommt die häufige Schwierigkeit des „organischen" Nachweises der zerebralen Ursache mit Hilfe bildgebender Verfahren, da diese Verfahren in vielen Fällen (z.B. bei hypoxischer Schädigung) oft keine eindeutig lokalisier- und eingrenzbare Hirnschädigung liefern können. Tabelle 4 enthält eine Liste der visuellen, okulomotorischen und kognitiven Funktionen bzw. Leistungen, die bei der Abklärung von CVI berücksichtigt werden sollten.

Zusammenfassung und Schlussfolgerungen

Die diagnostische Bezeichnung „CVI" gibt lediglich an, dass es sich um eine Störung der visuellen Wahrnehmung als Folge einer postchiasmatisch aufgetretenen Dysfunktion des visuellen Systems handelt; welche Komponenten in welchem Ausmaß betroffen sind, geht hieraus nicht hervor. Damit diese Bezeichnung vernünftig und sinnvoll verwendet werden kann, sind detaillierte diagnostische Angaben zu den erhaltenen und betroffenen visuellen und okulomotorischen bzw. blickmotorischen Funktionen bzw. (Teil-) Leistungen (positives bzw. negatives visuelles Leistungsbild) erforderlich. Aufgrund der Besonderheit des Störungsmusters, d.h. der Kombination von unterschiedlichen visuellen, okulomotorischen/ blickmotorischen und kognitiven Anteilen, ist ein abgestimmtes interdisziplinäres Vorgehen wünschenswert, wobei die ophthalmologische und insbesondere die orthoptische Untersuchung immer zu Beginn stehen sollten (Zihl und Unterberger 2016), denen sich eine maßgeschneiderte neuropsychologische Untersuchung mit standardisierten psychometrischen Verfahren anschließt. Dabei sollten alle

Tabelle 4: Liste der Funktionen, die bei Verdacht auf CVI untersucht werden sollten (modifiziert nach Zihl und Dutton 2015).

Visuelle Wahrnehmung
- Gesichtsfeld
- Sehschärfe
- Kontrastsehen
- Stereopsis
- Visuelle Raumwahrnehmung (Position, Länge, Größe und Orientierung von Reizen)
- Räumliche/geographische Orientierung
- Gestalt- und Figurwahrnehmung
- Visuelles Erkennen (nicht Benennen!)

Okulomotorik und Blickmotorik
- Akkommodation
- Vergenz
- Binokularsehen
- Fixation
- Sakkaden
- Folgebewegungen
- Visuelle Exploration/visuelle Suche

Sonstige Funktionen
- (Visuelle) Aufmerksamkeit
- (Visuelles) Gedächtnis
- Greifen, Zeigen, Zeichnen

relevanten diagnostischen Aspekte berücksichtigt werden und eine fachgerechte Einordnung der Untersuchungsergebnisse unter Berücksichtigung des Kontexts anderer, insbesondere kognitiver Funktionssysteme erfolgen (Bals 2009, Unterberger 2015, Zihl 2012 und 2015). Es besteht Einigkeit darüber, dass nur ein interdisziplinärer Ansatz den Ansprüchen gerecht wird, die CVI an eine fach- und sachgerechte Diagnostik und Behandlung stellt (Frebel 2006). Eine entscheidende Voraussetzung dafür ist die verbindliche Verwendung einheitlicher Fachbegriffe, wobei die Definition jeweils in der Fachdisziplin erfolgen sollte, der dieser Fachbegriff zuzuordnen ist. Die konstruktive Kooperation aller Fachdisziplinen, die an der Diagnostik, Behandlung und Förderung von Kindern mit CVI beteiligt sind, ist eine unabdingbare Voraussetzung für eine angemessene „ganzheitliche" und integrierte Versorgung dieser Kinder. Zur Sicherstellung ausreichender Qualitätsstandards in Diagnostik und Therapie sollten alle verwendeten Verfahren methodischen Mindeststandards entsprechen (Testgütekriterien in der Diagnostik; Wirksamkeitskriterien in der Förderung bzw. Behandlung). Die ökologische Validität sowohl der diagnostischen als auch der therapeutischen Verfahren spielt eine zentrale Rolle, da ja nicht eine Diagnose behandelt werden soll, sondern die individuelle funktionelle Beeinträchtigung bzw. Behinderung. Die Entwicklung gemeinsamer, verbindlicher Richtlinien für die valide Diagnostik von CVI und ihrer verschiedenen Störungsbilder stellt schließlich eine gemeinsame interdisziplinäre Herausforderung dar, wobei die Möglichkeiten der verschiedenen Fachdisziplinen respektiert und die Grenzen der eigenen Disziplin eingehalten werden sollten.

Literatur

Atkinson J (2000) The developing visual brain. Oxford Psychology Series no. 32. Oxford: Oxford University Press.

Bals I (2009) Zerebrale Sehstörung: Begleitung von Kindern mit zerebraler Sehstörung in Kindergarten und Schule. Würzburg: Edition Bentheim.

Boot FH, Pel JJM, Van der Steen J et al (2010) Cerebral visual impairment: which perceptive visual dysfunctions can be expected in children with brain damage? A systematic review. Research in Developmental Disabilities 31: 1149-1159.

De Haan M, Johnson MH (eds) (2013) The cognitive neuroscience of development. Hove, New York: Psychology Press.

Edmond JC, Foroozan R (2006) Cortical visual impairment in children. Current Opinion in Ophthalmology 17: 509-512.

Fazzi E, Signorini SG, Bova SM, et al. (2007) Spectrum of visual disorders in children with cerebral visual impairment. Journal of Child Neurology 22:294-301.

Frebel H (2006) CVI?! How to define and what terminology to use: Cerebral, cortical or cognitive visual impairment. British Journal of Visual Impairment 24: 117-120.

Lim M, Soul JS, Hansen RM et al. (2005) Development of visual acuity in children with cerebral visual impairment. Archives of Ophthalmology 123: 1215-1220.

Lissauer H (1890) Ein Fall von Seelenblindheit nebst einem Beitrag zur Theorie derselben. Archiv für Psychiatrie und Nervenkrankheiten 21:222-270.

Ravenscroft J (2016) Where is cerebral visual impairment? Brit J Vis Impair 34: 3-4.

Ryderberg A (2013) Burian Lecture: Assessment of visual function in children. Strabismus 21: 61-66.

Unterberger L (2015). Kindliche zerebrale Sehstörungen. München: Utz.

Van Genderen M, Dekker M, Pilon F, Bals I (2012) Diagnosing cerebral visual impairment in children with good visual acuity. Strabismus 20:78-83.

VISION 2020. Global Initiative for the elimination of avoidable blindness. Action Plan 2006-2011. IAPB WHO.

Whiting S, Jan JE, Wong PK et al. (1985) Permanent cortical visual impairment in children. Developmental Medicine and Child Neurology 27: 730-739.

Zihl J, Mendius K, Schuett S, Priglinger S (2012) Sehstörungen bei Kindern. Visuoperzeptive und visuokognitive Störungen bei Kindern mit CVI. Wien, New York: Springer.

Zihl J und Dutton GN (2015) Cerebral visual impairment in children. Wien, Heidelberg, New York: Springer Verlag.

Zihl J, Unterberger Lydia (2016). CVI bei Kindern – eine interdisziplinäre Herausforderung. Orthoptik Pleoptik 39:81-95.

Autoren

Prof. Dr. Josef Zihl, Dr. Lydia Unterberger, Ludwig-Maximilians-Universität München, Department Psychologie

VERA HEYL

Blindheit und Sehbehinderung aus der Perspektive einer Entwicklungspsychologie der Lebensspanne

Der Beitrag betrachtet Entwicklungsaufgaben und Entwicklungsprozesse unter der Bedingung von Blindheit und Sehbehinderung über die Lebensspanne. Ausgehend von den Leitsätzen einer Entwicklungspsychologie der Lebensspanne wird der Fokus auf besondere Herausforderungen für blinde und sehbehinderte Menschen im Entwicklungsverlauf gelegt.

Theoretischer Hintergrund

Die Entwicklungspsychologie der Lebensspanne versteht menschliche Entwicklung als lebenslangen Prozess und geht damit über den traditionellen Fokus auf Entwicklungsprozesse in Kindheit und Jugend deutlich hinaus. Um Entwicklung über alle Phasen des Lebens beschreiben und erklären zu können, ist es notwendig, die Idee von Entwicklung als Wachstumsprozess, der auf einen höherwertigen Reifezustand ausgerichtet ist und in einer regelmäßigen Änderungssequenz stattfindet, zu ergänzen um Konzepte von Entwicklung als Wandel und als Aufrechterhaltung von Kompetenzen, wobei Entwicklungsprozesse höchst heterogen verlaufen können. Baltes (1990) hat sieben theoretische Leitsätze formuliert, die die Grundannahmen einer Entwicklungspsychologie der Lebensspanne in einen Gesamtzusammenhang bringen.

Leitsatz 1 beschreibt die Idee einer *lebenslangen Entwicklung*, wobei alle Entwicklungsphasen als gleichwertig zu betrachten sind, es also keine Phase gibt, die in ihrer Bedeutsamkeit besonders hervortritt, auch wenn jede Entwicklungsphase durch eine ihr je eigene Dynamik sowie durch bestimmte Entwicklungsaufgaben gekennzeichnet ist. Entwicklungsprozesse sind darüber hinaus *multidirektional* und *multidimensional* (Leitsatz 2), d.h., dass Entwicklung in unterschiedlichen Entwicklungsbereichen (z.B. subjektives Wohlbefinden, soziale Beziehungen) sowie in unterschiedlichen Dimensionen eines Entwicklungsbereichs (z.B. fluide und kristalline Intelligenz) in unterschiedliche Richtungen – Zunahme, Abnahme, Stabilität – verlaufen kann. Auch ist Entwicklung über die gesamte Lebensspanne stets verbunden mit *Gewinnen und Verlusten* (Leitsatz 3), wobei sich im höheren Lebensalter die Gewinn-Verlust-Bilanz zunehmend zuungunsten der Gewinne verschiebt. Leitsatz 4 bezieht sich auf die hohe *Plastizität* (Veränderbarkeit), die Entwicklungsprozesse kennzeichnet. Entwicklungsprozesse können demnach je nach individuellen Lebensbedingungen und Lebenserfahrungen einer Person sehr unterschiedlich verlaufen. Entwicklung ist ferner *historisch eingebettet* (Leitsatz 5), sie wird also auch von den je vorherrschenden sozio-kulturellen Bedingungen geprägt. Individuelle Entwicklungsverläufe lassen sich insgesamt nur aus einer Perspektive des *Kontextualismus* (Leitsatz 6) heraus verstehen, wonach normative (altersbedingte, geschichtlich bedingte) und nicht-normative (individuelle) Einflussfaktoren auf Entwicklung stets in Wechselwirkung miteinander stehen. Leitsatz 7 schließlich verdeutlicht, dass lebenslange Entwicklung aus der Perspektive einer einzigen Disziplin wie der Psychologie stets nur ausschnittweise erfasst werden kann, sodass eine *multidisziplinäre Betrachtung* notwendig wird, die möglichst alle Disziplinen, die sich mit menschlicher Entwicklung beschäftigen (z.B. Biologie, Soziologie), berücksichtigt.

Psychologische Lebenslauftheorien wie das Konzept der Entwicklungsaufgaben nach Havighurst (1948/1972) lassen sich wegen ihrer Fokussierung auf die biographische Gesamtheit als ein Untergebiet der Lebensspannenpsychologie verstehen (Baltes 1990). Havighurst definiert eine Entwicklungsaufgabe als

„(...) eine Aufgabe, die in einer bestimmten Lebensperiode des Individuums hervortritt und deren erfolgreiche Bewältigung zu seinem Wohlbefinden und zum Gelingen späterer Aufgaben führt, während ein Misslingen zu Unzufriedenheit im Individuum, zu Missbilligung durch die Gesellschaft und zu Schwierigkeiten bei späteren Aufgaben beiträgt." (Havighurst 1948/1972, S. 2).

Das Hervortreten einer Entwicklungsaufgabe entspringt drei Quellen: (1) biologischen Einflüssen, (2) gesellschaftlichen und kulturellen Erwartungen sowie (3) eigenen Ansprüchen und Werten. Die Bewältigung von Entwicklungsaufgaben erfordert daher stets Entwicklung in dem Sinne, dass ein neues Gleichgewicht zwischen Person und Umwelt hergestellt wird.

Entwicklungsaufgaben in der Kindheit

Entwicklungsaufgaben in der Kindheit umfassen unter anderem den Aufbau von Bindung, die Entwicklung motorischer Funktionen, Begriffsbildung, Sprachentwicklung, Spielentwicklung, die Entwicklung von Basiskompetenzen im Lesen, Schreiben, Rechnen sowie die Entwicklung von Moral und Werten. All diese Entwicklungsaufgaben stellen blinde, aber auch sehbehinderte Kinder vor besondere Herausforderungen, vor allem in den Bereichen der motorischen Entwicklung und Begriffsbildung, die im Folgenden exemplarisch näher betrachtet werden.

Blindheit hat sowohl unmittelbare als auch mittelbare Folgen für die motorische Entwicklung (Tröster und Brambring 1992). Unmittelbar, also direkt von der Blindheit betroffen sind den Autoren zufolge die Koordination von Bewegungen, die Gleichgewichtsstabilisierung sowie die Haltungskontrolle. Mittelbar, also indirekt wirkt sich Blindheit auf die motorische Entwicklung zum einen dadurch aus, dass durch den Wegfall des Sehsinns die *motorische Stimulation* beeinträchtigt ist. So kann beispielsweise das Drehen von der Rücken- in die Bauchlage oder das Heben des Kopfes in Bauchlage entweder gar nicht oder bei hochgradiger Sehbehinderung nur sehr eingeschränkt durch visuelle Stimuli angeregt und verstärkt werden. Zum anderen können durch die Blindheit verursachte *Probleme in der sozialen Interaktion* (z.B. Fehlinterpretationen von Verhalten, Überbehütung) zu Beeinträchtigungen in der motorischen Entwicklung führen. Des Weiteren wirkt sich Blindheit auch auf die *emotional-motivationalen Voraussetzungen* für Bewegung aus. Blinde Kinder müssen im Vergleich zu normalsehenden Kindern eine größere Hemmschwelle überwinden, um motorisch zu explorieren. So stellen beispielsweise Hindernisse eine weitaus größere Herausforderung dar, auch können sich blinde Kinder bei ihren Bezugspersonen nicht durch einen schnellen Blick rückversichern, ob sie sozusagen auf dem richtigen Weg sind und ihr Tun fortsetzen können. Schließlich betrifft die Blindheit auch die *kognitiven Voraussetzungen* der motorischen Entwicklung. So ist unter der Bedingung einer Blindheit beispielsweise die Integration taktiler, propriozeptiver, kinästhetischer, auditiver und olfaktorischer Reize zu einem verständlichen Ganzen erschwert, was sich wiederum ungünstig auf die motorische Entwicklung auswirken kann (vgl. Tröster und Brambring 1992).

Ab dem dritten Lebensmonat finden sich Unterschiede in der Entwicklung der vestibulären und propriozeptiven Kontrolle zwischen blinden und normalsehenden Säuglingen (z.B. fehlt im Alter von drei bis vier Monaten das Heben des Kopfes in Bauchlage, auch befindet sich der Kopf nicht in Horizontalebene bei Verkippungen aus einer aufrecht gehaltenen Position; Prechtl, Cioni, Einspieler, Bos und Ferrari 2001). Grobmotorische Fertigkeiten im Bereich der Lageveränderung ohne Festhalten (z.B. Aufstehen oder Setzen ohne Festhalten) sind für blinde Kinder schwerer zu lernen als Fertigkeiten in anderen grobmotorischen Bereichen, wie beispielsweise im Bereich des statischen und dynamischen Gleichgewichts oder auch der selbstständigen Fortbewegung (Brambring 2006). Blinde Kinder sind beim Erwerb der Lageveränderung ohne Festhalten etwa doppelt so alt wie normalsehende Kinder. In allen anderen untersuchten grobmotorischen Entwicklungsbereichen sind die relativen Entwicklungsunterschiede geringer. Im feinmotorischen Bereich stellen Fertigkeiten im Bereich des Umgangs mit Werkzeugen für blinde Kinder die größte Herausforderung dar (Brambring 2007). Insgesamt finden sich im feinmotorischen Bereich noch einmal sehr viel deutlichere Entwicklungsunterschiede zwischen blinden und normalsehenden Kindern als im grobmotorischen Bereich. Je komplexer eine zu erlernende motorische Fertigkeit ist, umso eher setzt sie kognitive Fähigkeiten zur Umsetzung verbaler oder geführter Instruktionen voraus, daher ist ein früherer Erwerb dieser Fertigkeiten kaum möglich (vgl. Brambring 2007). Unterschiede in der motorischen Entwicklung im Vergleich zu sehenden Kindern sind für blinde Kinder somit als normal anzusehen.

Durch den engen Zusammenhang zwischen Motorik und Kognition in den ersten Lebensjahren kommt es auch im kognitiven Bereich zunächst zu Nachteilen für die Entwicklung blinder Kinder. An erster Stelle ist hier die Begriffsbildung zu nennen. Nicht zufällig hängen *Begriff* und *Begreifen* zusammen. Das kognitive Begreifen geschieht zu Beginn der kindlichen Entwicklung überwiegend auf der Grundlage des motorischen Begreifens, Betastens und In-den-Mund-Steckens. Läuft die motorische Entwicklung langsamer ab, wie dies bei blinden Kindern normalerweise der Fall ist, und sind Lerngelegenheiten durch den fehlenden Sehsinn reduziert, so hat dies auch Konsequenzen für die Begriffsbildung. Sobald Sprache als Kompensationsmöglichkeit zur Verfügung steht, können blinde Kinder, die keine zusätzliche Behinderung haben, die Nachteile in der Begriffsbildung aufholen. Dies zeigt sich eindrücklich beispielsweise daran, dass blinde Kinder sehr viel mehr Schwierigkeiten bei den für normalsehende Kinder eher einfachen Objektklassifikationsaufgaben (zu verstehen, welches Objekt nicht zu einer Objektkategorie passt) haben als bei verbalen Klassifikationsaufgaben (zu verstehen, welches Wort nicht zu einer Wortkategorie passt; vgl. Hatwell 1985). Auf der konkreten Objektebene (z.B. zu erkennen, dass ein Spielzeugpferd nicht zu einer Reihe von Spielzeugautos passt) finden sich signifikante Entwicklungsunterschiede zu normalsehenden Kindern, nicht jedoch auf der verbalen Ebene (z.B. zu erkennen, dass das Wort Brille nicht zu den Wörtern Birne, Apfel, Pfirsich passt). Das lässt sich dadurch erklären, dass das Kategorisieren auf der konkreten Objektebene für blinde Kinder eine sehr viel schwierigere Aufgabe darstellt als für sehende Kinder. Sie erfordert motorische Fertigkeiten, Taststrategien sowie insbesondere Gedächtniskapazität. Darüber hinaus verfügen blinde Kinder auf der konkreten Handlungsebene über weniger Lerngelegenheiten als sehende Kinder, sodass es ihnen schwerer fällt, Hypothesen über charakteristische Merkmale zu bilden.

Sprache allein kann jedoch die Reduktion von Lerngelegenheiten durch Blindheit nicht kompensieren (vgl. Lang 2008). Werden Begriffe überwiegend oder gar ausschließlich auf der abstrakten Sprachebene gebildet, so besteht die Gefahr von Fehlkonzepten. Um dieser Gefahr entgegenzuwirken, sollten stets möglichst konkrete verbale Informationen gegeben und es sollte an bereits vorhandenen Vorstellungen und Wissensinhalten angeknüpft werden, um so eine Einordnung neuer Wissensinhalte zu ermöglichen. Darüber hinaus sollten dort, wo es möglich ist, (wiederholte) Realbegegnungen mit zunächst prototypischen Begriffsrepräsentanten geschaffen werden. Wo eine Realbegegnung nicht möglich ist (z.B. bestimmte Tiere, große Objekte oder abstrakte Begriffe), sollten Modelle, Analogien, Rollenspiele etc. genutzt werden. Dabei sollte die Aufmerksamkeit auf relevante Merkmale (Gemeinsamkeiten und Unterschiede) gelenkt sowie Gelegenheiten geschaffen werden, relevante Merkmale durch aktives und möglichst simultanes Vergleichen selbst zu entdecken (vgl. Lang 2008).

Entwicklungsaufgaben im Jugendalter

Entwicklungsaufgaben im Jugendalter umfassen insbesondere die Akzeptanz der körperlichen Entwicklung, die Identitätsentwicklung, die Ablösung vom Elternhaus, die Integration in einer Peergruppe, die Berufswahl, den Erwerb berufsbezogener Kompetenzen, die Entwicklung einer realistischen Selbstwahrnehmung, den Aufbau von romantischen Beziehungen und engen Freundschaften, sowie die Entwicklung einer Geschlechtsrollenidentität und eines gesellschaftlichen Bewusstseins.

Pfeiffer und Pinquart (2011) haben den erwünschten und erreichten Status in diesen elf Entwicklungsaufgaben sowie den wahrgenommenen Einfluss auf den Status einer Entwicklungsaufgabe bei 158 blinden und sehbehinderten sowie 158 normalsehenden Jugendlichen im Alter von 12 bis 19 Jahren untersucht. Lediglich in zwei Entwicklungsaufgaben wiesen die normalsehenden Jugendlichen einen signifikant höheren Wert im erreichten Status auf, zum einen im Hinblick auf die Integration in einer Peergruppe, zum anderen im Aufbau einer romantischen Beziehung. Nach statistischer Kontrolle des erwünschten Status und des wahrgenommenen Einflusses auf diese beiden Entwicklungsaufgaben waren die Unterschiede nach dem Sehvermögen jedoch nicht länger signifikant. Der erreichte Status in den beiden außerfamiliären Entwicklungsaufgaben konnte also letztlich unabhängig vom Sehvermögen durch den erwünschten Status (je weiter jemand in einer der beiden Entwicklungsaufgaben sein wollte, desto höher der Wert im erreichten Status) sowie den wahrgenommenen Einfluss (je höher, desto höher der Wert im erreichten Status) erklärt werden.

Die von den Autoren vermutete Kausalkette, ausgehend vom wahrgenommenen Einfluss auf eine Entwicklungsaufgabe, der sich auf den erwünschten Status auswirkt, der wiederum den erreichten Status der Entwicklungsaufgabe beeinflusst, schließen zu können, müsste zwar zunächst mit Längsschnittdaten überprüft werden, nichtsdestotrotz kann bereits auf der Basis der vorliegenden Daten die Schlussfolgerung gezogen werden, dass die (Wahrnehmung von) Einflussmöglichkeiten auf die Gestaltung außerfamiliärer Beziehungen erhöht sowie Kontrollüberzeugungen und soziale Kompetenzen gestärkt werden sollten, beispielsweise in sogenannten Schülerkursen. Dies erscheint umso relevanter, als im Kontext von Inklusion Kontakte zu gleichbetroffenen Peers besonders dann bedeutsam sein könnten, wenn das soziale Eingebundensein in die Regelschulklasse nicht ausreichend gut gelingt (Hennies, Heyl, Hintermair und Lang 2015).

Entwicklungsaufgaben im Erwachsenenalter

Entwicklungsaufgaben im Erwachsenenalter umfassen insbesondere Partnerwahl, Familiengründung, Kindererziehung, die Entwicklung der Berufskarriere, die Übernahme sozialer und öffentlicher Verantwortung sowie den Aspekt der Generativität. Das mittlere Erwachsenenalter ist gekennzeichnet durch ein Ausbalancieren verschiedenster Verpflichtungen und Lebensziele (z.B. Kindererziehung, Pflege der eigenen Eltern, Beruf) und stellt die am wenigsten untersuchte Lebensphase überhaupt dar.

Popivker, Wang und Boerner (2010) haben 216 Personen mit Sehschädigung im Alter von 40 bis 64 Jahren nach ihren Lebenszielen (d.h. nach ihren Prioritäten, Plänen und Hoffnungen für ihr Leben) befragt sowie danach, ob und inwiefern der Sehverlust mit diesen Zielen interferiert. Am häufigsten berichtet wurden funktionale Lebensziele (z.B. Karriere, Alltagsaufgaben, Mobilität), gefolgt von sozialen (z.B. für die Familie sorgen, Freundschaften aufrechterhalten) und psychologischen Lebenszielen (z.B. Lebensqualität aufrechterhalten oder verbessern). In allen drei Kategorien finden sich spezifisch sehbezogene Ziele, wie beispielsweise das Ziel, sich bei der Fortbewegung im Freien sicherer zu fühlen oder mehr über die eigene Sehschädigung zu erfahren. Einige der Studienteilnehmerinnen und -teilnehmer nannten sogar ausschließlich sehbezogene Lebensziele. Demnach hat der Sehverlust also einen deutlichen Einfluss auf Lebensziele im mittleren Erwachsenenalter. Im Bereich der funktionalen Lebensziele ist dieser Einfluss umso größer, je kürzer der Sehverlust zurückliegt: Während Personen, deren Sehverlust bereits vor dem mittleren Erwachsenenalter eingetreten war, überwiegend karrierebezogene, finanzielle und Erziehungsziele nannten, nannten Personen mit erst im Laufe des mittleren Erwachsenenalters eingetretenem Sehverlust vor allem mobilitäts- und selbständigkeitsbezogene Ziele.

Für die meisten Lebensziele wurde eine eher moderate Interferenz durch den Sehverlust angegeben. Als relativ wenig interferierend wurde die Sehschädigung im Hinblick auf Ziele wie Gesundheit und Partnerschaft sowie auf spirituelle und Selbstverwirklichungsziele eingeschätzt. Am höchsten bewertet wurde die Interferenz bei Zielen im Bereich Alltagsaktivitäten, Mobilität, Selbstständigkeit und Freizeit. Insgesamt betrachtet kann eine Sehschädigung im mittleren Erwachsenenalter eine Barriere im Hinblick auf das Erreichen der für diese Lebensphase typischerweise sehr vielfältigen Lebensziele darstellen. Dies sollte bei Unterstützungsangeboten für Menschen mit Sehschädigung im mittleren Erwachsenenalter neben dem traditionellen Fokus auf funktionale Aspekte stets berücksichtigt werden.

Entwicklungsaufgaben im höheren Erwachsenenalter

Entwicklungsaufgaben im höheren Erwachsenenalter umfassen vor allem Aufgaben der Anpassung und Aufrechterhaltung, beispielsweise die Anpassung an den Ruhestand, die Anpassung an nachlassende Körperkräfte sowie an den Tod von bedeutsamen Anderen, die Aufrechterhaltung von Alltagskompetenz und Wohlbefinden, aber durchaus auch die Übernahme neuer Rollen wie beispielsweise die Großelternrolle. Insbesondere die Aufrechterhaltung von Alltagskompetenz und Wohlbefinden werden durch eine alterskorrelierte Sehschädigung erschwert und daher im Folgenden näher betrachtet. Dabei stellt sich die Frage nach personalen Ressourcen, die es älteren Menschen ermöglichen, trotz Sehschädigung ihren Alltag bei hohem subjektivem Wohlbefinden gut zu bewältigen.

Heyl und Wahl (2012) haben untersucht, welche Rolle kognitive Ressourcen für die Aufrechterhaltung von Alltagskompetenz im Alter spielen. Hierzu haben sie Daten von 121 älteren Menschen mit Sehschädigung und 150 älteren Menschen ohne Sehschädigung (M = 82 Jahre) verglichen. Die Ergebnisse der Studie zeigen, dass kognitive Ressourcen für die Alltagsbewältigung an Bedeutung gewinnen, wenn eine Sehschädigung vorliegt: Unabhängig vom allgemeinen Gesundheitszustand ist der Zusammenhang zwischen kognitiven Ressourcen und außerhäuslichen Alltags- sowie Freizeitaktivitäten bei älteren Menschen mit Sehschädigung signifikant enger als bei älteren Menschen ohne Sehschädigung.

Darüber hinaus findet sich bei älteren Menschen mit, nicht aber bei jenen ohne Sehschädigung, ein statistisch signifikanter Zusammenhang zwischen kognitiven Ressourcen und der subjektiven Einschätzung der eigenen Alltagsbewältigung. Ein durch die Sehschädigung erhöhtes Bewusstsein für auch leichtere altersbedingte kognitive Einschränkungen könnte hierfür eine Erklärung sein. Zu vergessen, wo man etwas hingelegt hat, hat beispielsweise für einen Menschen mit Sehschädigung eine andere Bedeutsamkeit als für eine normalsehende Person. Während die normalsehende Person den verlegten Gegenstand vielleicht nach nur kurzem Umherblicken wiederfindet und es ihr so gar nicht unbedingt auffällt, dass sie etwas vergessen hatte, ist die visuelle Suche für die sehgeschädigte Person nur sehr eingeschränkt oder auch gar nicht möglich. Damit steigt die Wahrscheinlichkeit, dass ihr alltägliche kognitive Fehlleistungen – hier das Vergessen – auffallen, wodurch sich auf Dauer das Vertrauen in die eigene Alltagsbewältigung, das durch die Sehschädigung ohnehin schon beeinträchtigt ist, weiter reduzieren kann.

Ein kognitives Training für ältere Menschen mit Sehschädigung könnte den Ergebnissen der Studie zufolge also nicht nur kognitiven Einbußen, sondern auch einem Verlust an Alltagskompetenz entgegenwirken und damit Programme zur Förderung lebenspraktischer Fähigkeiten sinnvoll ergänzen und ihre Wirksamkeit verbessern. Darüber hinaus sollte das Vertrauen in die eigenen Kompetenzen zur Alltagsbewältigung durch psychosoziale Interventionsprogramme zusätzlich gestärkt werden.

Wettstein, Wahl und Heyl (eingereicht) haben als weitere personale Ressource die Rolle von Persönlichkeit für die Alltagskompetenz von älteren Menschen mit Seh- oder Hörschädigung (n = 81) über einen Zeitraum von vier Jahren untersucht. Die Ergebnisse zeigen, dass der Persönlichkeitsfaktor Neurotizismus (emotionale Labilität) nur für seh- oder hörgeschädigte Ältere ein Risikofaktor für die Alltagskompetenz ist, nicht aber für sensorisch unbeeinträchtigte: Je höher die emotionale Labilität der seh- oder hörgeschädigten Studienteilnehmerinnen und -teilnehmer zum ersten Messzeitpunkt war, desto geringer war ihre Alltagskompetenz zum zweiten Messzeitpunkt nach vier Jahren. Andersherum ausgedrückt ist emotionale Stabilität also eine bedeutsame Ressource für die Alltagskompetenz von seh- oder hörgeschädigten Älteren. Die Alltagskompetenz zum ersten Messzeitpunkt hatte demgegenüber keine signifikante Vorhersagekraft für die emotionale Labilität bzw. Stabilität vier Jahre später.

Darüber hinaus zeigen die Ergebnisse, dass die Persönlichkeitseigenschaft Verträglichkeit (gekennzeichnet durch Kooperationsbereitschaft, Freundlichkeit, Mitgefühl) nur bei seh- oder hörgeschädigten Älteren ein Schutzfaktor für die Alltagskompetenz ist, nicht aber bei sensorisch unbeeinträchtigten: Je höher die Verträglichkeit der seh- oder hörgeschädigten Studienteilnehmerinnen und -teilnehmer zum ersten Messzeitpunkt war, desto höher war ihre Alltagskompetenz zum zweiten Messzeitpunkt nach vier Jahren. Eine geringe Alltagskompetenz zum ersten Messzeitpunkt wiederum war nur bei seh- oder hörgeschädigten Älteren mit einer geringeren Verträglichkeit vier Jahre später verbunden.

Bei einem Sehverlust im Alter tragen Persönlichkeitsmerkmale (emotionale Stabilität, Verträglichkeit) also zur Aufrechterhaltung von Alltagskompetenz bei. Daraus lässt sich schlussfolgern, dass es sinnvoll wäre, diese Persönlichkeitsressourcen im Rahmen von psychosozialen Interventionsprogrammen zu stärken, um eine Aufrechterhaltung der Alltagskompetenz auch indirekt zu unterstützen. Aber: Was Hänschen nicht lernt, lernt Hans nimmermehr? Lässt sich Persönlichkeit im höheren Erwachsenenalter überhaupt noch beeinflussen?

Insgesamt spricht vieles dafür, dass man im Bereich Persönlichkeit zum Lernen nie zu alt und Persönlichkeit über den gesamten Lebenslauf hinweg veränderbar ist, wie beispielsweise die Ergebnisse einer Metaanalyse zeigen (z.B. Roberts, Walton und Viechtbauer 2006). Mit dem Neurotizismus, also der emotionalen Labilität, die unter anderem gekennzeichnet ist durch erhöhte Ängstlichkeit und Sorge, ist darüber hinaus ein Bereich angesprochen, der im Kontext von alterskorrelierter Blindheit und Sehbehinderung besonders vulnerabel erscheint. Aktuellen Prävalenzzahlen zufolge weist etwa ein Drittel der älteren Menschen mit Sehschädigung Symptome einer subklinischen Depressivität auf, in der Population der älteren Menschen generell sind es maximal 15% (van der Aa, Comijs, Penninx, van Rens und van Nispen 2015). Subklinische Ängstlichkeit ist unter älteren Menschen mit Sehschädigung ebenfalls stärker verbreitet als in der älteren Allgemeinbevölkerung (15.6% vs. 11%; vgl. van der Aa 2015). Auch aus dieser Perspektive sind also wirksame psychosoziale Interventionen erforderlich, die geeignet sind, Ängsten und Depressivität entgegenzuwirken (z.B. nach dem Stepped Care Ansatz, vgl. van der Aa, van Rens, Comijs, Margrain, Gallindo-Garre et al. 2015).

Im Hinblick auf die Entwicklungsaufgabe der Aufrechterhaltung des subjektiven Wohlbefindens haben Wettstein, Wahl und Heyl (2015) untersucht, inwiefern kognitive Ressourcen hierzu betragen können. Die Ergebnisse zeigen, dass kognitive Ressourcen durch ihre Bedeutung für die Alltagskompetenz auch zum subjektiven Wohlbefinden älterer Menschen mit Sehschädigung (n = 121) beitragen: Je höher die kognitiven Ressourcen sind, desto höher ist die Alltagskompetenz und je höher die Alltagskompetenz ist, desto höher ist wiederum das subjektive Wohlbefinden. In der Gruppe der älteren Menschen ohne Sehschädigung (n = 150) fanden sich keine solchen Zusammenhänge. Aufgrund des querschnittlichen Studiendesigns lässt sich jedoch keine Aussage über die Kausalrichtung treffen. Ein hohes subjektives Wohlbefinden könnte somit auch umgekehrt Auswirkungen auf die kognitiven Ressourcen und die Alltagskompetenz von älteren Menschen mit Sehschädigung haben.

Ebenfalls untersucht wurde die Frage, welche Beiträge der allgemeine Gesundheitszustand, Alltagskompetenz, soziale Ressourcen (Anzahl emotional sehr nahestehender Personen) und Bewältigungsstile im Zusammenspiel zur Aufrechterhaltung des subjektiven Wohlbefindens von älteren Menschen mit Sehschädigung (n = 121) oder Hörschädigung (n = 116) leisten (Wahl, Heyl, Drapaniotis, Hörmann, Jonas et al. 2013). Dabei wurde unterschieden zwischen dem Bewältigungsstil *Hartnäckige Zielverfolgung* (z.B. „Je schwieriger ein Ziel zu erreichen ist, umso erstrebenswerter erscheint es mir oft."; vgl. Brandtstädter und Renner 1990) und dem Bewältigungsstil *Flexible Zielanpassung* (z.B. „Auch wenn mir ein Wunsch nicht erfüllt wird, ist das für mich kein Grund zur Verzweiflung: es gibt ja noch andere Dinge im Leben."; ebd.). Die Bedeutsamkeit der *Flexiblen Zielanpassung* nimmt zwar mit fortschreitendem Alter im Allgemeinen zu (z.B. Brandtstädter, Wentura und Greve 1993), die *Hartnäckige Zielverfolgung* bleibt aber weiterhin ebenfalls bedeutsam für das subjektive Wohlbefinden, insbesondere für das Erleben von positivem Affekt (Heyl, Wahl und Mollenkopf 2007).

Die Ergebnisse zeigen, dass der allgemeine Gesundheitszustand, die *Flexible Zielanpassung* und die *Hartnäckige Zielverfolgung* (letztere mit einem erwartungsgemäß geringeren Anteil) einen zwischen den Gruppen der sehgeschädigten, hörgeschädigten und sensorisch unbeeinträchtigten älteren Menschen jeweils vergleichbaren und eigenständigen Beitrag zum subjektiven Wohlbefinden leisten. Bei sehgeschädigten Älteren ist darüber hinaus die Anzahl emotional sehr nahestehender Personen bedeutsam für die Aufrechterhaltung des subjektiven Wohlbefindens, bei hörgeschädigten Älteren fand sich hier kein signifikanter Zusammenhang. Möglicherweise greifen ältere Menschen mit Sehschädigung stärker als Hörgeschädigte auf die soziale Unterstützung durch den Kreis der engsten Familienmitglieder und Freunde zurück. Wesentlich ist auch das Ergebnis, dass im Kontext der hier untersuchten Ressourcen das Ausmaß an Alltagskompetenz ausschließlich bei älteren Menschen mit Blindheit und Sehbehinderung eine bedeutsame Rolle für das subjektive Wohlbefinden spielt. Weder bei hörgeschädigten noch bei sensorisch unbeeinträchtigten Älteren fanden sich hier signifikante Zusammenhänge. Dies betont noch einmal die Schlüsselrolle, die der Alltagskompetenz im Hinblick auf ein erfolgreiches Altern trotz Sehschädigung zukommt.

Insgesamt lässt sich festhalten, dass ein situationsgerechtes Zusammenspiel von *Flexibler Zielanpassung* und *Hartnäckiger Zielverfolgung* für die Aufrechterhaltung von Wohlbefinden wesentlich zu sein scheint, dass soziale Ressourcen für das subjektive Wohlbefinden sehgeschädigter Älterer bedeutsam sind und dass bei sehgeschädigten Älteren durch die Aufrechterhaltung von Alltagskompetenz zur Aufrechterhaltung des subjektiven Wohlbefindens beigetragen werden kann.

Fazit

Entwicklung ist ein lebenslanger, gestaltbarer Prozess, der sich in allen Lebensphasen durch Plastizität auszeichnet. Der Blick auf die Entwicklungsaufgaben in Kindheit, Jugend, mittlerem und höherem Erwachsenenalter hat gezeigt, dass eine Sehbehinderung oder Blindheit in jeder dieser Lebensphasen besondere Entwicklungsherausforderungen mit sich bringt. Diesen Herausforderungen kann durch blinden- und sehbehindertengerechte Umweltgestaltung, die Nutzung von Hilfsmitteln sowie nicht zuletzt auch durch personale Ressourcen wie emotionale Stabilität, Verträglichkeit, kognitive Leistungsfähigkeit und einen ausgewogenen Bewältigungsstil positiv begegnet werden.

Das Verhältnis von Gewinnen und Verlusten verändert sich über die Lebensspanne und damit verändern sich auch die Entwicklungsaufgaben und die Art und Weise der erforderlichen Unterstützung für deren Bewältigung. Die Expertise der Blinden- und Sehbehindertenpädagogik ist in den sich wandelnden Kontexten und Lebensphasen stets gefragt. Dementsprechend existieren auch differenzierte Unterstützungsangebote für unterschiedliche Lebens- und Entwicklungsphasen: Frühförderung, blinden- und sehbehindertenspezifische Förderung in Sonderschule und Inklusion, Kurse für blinde und sehbehinderte Schülerinnen und Schüler sowie Angebote der beruflichen Rehabilitation, um nur einige zu nennen. Der Bereich der psychosozialen Intervention, insbesondere zur Bewältigung des Sehverlusts im höheren Erwachsenenalter und zur emotionalen Stabilisierung, könnte noch ausgebaut werden, ebenso wie der Einbezug von kognitiven Trainings in die Vermittlung von Techniken der Orientierung und Mobilität sowie lebenspraktischer Fähigkeiten bei Menschen mit alterskorreliertem Sehverlust. Diesen Aufgaben wird sich die Blinden- und Sehbehindertenpädagogik gerade auch vor dem Hintergrund der demographischen Entwicklung zukünftig sicher vermehrt zuwenden.

Literatur

Baltes, P. B. (1990). Entwicklungspsychologie der Lebensspanne: Theoretische Leitsätze. *Psychologische Rundschau*, 41, 1-24.

Brambring, M. (2006). Divergent development of gross motor skills in children who are blind or sighted. *Journal of Visual Impairment and Blindness*, 100 (10), 620-634.

Brambring, M. (2007). Divergent development of manual skills in children who are blind or sighted. *Journal of Visual Impairment and Blindness*, 101 (4), 212-225.

Brandtstädter, J. & Renner, G. (1990). Tenacious goal pursuit and flexible goal adjustment: Explications and age-related analysis of assimilative and accommodative strategies of coping. *Psychology and Aging*, 5, 58-67.

Brandtstädter, J., Wentura, D. & Greve, W. (1993). Adaptive resources of the aging self: Outlines of an emergent perspective. *International Journal of Behavioral Development*, 16, 323-349.

Hatton, D. D., Bailey, D. B., Burchinal, M. R. & Ferrell, K. A. (1997). Developmental growth curves of preschool children with vision impairments. *Child Development*, 68 (5), 788-806.

Hatwell, Y. (1985). *Piagetian reasoning and the blind*. New York: American Foundation for the Blind.

Havighurst, R. J. (1948). *Developmental tasks and education*. New York: Longman.

Havighurst, R. J. (1972). *Developmental tasks and education* (3rd ed.). New York: McKay.

Hennies, J., Heyl, V., Hintermair, M. & Lang, M. (2015). Zur Rolle von gleichbetroffenen Peers für blinde/sehbehinderte Jugendliche in der Integration. *blind – sehbehindert, 135* (2), 115-125.

Heyl, V. & Wahl, H.-W. (2012). Managing daily life with age-related sensory loss: Cognitive resources gain in importance. *Psychology and Aging, 27*(2), 510-521.

Heyl, V., Wahl, H.-W., & Mollenkopf, H. (2007). Affective well-being in old age: The role of tenacious goal pursuit and flexible goal adjustment. *European Psychologist, 12* (2), 119-129.

Lang, M. (2008): Begriffsbildung blinder und hochgradig sehbehinderter Kinder und Jugendlicher. In: M. Lang, M., U. Hofer & F. Beyer (Hrsg.), *Didaktik des Unterrichts mit blinden und hochgradig sehbehinderten Schülerinnen und Schülern* (S. 218–234). Stuttgart: Kohlhammer.

Pfeiffer, J. P. & Pinquart, M. (2011). Attainment of developmental tasks by adolescents with visual impairments and sighted adolescents. *Journal of Visual Impairment and Blindness, 105* (1), 33-44.

Popivker, L., Wang, S. & Boerner, K. (2010). Eyes on the prize: life goals in the context of visual disability in midlife. *Clinical Rehabilitation, 24*, 1127–1135.

Prechtl, H. F. R., Cioni, G., Einspieler, C., Bos, A. F. & Ferrari, F. (2001). Role of vision in early motor development: Lessons from the blind. *Developmental Medicine and Child Neurology, 43*, 198-201.

Roberts, B. W., Walton, K. E., & Viechtbauer, W. (2006). Patterns of mean-level change in personality traits across the life course: A meta-analysis of longitudinal studies. *Psychological Bulletin, 132*(1), 1-25. doi: 10.1037/0033-2909.132.1.1.

Tröster, H. & Brambring, M. (1992). Die Auswirkungen der Blindheit auf die motorische Entwicklung im ersten Lebensjahr. *Zeitschrift für Entwicklungspsychologie und Pädagogische Psychologie, 24*, 201-231.

van der Aa, H. P. A., Comijs, H. C., Penninx, B. W. J. H., van Rens, G. H. M. B., & van Nispen, R. M. A. (2015). Major depressive and anxiety disorders in visually impaired older adults. *Invest Ophthalmol Vis Sci, 56,* 849–854. doi:10.1167/iovs.14-15848.

van der Aa, H. P., van Rens,G. H., Comijs, H. C., Margrain, T. H., Gallindo-Garre, F., Twisk, J. W. & van Nispen, R. M. (2015). Stepped care for depression and anxiety in visually impaired older adults: multicentre randomised controlled trial. *BMJ;351*:h6127. doi: 10.1136/bmj.h6127

Wahl, H.-W., Heyl, V., Drapaniotis, P. M., Hörmann, K., Jonas, J. B., Plinkert, P. K. & Rohrschneider, K. (2013). Severe vision and hearing impairment and successful aging: A multidimensional view. *The Gerontologist, 53* (6), 950–962.

Wettstein, M., Wahl, H.-W. & Heyl, V. (2015). Cognition-Well-Being Relations in Old Age: Moderated by Sensory Impairment. *The Journal of Gerontopsychology and Geriatric Psychiatry, 28* (3), 123-136.

Wettstein, M., Wahl, H.-W. & Heyl, V. (eingereicht). 4-Year Reciprocal Relationships Between Personality and Health in Old Age: A Matter of Sensory-Impairment Status?

KEYNOTES UND VORTRÄGE

Themenschwerpunkt Inklusive Regionen und Modelle

BIRGIT DROLSHAGEN UND FABIAN VAN ESSEN

Inklusive Regionen und sozialer Raum – ein Thema für die Sehgeschädigtenpädagogik

Einleitung

Mit der Ratifizierung der Behindertenrechtskonvention hat Deutschland formal einen Paradigmenwechsel vollzogen, im Rahmen dessen aus einer menschenrechtlichen Perspektive heraus eine stärkere Orientierung am Sozialraum im Gegensatz zu einer vorrangig auf das Individuum bezogenen Sichtweise an Bedeutung gewinnt. Was bedeutet dieser Paradigmenwechsel für die Gestaltung inklusiver Regionen? Dieser Frage wird in diesem Beitrag nachgegangen, indem zunächst Sehschädigung im Kontext der Theorie des sozialen Raumes nach Pierre Bourdieu betrachtet wird und in einem zweiten Schritt sozialraumorientierte Aufgaben der Sehgeschädigtenpädagogik diskutiert werden.

Sehschädigung im Kontext der Theorie des sozialen Raumes

Das Modell des sozialen Raumes (vgl. Bourdieu 1985) veranschaulicht, in welchem Zusammenhang die Mitglieder einer Gesellschaft zueinander stehen. Die Unterschiede zwischen den Bevölkerungsgruppen entstehen nach dieser Theorie zunächst durch die unterschiedliche Verteilung von sogenannten Kapitalsorten: ökonomisches Kapital (z.B. Einkommen), kulturelles Kapital (z.B. Bildungsabschlüsse) und soziales Kapital (z.B. Beziehungen zu Menschen, die einem weiterhelfen können). Die unterschiedliche Verteilung dieser Kapitalsorten macht Bourdieu mithilfe eines zweiachsigen Koordinatensystems sichtbar. Auf der X-Achse wird das Verhältnis von ökonomischem und kulturellem Kapital abgebildet, das heißt z.B.: Wenn das kulturelle Kapital besonders bedeutsam ist, befindet man sich auf der linken Seite. Das trifft z.B. auf promovierte Hochschulmitglieder zu. Auf der rechten Seite befindet man sich, wenn das ökonomische Kapital im Vergleich besonders hoch ist. Erfolgreiche Großunternehmerinnen und Großunternehmer mit hohem Einkommen und Vermögen sind etwa im sozialen Raum rechts einzuordnen. Die Y-Achse wiederum steht für das Kapitalvolumen. Wenn man über besonders viel Kapital verfügt, befindet man sich besonders weit oben, wenig Kapital bedeutet eine Positionierung unten im sozialen Raum. Zusammengeführt heißt das exemplarisch: Professorinnen und Professoren befinden sich im sozialen Raum links oben und Grundschullehrkräfte im linken mittleren Bereich. Diejenigen, die in der freien Wirtschaft erfolgreich sind, sind rechts oben zu finden. Einkommensschwache mit niedrigen Bildungsabschlüssen befinden sich im unteren Bereich des sozialen Raumes.

Wichtig ist nun Zweierlei:
1. Je höher sich eine Person im sozialen Raum befindet, desto größer sind ihre Möglichkeiten, das eigene Leben selbstbestimmt, vielfältig und unabhängig zu gestalten. Das muss zwar nicht automatisch heißen, dass diejenigen aus dem oberen Bereich des sozialen Raums automatisch glücklicher oder zufriedener sind als diejenigen im unteren Bereich. Aber die Chancen auf Teilhabe und gesellschaftliche Mitgestaltung sind ohne Zweifel ausgeprägter.
2. Die Position im sozialen Raum prägt. Der familiäre Nahbereich, das soziale Milieu, die Lebensbedingungen, der Stadtteil: All die Bedingungen des Aufwachsens, die eng mit der Positionierung im sozialen Raum verbunden sind, prägen Haltungen, Einstellungen, Charakterzüge, Werte, Normen, Persönlichkeitsmerkmale oder – um mit Bourdieu zu sprechen – den Habitus: Grundsätzlich wird der Habitus als „eine Seinsweise, ein habitueller Zustand des Körpers, eine Tendenz, ein Hang oder eine Neigung, sich auf spezifische Art und Weise zu präsentieren und zu handeln" (Liebsch 2008, 76), bzw. als das „einverleibte Orientierungswissen" (Meuser 2007, 210) bezeichnet (vgl. auch van Essen 2013, 34 ff.). Die Formulierung „einverleibtes Orientierungswissen" beschreibt treffend, wie tiefgehend,

vorreflexiv und entscheidend habituelle Prägungen sind. Sie unterscheiden sich mit Blick auf die unterschiedlichen Bevölkerungsgruppen vor allem dann stark voneinander, wenn es keine oder wenige gemeinsame Erfahrungsräume gibt, die gemeinsame Habitusentwicklungen ermöglichen.

Bourdieu versucht also mit seinem Koordinatenmodell des sozialen Raumes zum einen, die Unterschiede innerhalb einer Gesellschaft nach möglichst objektiven Kriterien wie dem Einkommen und formalen Bildungsabschlüssen sichtbar zu machen. Und zum anderen erklärt er mit der aus der unterschiedlichen Verteilung der Kapitalsorten resultierenden Positionierung im sozialen Raum die Entwicklung spezifischer Lebensstile, Einstellungen, Norm- und Werteentwicklungen unterschiedlicher Bevölkerungsgruppen und Personen.

Welchen Nutzen hat das Modell des sozialen Raumes nun für das Thema der inklusiven Regionen im Kontext von Blindheit und Sehbeeinträchtigung?

In einem ersten Schritt ist der Versuch zielführend, herauszufinden, ob sich blinde und im Sehen beeinträchtigte Menschen als Gruppe im sozialen Raum einordnen lassen. Dazu soll zum einen ein Blick auf den Bildungsabschluss als wichtigster Aspekt des institutionalisierten kulturellen Kapitals sowie zum anderen ein Blick auf das Einkommen als wichtige Facette des ökonomischen Kapitals gerichtet werden.

Bezüglich des Bildungsabschlusses blinder und sehbehinderter Menschen in Deutschland lässt sich zunächst sagen, dass im Schuljahr 2012/2013 knapp über die Hälfte der Schülerinnen und Schüler mit dem Förderschwerpunkt Sehen an Förderschulen eingeschult wurden (vgl. Bildungsbericht 2014, 324). Fast 40% der Abgängerinnen und Abgänger der Förderschule mit dem Förderschwerpunkt Sehen haben 2012 die Schule ohne Hauptschulabschluss verlassen (vgl. Malecki 2014, 600). Das stellt extrem niedrigwertiges institutionalisiertes kulturelles Kapital dar, mit dem sie sich auf dem Arbeitsmarkt behaupten müssen. Im Kontext einer ohnehin stärker wissensfokussierten Arbeitswelt (vgl. Bittlingmayer 2005), die immer komplexere Anforderungen an Arbeitnehmerinnen und Arbeitnehmer stellt (vgl. Biermann 2008), sowie infolge der Bildungsexpansion ist dieser niedrige Abschluss ein erheblicher Nachteil im Wettbewerb um begehrte Ausbildungs- und Arbeitsplätze.

Zudem sind die Möglichkeiten auf dem Arbeitsmarkt und damit verbunden die Möglichkeiten, einkommensstarke Tätigkeiten auszuüben und ökonomisches Kapital anzusammeln, relevant. Der wohl wichtigste Aspekt, auch hier wieder bezogen auf Deutschland: „70% der erwerbsfähigen blinden und hochgradig sehbehinderten Menschen [sind] erwerbslos." (Walthes 2014, 160) Erwerbsfähige Blinde und sehbeeinträchtigte Menschen sind demnach hochgradig von Arbeitslosigkeit betroffen, was mit ökonomischer Armut einhergeht – obwohl momentan „blinde und sehbehinderte Menschen noch nie so viele Rechte auf Gleichbehandlung und Teilhabe an unserer Gesellschaft gehabt haben, in der sie jedoch die geringsten Chancen auf einen Arbeitsplatz seit 50 Jahren haben. Haben blinde und hochgradig sehbehinderte Menschen früher noch realistische Chancen gehabt, Arbeit zu bekommen, so haben sie heute nur noch das Recht, Arbeit zu bekommen. Aber die Arbeitsplätze, die sie früher innehatten, werden in zunehmendem Maße abgebaut." (Denninghaus 2014, 4) Denninghaus führt für blinde oder sehgeschädigte Menschen mit einfachem Bildungshintergrund zum Beispiel an, dass ehemalig stark in Anspruch genommene Tätigkeiten wie z.B. Besen- und Bürstenmachen oder Korbflechten aufgrund der technologischen Entwicklungen sowie der Globalisierung mittlerweile vor allem automatisch sowie in Billiglohnländern produziert werden. Und auch die Arbeitslosenquote blinder Akademikerinnen und Akademiker ist mit 18% vergleichsweise hoch (vgl. Walthes 2014, 162).

Zwischenfazit: Als Gesamtgruppe lassen sich die blinden und sehbeeinträchtigten Menschen sicher nicht in das Modell des sozialen Raumes nach Bourdieu einordnen. Dazu ist die Gruppe zu vielfältig in ihren Lebensverläufen und Lebenslagen. Aus der hohen Arbeitslosenquote sowie mit Blick auf die sehgeschädigten Menschen mit eher niedrigen Bildungsabschlüssen lässt sich jedoch herleiten, dass sich ein nicht geringer Teil im sozialen Raum eher im unteren Bereich befindet und somit von Exklusionsprozessen bedroht ist.

Dieser Teil der blinden und sehbeeinträchtigten Menschen hat damit *weniger Chancen* auf Teilhabe, obwohl sie – zum Beispiel infolge der Behindertenrechtskonvention – *mehr Recht* darauf haben als je zuvor. Oder anders formuliert: Die Abnahme von rechtlichen Hürden hat nicht automatisch zu einer tatsächlichen Gleichbehandlung geführt. Das könnte ein Hinweis darauf sein, dass die Minimierung struktureller Beschränkungen durch rechtliche Reglementierungen nicht ausreicht. Bourdieus Vorstellung des sozialen Raums könnte einen Hinweis darauf geben, was noch bedeutsam ist, um Barrieren abzubauen. So schreibt Bremer:

„Bourdieus Theorie des sozialen Raums und des Habitus sensibilisiert dafür, dass der Wegfall äußerer Barrieren nicht direkt zu Mobilität und gleichen Chancen führt. Distanzen im sozialen Raum sind verbunden mit Distanzen im Leben; sie betreffen die ganze Lebensweise. Die Abstände zu überwinden, muss auch *innerlich*, vom *Habitus* her, bewältigt werden" (Bremer 2007, 145f.).

Der Grundgedanke, der hier beschrieben wird, lautet: Wenn Menschen in sehr unterschiedlichen Systemen und Kontexten aufwachsen, wenn Menschen institutionalisiert voneinander getrennt werden, wenn es relativ große und vor allem stabile Abstände in Bezug auf die Verteilung von Einkommen, Bildungsabschlüssen und Sozialkapital gibt, wenn Menschen mit unterschiedlichen Werte- und Normorientierungen aufwachsen – dann besteht eine erhöhte Wahrscheinlichkeit, dass innere Distanzen, Fremdheitsgefühle und unterschiedliche Habitusformen entstehen.

Ein Mangel an gemeinsamen Erfahrungen führt dazu, dass vor einer tatsächlichen gemeinsamen Erfahrung das *Imaginieren* einer möglichen gemeinsamen Erfahrung steht.

Und das geht zum Beispiel mit Blick auf die Arbeitswelt anscheinend häufig nicht gut für blinde oder sehbeeinträchtigte Menschen aus. So führt etwa Walthes die hohe Arbeitslosenquote auf etliche Aspekte zurück, „vor allem aber [auf] die Unfähigkeit der Arbeitgeberseite, sich blinde oder hochgradig sehbehinderte Menschen als gleichberechtigte Arbeitnehmer vorzustellen" (Walthes 2014, 160).

Eine Passage aus einer Broschüre, in der um Arbeitsplätze für sehgeschädigte Menschen geworben wird, zeigt weiterhin gut, wie innere Distanzen hemmen können: „Blind oder sehbehindert und trotzdem leistungsfähig im Beruf – viele Arbeitgeberinnen und Arbeitgeber können sich das kaum vorstellen. Und auch so mancher Mitarbeiter möchte lieber keinen blinden oder sehbehinderten Kollegen – aus Sorge, dass dann die Unterstützung und viel Arbeit bei ihnen hängen bleibt." (LVR-Integrationsamt 2014, 2)

Die Formulierungen sind hier entscheidend: Die Arbeitgeberinnen und Arbeitgeber können sich *das nicht vorstellen*. Die potentiellen Kolleginnen und Kollegen haben *Sorge* um Mehrbelastung – ohne zu wissen, ob es *tatsächlich* zu einer Mehrbelastung kommt. Beide Formulierungen deuten darauf hin, dass die Anstellung von bzw. die Zusammenarbeit mit sehgeschädigten Menschen etwas Unbekanntes, Hypothetisches sei, etwas Ungewisses, Zweifelhaftes und eher Problematisches. Angesichts von vielen positiven Beispielen von Berufsausübungen von blinden und sehbeeinträchtigten Menschen mithilfe von Technik oder Assistenzleistungen lässt sich diese Skepsis vor allem auf innere Distanzen zurückführen, beziehungsweise: Man ist den Umgang in der Arbeitswelt mit blinden oder sehbeeinträchtigten Menschen nicht gewohnt und das erzeugt Unsicherheitsgefühle.

Wie wäre es, wenn potentielle Arbeitgeberinnen und Arbeitgeber sowie potentielle Kolleginnen und Kollegen bereits vielfältige gemeinsame Erfahrungen in unterschiedlichsten Lebensbereichen mit blinden und sehgeschädigten Menschen gemacht hätten? Könnten sie es sich dann auch erstmal nicht vorstellen, eine Blinde oder einen Sehgeschädigten einzustellen, hätten sie dann in erster Linie auch zunächst einmal Sorge um Mehrbelastung?

Thesenhaft kann auf diese Fragestellungen wie folgt geantwortet werden: Reale Teilhabemöglichkeiten können vor allem dann entstehen, wenn abgesehen von den äußeren Barrieren auch die inneren, auf unterschiedliche Sozialisationen zurückzuführenden und habituell hervorgerufenen Abstände und Distanzen überwunden werden können.

Was bedeutet das nun für die Gestaltung inklusiver Regionen?

Bei einem Fokus auf das Individuum im Sinne von *Wie kann das Individuum so gefördert werden, dass es an der Gesellschaft möglichst gut teilhaben kann?* kann es jedenfalls nicht bleiben – im Übrigen widerspräche eine alleinige solche Sichtweise unseres Erachtens auch der UN-Behindertenrechtskonvention (was natürlich nicht bedeutet, dass individuelle Förderungen nicht wichtig sind, das Gegenteil ist der Fall – aber diese alleinige Perspektive greift zu kurz).

In einer inklusiven Region müsste es gelingen, dass es gemeinsame Erfahrungsräume gibt zwischen denen, die sich in den unteren Bereichen des sozialen Raumes befinden, und denen, die sich in den oberen Bereichen befinden. Es müsste Möglichkeiten geben, im sozialen Raum *übergreifend* gemeinsame

Werte, Normen und Habitusformen in Bezug auf gemeinsame Visionen für die Region zu entwickeln. Es müsste die Möglichkeit geben, belastbare soziale Beziehungen miteinander aufzubauen, und zwar unabhängig von der Positionierung im sozialen Raum.

In der Frage, wie so etwas gelingen kann, lohnt ein Blick in den Kommunalen Index für Inklusion, der in Anlehnung an den Index für Inklusion für Schulen (Booth/Ainscow 2002) entwickelt worden ist. Das Ziel des Kommunalen Index` passt gut zu den Gedankengängen im Kontext des sozialen Raums nach Bourdieu: „Inklusion bezieht sich immer auf Gemeinschaft: Durch gemeinsames Handeln eröffnen sich Möglichkeitsräume ‚zwischen' den Menschen, um Teilhabe zu leben und für immer mehr Menschen zu ermöglichen." (Montag Stiftung 2015, 8). Möglichkeitsräume zwischen den Menschen *unterschiedlichster* biografischer, kultureller und sozialer Herkünfte durch gemeinsames Handeln schaffen: dies könnte ein wirksamer Weg sein, um inneren und habituellen Distanzen zu begegnen.

Auf fünf Ebenen sollen mit dem Kommunalen Index Prozesse angeregt werden, aus denen neue Möglichkeitsräume entstehen:

1. Ich mit mir: Die Ebene der einzelnen Person. Dabei geht es vor allem um die selbstreflektierte Entwicklung einer inklusiven Haltung.
2. Ich mit dir: Die Ebene Mensch-zu-Mensch: In diesem Raum zwischen „Privatem" und „Öffentlichem" sollen belastbare soziale Beziehungen entstehen.
3. Wir: Die Ebene der öffentlichen Organisationen: Auf dieser Ebene des Öffentlichen arbeiten die unterschiedlichen Institutionen, Einrichtungen, Behörden, Initiativen und so weiter zusammen, um Barrieren zu minimieren.
4. Wir und wir: Die Ebene der Vernetzung: Hier geht es um eine Vernetzung von Organisationen, die – und das ist ganz wichtig – über ihren jeweiligen Verantwortungsbereich *hinaus* inklusionsorientiert zusammenarbeiten wollen. Eine Schule etwa würde sich aus dieser Perspektive heraus in den sozialen Nahraum hinein orientieren und Bündnisse schaffen.
5. Alle gemeinsam: Die Kommune als Ganzes: Hier steht die Herstellung von Strukturen im Vordergrund, die inklusive Prozesse und Praktiken für die Menschen einer Kommune ermöglichen. (vgl. Montag Stiftung 2015, 2 ff.)

Was könnte das – etwas konkreter – für die Gestaltung inklusiver Regionen aus der Perspektive blinder und sehbeeinträchtigter Menschen bedeuten? Wie könnte es also gelingen, in einer Region habituelle Distanzen so zu überwinden, dass mehr tatsächliche Teilhabe stattfinden kann? Einige Ideen werden im Folgenden angeführt:

- Blinden und sehbeeinträchtigten Menschen werden im Rahmen von Fachtagungen in der Region die Arbeitsmaterialien, wie z.B. Powerpointpräsentationen, im Vorfeld zugänglich gemacht.
- Sehgeschädigte Menschen werden im Kontext von Regionalentwicklungsprojekten beteiligt.
- Regionalspezifische Forschung findet partizipativ mit blinden und sehbeeinträchtigten Menschen statt.
- In der Region findet zur Sensibilisierung für die Personengruppe eine bewusste Dramatisierung des Themas Blindheit und Sehbeeinträchtigung statt, etwa in Form von Kampagnen oder blinden Stadtführungen.
- Vor allem die öffentlichen Einrichtungen einer Region werden konsequent auf ihre Zugänglichkeit für sehgeschädigte Menschen hin überprüft. Dazu gehören ausdrücklich nicht nur Ämter, sondern öffentliche Begegnungsräume aller Art.
- Blinden- und sehbehindertenpädagogische Bildungseinrichtungen arbeiten stark sozialraumorientiert.
- Blinden- und sehbehindertenpädagogische Bildungseinrichtungen verfolgen einen Ansatz, der unter dem Begriff inverse Inklusion diskutiert wird. Das bedeutet: Sondereinrichtungen öffnen sich für alle.

Möglichst alle Bildungseinrichtungen spiegeln die Vielfalt der Region wider.

Was bedeutet diese Auseinandersetzung mit Sehschädigung im Kontext der Theorie des sozialen Raumes nun für die Sehgeschädigtenpädagogik? Welche Schlussfolgerungen können aus der mit dieser Auseinandersetzung verbundenen stärkeren Orientierung am Sozialraum im Gegensatz zu einer hauptsächlich auf das Individuum bezogenen Sichtweise gezogen werden? Welches inklusive Potenzial ergibt sich aus einer sozialräumlich orientierten Perspektive für Einrichtungen des Sehgeschädigtenwesens?

Sozialraumorientierte Aufgaben der Sehgeschädigtenpädagogik

Mit der Unterzeichnung der UN-BRK werden – wie eingangs erwähnt – die Bedingungen in den Blick genommen, die Menschen mit Behinderungen aussondern und benachteiligen. Ansatzpunkt sind somit die diskriminierungsfrei zu gestaltenden Bedingungen, die allen Menschen mit ihren unterschiedlichen Kompetenzen gleichberechtigte Teilhabe ermöglichen, und nicht das einzelne Individuum, das für die Assimilation in ein bestehendes System befähigt werden muss (s. Drolshagen 2015).

Den Auftrag der UN-BRK umzusetzen, bedeutet, allen Menschen – unabhängig von ihren vielfältigen Bedürfnissen und Kompetenzen – „auf der Basis von Selbstbestimmung und Freiwilligkeit den gleichberechtigten Zugang zu allgemeinen materiellen und immateriellen Gütern sowie allgemeinen Diensten der Gesellschaft und die Teilhabe am gemeinschaftlichen Leben zu ermöglichen bzw. zu sichern" (Krach 2010, 78). In diesem Sinne verstandene Teilhabe meint selbstverständliche Zugehörigkeit und erfordert „die Inszenierung und Stabilisierung einer belastbaren und hilfreichen Infrastruktur für alle Bürger, die dazu beiträgt, das Auftreten von Exklusion bereits im Vorfeld zu vermeiden und erfahrene Ausgrenzung zu bewältigen" (Wansing 2005, 189).

Diese systemische Perspektive wird in der Sehgeschädigtenpädagogik bislang gegenüber der traditionellen sonderpädagogischen Perspektive der individuellen Förderung und Unterstützung vernachlässigt. Ursache hierfür ist die Befürchtung, die Systemperspektive verstelle auf Seiten der Professionellen den Blick für die individuellen Unterstützungsbedarfe blinder und sehbeeinträchtigter Menschen (s. z.B. Lang 2008).

Das Fachkonzept der Sozialraumorientierung

Eine Auflösung dieses Dilemmas ermöglicht das Fachkonzept der Sozialraumorientierung (SRO). SRO bedeutet, „Lebensbedingungen so zu gestalten/verändern, dass Menschen dort entsprechend ihren Bedürfnissen zufrieden(er) leben können" (Hinte/Treeß 2007, 34). Im Fokus steht somit sowohl das einzelne Individuum als auch der individuelle und gesellschaftliche Kontext. Handlungsleitend im Hinblick auf das Ziel besserer Teilhabebedingungen ist die Orientierung am Willen der einzelnen Menschen und die Unterstützung bei der Umsetzung des eigenen Willens im Sinne von Empowerment. Dies erfordert zusätzlich zur individuellen Unterstützung die Erschließung und Nutzung von sozialen und materiellen Ressourcen im Sozialraum für einzelne Menschen oder auch fallunspezifisch für bestimmte Gruppen.

Das Fachkonzept vereint verschiedene Konzepte und Arbeitsweisen, wobei der das Individuum und sein Umfeld fokussierenden Lebensweltorientierung und der auf Systemebene ansetzenden Gemeinwesenorientierung ein besonderer Stellenwert zukommt. Als Handlungsfelder benennt SRO auf der Systemebene die Bereiche „Sozialstruktur" im Sinne von Ressourcenerschließung durch kom-

SONI-Modell der Sozialraumorientierung

Ebene des **Systems:** Intervention als Steuerung des Hilfesystems und seiner Bedingungen	**Sozialstruktur:** Bezug Kommunalpolitik **Aktivierung und Einmischung:** Erschließung politischer und ethischer Ressourcen statt Individualisierung sozialer Probleme	**Organisation:** Bezug Hilfesystem **Sozialräumliche Steuerung:** Erschließung institutioneller Ressourcen: Flexibilisierung und Demokratisierung statt Standardisierung
Ebene der **Lebenswelt:** Intervention als Interaktion mit Adressaten und ihrer Umwelt	**Netzwerk:** Bezug Gemeinwesen **Fallunspezifische Arbeit:** Erschließung sozialer Ressourcen: Feldbezug statt aussondernde Verengung auf den „Fall"	**Individuum:** Bezug Fallarbeit **Stärkemodell:** Erschließung individueller Ressourcen Arbeit mit dem Willen statt Entwertung

(Früchtel, Cyprian & Budde 2009)

munale Sozialpolitik sowie „Organisation" im Interesse einer Flexibilisierung der Angebote der Behindertenhilfe durch Ressourcenmobilisierung entsprechend dem Willen ihrer Kundinnen und Kunden (Budde/Früchtel 2005, 54). Auf der Ebene der Lebenswelt verortet das Konzept das „Netzwerk" als Feld systematischer Ressourcenmobilisierung im Stadtteil sowie das „Individuum" in Form eines konsequenten Ansatzes an den Stärken und dem Willen von Bürger(innen) mit Behinderungen im Sinne von Empowerment (ebd.).

Mit der dem Konzept inhärenten Verknüpfung der systemischen und der lebensweltlichen Ebene und der daraus folgenden Intervention auf den Ebenen der Kontextbedingungen und der individuellen Situation gelingt es, einen „personenbezogenen Ansatz mit einer sozialökologischen, auf Veränderungen von Verhältnissen zielenden Perspektive" zu vereinen (Seifert 2010a, 34). Insofern stellt SRO unseres Erachtens für die Behindertenhilfe bzw. die Sehgeschädigtenpädagogik, ihre Institutionen und Mitarbeitenden einen Orientierungs- und Handlungsrahmen dar, der es ihnen ermöglicht, die mit der UN-BRK einhergehenden herausfordernden Veränderungsnotwendigkeiten zur Schaffung gleichberechtigter Teilhabemöglichkeiten umzusetzen, ohne die originären sehgeschädigtenpädagogischen Aufgaben der individuellen Unterstützung zu vernachlässigen.

Wie können sich sehgeschädigtenspezifische Einrichtungen dieses inklusive Potenzial nutzbar machen? Welche Herausforderungen ergeben sich daraus für die Einrichtungen und ihre Mitarbeitenden?

Sozialräumlich orientierte Arbeit in Einrichtungen des Sehgeschädigtenwesens

Sehgeschädigtenspezifische Einrichtungen nehmen ihr inklusives Potenzial dann wahr, wenn sie sozialräumlich agieren und beide, die personenbezogene und die systemische Perspektive, einsetzen, um sehgeschädigten Menschen gleiche Teilhabechancen zu ermöglichen. Sozialräumlich agierende Einrichtungen fungieren nach Niedig (2010, 93) „als Transformatoren von individuellen Bedarfen an Veränderungen im Sozialraum und umgekehrt an der Einbindung der einzelnen Person in das Gemeinwesen".

Einrichtungen, die diese mehrperspektivische Ausrichtung wahrnehmen, nehmen somit im Inklusionsprozess eine Schlüsselrolle ein: Sie unterstützen den Einzelnen und setzen sich gleichzeitig ein für einen Sozialraum, der gleichberechtigte Teilhabebedingungen ermöglicht (s. Niedig 2010). Daher soll nachfolgend aus der Perspektive des Handlungsfelds der Organisation dargestellt werden, was sozialräumlich ausgerichtete Arbeit bedeuten kann. Hierzu werden am Beispiel zweier von Budde und Früchtel (2005) formulierter Aufgaben sozialräumlicher Arbeit mögliche Konsequenzen für Einrichtungen des Sehgeschädigtenwesens diskutiert.

1. Arbeiten mit den Stärken von Adressaten

Im Mittelpunkt des Stärkemodells, das nach Seifert (2010b, 72) sozialraumorientierte Fallarbeit wesentlich bestimmt, steht die Überzeugung, dass jedwedes Verhalten – auch das, was als vermeintliche Störung oder Schwäche erlebt wird – aus der Perspektive des Individuums Sinn macht. Ob ein Verhalten als Stärke oder Schwäche angesehen wird, ist kontextabhängig. Sozialräumlich argumentiert erwächst hieraus für Professionelle die Aufgabe, ausgehend vom Willen des Individuums und seinem gelebten Alltag einen Kontext zu erdenken und zu schaffen, in dem sich gezeigtes Verhalten als Stärke manifestieren kann. Diese Alltagsorientierung ermöglicht es den Professionellen, „sich an ihren [der Klientinnen und Klienten] Lebenserfahrungen und Sinnsetzungen zu orientieren, Menschen in ihren Netzwerken zu erleben, Ressourcen des Sozialen Raumes kennen zu lernen und so Betroffene in der Nutzung dieser Ressourcen zu unterstützen" (Budde/Früchtel 2005).

Die Unterstützung sehgeschädigter Menschen bei der Erschließung und der Entwicklung ihrer Stärken ist traditionelle Aufgabe der Sehgeschädigtenpädagogik. Ihr Ziel ist es, u.a. durch die „Vermittlung relevanter Kernkompetenzen und Fertigkeiten in den verschiedenen, jeweils fokussierten Gesellschaftsbereichen" „die Teilhabechancen der Betroffenen am gesellschaftlichen Leben zu erhöhen und Ausgrenzungen zu vermeiden" (Giese/Högner 2015, 128).

Im Fokus steht somit die individuelle Förderung und nicht die Gestaltung kompetenzgerechter Kontexte. Diese Perspektive vernachlässigt Netzwerke als Quelle von Ressourcen für Teilhabe und als Raum einer an den individuellen Stärken und dem Alltag orientierten Kontextgestaltung. Sozialräumlich argumentiert gilt es, Ressourcen zu erschließen und Netzwerke für die Bedarfe sehgeschädigter Menschen zu sensibilisieren und zur Schaffung kompetenzgerechter Kontexte zu qualifizieren. Die begleitende Unterstützung sehgeschädigter Menschen bei der Gestaltung von Übergängen ins soziale Netzwerk wie z.B. einen Sportverein, die Sensibilisierung und Qualifizierung von Übungsleitenden und Vereinsmitgliedern für den Umgang mit spezifischen Bedarfen und Kompetenzen sowie die Schaffung guter Sehbedingungen gehört dann ebenso zu den Aufgaben der Sehgeschädigtenpädagogik wie die individuelle Förderung von Kompetenzen.

2. Fallunspezifische Ressourcenmobilisierung

Sozialräumlich ausgerichtete Unterstützung sehgeschädigter Menschen auf ihrem Weg zu gleichberechtigter Teilhabe erfordert sowohl die Kenntnis des Individuums als auch des sozialen Raums. Hier setzt die fallunspezifische Arbeit an. Potenzielle Ressourcen eines sozialen Raumes werden erschlossen, die dann in der Arbeit mit einzelnen Menschen entsprechend ihres Bedarfs bzw. ihrer Kompetenzen abgerufen werden können. Fallunspezifische Arbeit zielt auf die Erschließung sozialen Kapitals mit dem Ziel, entsprechend dem Einzelfall Beziehungen nutzen und so Bedingungen für Teilhabe entwickeln zu können (s. Budde/Früchtel 2005).

Dies „verlangt von den Profis ein Agieren im Stadtteil, in Organisationen, in Verwaltung, in der Fachbasis, in Kommunalpolitik, in Wirtschaft, in den Medien..." (ebd. 6). So ist es beispielsweise Aufgabe von sozialräumlich agierenden Professionellen, auf Netzwerkebene mit Vereinen, Schulen, sozialen Einrichtungen ... zusammenzuarbeiten, diese zu sensibilisieren, gemeinsame Projekte zu initiieren und Ressourcen für inklusive Angebote zu erschließen. Auf sozialstruktureller Ebene geht es z.B. darum, sich für eine barrierefreie Infrastruktur einzusetzen.

Was dies für Sehgeschädigtenpädagoginnen und -pädagogen bedeutet, konkretisieren Lindmeier und Biekes (2015). Eine von ihnen an einem Förderzentrum Sehen durchgeführte Untersuchung zeigt Unterstützungsbedarf der Jugendlichen beim „Ausbau von integrativen Freizeitbeschäftigungen und daraus entstehenden Kontakten" (ebd. 286). Im Sinne einer sozialräumlichen Perspektive beschreiben die Autorinnen den Aufgabenbereich von Schule weit über die Ebene des Individuums bzw. der individuellen Förderung hinaus. „Damit Angebote im Freizeitbereich grundsätzlich barrierefrei gestaltet werden, sind Information und Weiterbildung der entsprechenden Träger von offener und kirchlicher Jugendarbeit, von Sportvereinen und anderen nötig. Kooperationen des Förderzentrums könnten den Jugendlichen signalisieren, dass es an diesen Orten der Freizeitgestaltung angemessene Vorkehrungen und eine gewisse Sensibilität für ihre Bedürfnisse gibt und ihre Unsicherheit und Angst reduzieren..." (ebd.).

Inwieweit erkennen sehgeschädigtenspezifische Einrichtungen die Arbeit auf diesen Ebenen als ihren Handlungsauftrag an? Zu welchen Anlässen und auf welche Art und Weise machen sie sich auf sozialpolitischer Ebene für gleichberechtigte Teilhabebedingungen stark? Wie und für wen erschließen sie soziales Kapital in Vereinen und Organisationen? Mit welchen Methoden sensibilisieren sie für die Belange sehgeschädigter Menschen? Wie und zu welchen Anlässen kooperieren und vernetzen sie sich fallunspezifisch mit Vereinen der Umgebung, um niederschwellig zugängliche, inklusive Angebote aufzubauen, die Menschen mit und ohne Sehbeeinträchtigungen gleichermaßen offen stehen? Inwiefern setzen sie sich für bessere Seh- und Wahrnehmungsbedingungen in ihrem Umfeld ein? Nehmen sie den menschenrechtlichen Auftrag zur Umsetzung gleichberechtigter Teilhabe als selbstverständliche Aufgabe der Einrichtung an und setzen sie ihr spezifisches Knowhow als Potenzial ein oder sehen sie ihre Aufgabe weiterhin in der Befähigung sehgeschädigter Menschen für diese Gesellschaft?

Fazit

Sozialräumlich agierende, sehgeschädigtenspezifische Einrichtungen nutzen ihr spezifisches Knowhow u.a. dazu, durch Kooperation und Vernetzung mit allgemeinen Organisationen und Einrichtungen in den unterschiedlichsten Lebensbereichen inklusive Angebote zu gestalten und sich für einen barrierefreien und sehsensiblen Sozialraum einzusetzen. Diese Einrichtungen engagieren sich auf politischer Ebene und verfolgen das Ziel, auf überindividueller und individueller Ebene Wahrnehmungsbedingungen zu schaffen, die allen Menschen gleichberechtigte Teilhabe ermöglichen. Diese Institutionen hinterfragen ihr eigenes Expertentum kritisch, erschließen und stärken Netzwerke und Ressourcen von Menschen und unterstützen sie individuell unter Beachtung ihres Willens auf ihrem Weg zu gleichberechtigter Teilhabe.

Dies erfordert lernende und flexibel arbeitende Organisationen, denn nur solche „können Lösungen entwickeln, die sich stringent am Willen von Betroffenen orientieren und Ressourcen des Sozialen Raums integrieren, weil man derart maßgeschneiderte Arrangements nicht auf Lager halten kann, sondern in jedem Einzelfall neu schaffen muss und weil die Organisation in jedem Einzelfall unterschiedliche Ressourcen mobilisieren bzw. integrieren bzw. substituieren muss" (Budde/Früchtel 2005, 9).

Einrichtungen des Sehgeschädigtenwesens als lernende Einrichtungen zu definieren, erfordert zusätzliche Ressourcen, konzeptionelle Veränderungen und die Bereitschaft zur Weiterentwicklung etablierter Strukturen. Dieser Kongress kann einen Beitrag hierzu leisten.

Literatur

Biermann, H. (2008): Pädagogik der beruflichen Rehabilitation. Eine Einführung. Stuttgart: Kohlhammer.

Bildungsbericht (2014): Bildung in Deutschland 2014. Ein indikatorengestützter Bericht mit einer Analyse zur Bildung von Menschen mit Behinderungen. Bielefeld.

Bittlingmayer, U.H. (2005): „Wissensgesellschaft" als Wille und Vorstellung. Konstanz: UVK Verlagsgesellschaft.

Booth, T./Ainscow, M. (2002): Index for Inclusion. Developing learning and participations in schools. Bristol: Center for Studies on Inclusive Education.

Bourdieu, P. (1985): Sozialer Raum und „Klassen". Leçon sur la leçon. Zwei Vorlesungen. Frankfurt am Main: Suhrkamp.

Bremer, H. (2007): Soziale Milieus, Habitus und Lernen. Zur sozialen Selektivität des Bildungswesens am Beispiel der Weiterbildung. Weinheim und München: Juventa Verlag.

Budde, W./Früchtel, F. (2005): Sozialraumorientierte Soziale Arbeit – ein Modell zwischen Lebenswelt und Steuerung. In: Nachrichtendienst des Deutschen Vereins, Heft 7. 238 – 242 und Heft 8. 287 – 292.

Denninghaus, E. (2014): Die berufliche Teilhabe blinder und sehbehinderter Menschen. DBSV Jahrbuch.

Drolshagen, B.(2015): Über das inklusive Potenzial blinden- und sehbehindertenspezifischer Bildungseinrichtungen. Überlegungen zum Aufsatz von Martin Giese und Nadja Högner aus menschenrechtlicher Perspektive. In: blind-sehbehindert. 135 Jg. Heft 3. 207-212.

Früchtel, F./Cyprian, G./Budde, W. (2009): Sozialer Raum und Soziale Arbeit. Textbook: Theoretische Grundlagen. 2. Aufl. Wiesbaden.

Früchtel, F./Budde, W. (2010): Bürgerinnen und Bürger statt Menschen mit Behinderungen. Sozialraumorientierung als lokale Strategie. In: Teilhabe. Heft 2. 54 – 61.

Giese, M. / Högner, N. (2015): Über das inklusive Potenzial blinden- und sehbehindertenspezifischer Bildungseinrichtungen. In: blind/sehbehinderte. 135 Jg. Heft 2. 126 – 132.

Hinte, W./Treeß, H. (2007): Sozialraumorientierung in der Jugendhilfe. Theoretische Grundlagen, Handlungsprinzipien und Praxisbeispiele einer kooperativ-integrativen Pädagogik. Weinheim/München.

Krach, St. (2010): Sozialraumorientierung in der Behindertenhilfe durch stadtteilorientierte Netzwerkarbeit. In: Stein, A.-D./Krach, St./Niediek, I. (Hrsg.): Integration und Inklusion auf dem Weg ins Gemeinwesen. Möglichkeitsräume und Perspektiven. Bad Heilbrunn. 87-88.

Lang, M. (2008): Inklusion: Dabei sein ist alles? In: blind/sehbehindert. 128 Jg. Heft 2. 155 - 158.

Liebsch, K. (2008): Identität und Habitus. In: Hermann Korte/Bernhard Schäfers (Hrsg.): Einführung in Hauptbegriffe der Soziologie. 7., grundlegend überarbeitete Auflage. Wiesbaden: Verlag für Sozialwissenschaften, 69-87.

Lindmeier, B./Bickes, L. (2015): Freundschaften und Freizeitsituation von Jugendlichen mit einer Sehbehinderung. In: Zeitschrift für Heilpädagogik. 66. Jg. Heft 6. 276-288.

LVR-Integrationsamt (2014): Sehbehinderung im Beruf. Unterstützungsangebote des LVR-Integrationsamtes für betroffene Menschen und Arbeitgeber. Eine Broschüre des Landschaftsverbands Rheinland.

Malecki, A. (2014): Sonderpädagogischer Förderbedarf – eine differenzierte Analyse. In: Wirtschaft und Statistik. Statistisches Bundesamt, 591-602.

Meuser, M. (2007): Repräsentation sozialer Strukturen im Wissen. Dokumentarische Methode und Habitusrekonstruktion. In: Ralf Bohnsack/Iris Nentwig-Gesemann/Arnd-Michael Nohl (Hrsg.): Die dokumentarische Methode und ihre Forschungspraxis. Grundlagen qualitativer Sozialforschung. 2., erweiterte und aktualisierte Auflage. Wiesbaden: Verlag für Sozialwissenschaften, 209-225.

Montag Stiftung (2015): Inklusion vor Ort. Der Kommunale Index für Inklusion – ein Praxishandbuch.

Niedig, I. (2010): Über die Herausforderung, Person und Sozialraum gleichzeitig zu denken. In: Stein, A.-D./Krach, St./Niediek, I. (Hrsg.): Integration und Inklusion auf dem Weg ins Gemeinwesen. Möglichkeitsräume und Perspektiven. Bad Heilbrunn. 89-96.

Seifert, M. (2010a): Das Gemeinwesen mitdenken – Herausforderungen für die Behindertenhilfe. In: Stein, A.-D./Krach, St./Niediek, I. (Hrsg.): Integration und Inklusion auf dem Weg ins Gemeinwesen. Möglichkeitsräume und Perspektiven. Bad Heilbrunn. 32-50.

Seifert, M. (2010b): Kundenstudie. Bedarf an Dienstleistungen zur Unterstützung des Wohnens von Menschen mit Behinderung. Berlin.

van Essen, Fabian (2013): Soziale Ungleichheit, Bildung und Habitus. Möglichkeitsräume ehemaliger Förderschüler. Wiesbaden: Springer VS.

Walthes, R. (2014): Einführung in die Pädagogik bei Blindheit und Sehbeeinträchtigung. München: Ernst Reinhardt Verlag.

Wansing, G. (2005): Teilhabe an der Gesellschaft - Menschen mit Behinderung zwischen Inklusion und Exklusion. Wiesbaden.

Autoren

Dr. Birgit Drolshagen, Akademische Oberrätin im Lehrgebiet Rehabilitation und Pädagogik bei Blindheit und Sehbeeinträchtigung, TU Dortmund

Dr. Fabian van Essen, Vertretungsprofessor für das Fachgebiet Behinderung und Inklusion, Hochschule für Gesundheit Bochum

JOSEF ADRIAN

Inklusion braucht differenzierte Strukturen

Subsidiäre, professionelle sonderpädagogische Unterstützung und Beratung mit Struktur (structura: Aufbau, Gefüge)

Vorbemerkungen zum vielleicht etwas nüchtern und trocken klingenden Thema:
1. Strukturen haben ausschließlich eine Berechtigung, wenn sie den Menschen dienen und – in diesem Kontext – Inklusion ermöglichen.
2. Inklusion darf nicht auf Zufällen basieren und vom Wohlwollen Einzelner abhängig sein. Wir verfügen inzwischen über ausreichend Erfahrung, um strukturelle Gelingensbedingungen benennen zu können.

Wenn nachfolgend Strukturen thematisiert werden, stehen immer junge Menschen mit Sehbehinderung oder Blindheit im Mittelpunkt des Interesses. Dabei gehen wir von insgesamt mehr als 20.000 jungen Menschen mit Sehbehinderung und deutlich mehr als 1.000 jungen Menschen mit Blindheit in den allgemeinbildenden und beruflichen Schulen allein in der Bundesrepublik Deutschland aus. Sie alle haben Bedarf an sonderpädagogischer Unterstützung und Beratung in unterschiedlichem individuellem Ausmaß.

Auch wenn diese Zahl auf den ersten Blick hoch erscheint, ist sie doch relativ gering im Vergleich zu anderen Förderschwerpunkten. Qualitativ unterscheidet sich der Förderschwerpunkt Sehen von diesen, weil die jungen Menschen mit Sehbehinderung und Blindheit einen ausgesprochen hohen spezifischen sonderpädagogischen Unterstützungsbedarf haben. Früher wie heute besuchen junge Menschen mit Sehbehinderung nur zu einem relativ geringen Teil die stationären Bildungseinrichtungen für Sehgeschädigte, die trotz der immer wieder mal reklamierten Deutungshoheit bezüglich des „richtigen" Angebotes oftmals weniger als 50 % von ihnen erreichen. Lediglich da, wo es ein umfassendes mobiles, differenziertes sonderpädagogisches Angebot für junge Menschen mit Sehschädigung in Gestalt eines

Förderzentrums für die Inklusion gibt, werden über 90 % aller jungen Menschen mit Sehbehinderung sonderpädagogisch erreicht. Das belegen die Zahlen Schleswig-Holsteins.

Ein solches sonderpädagogisches Förderzentrum Sehen, das vielleicht zutreffender Bildungs- und Beratungszentrum heißen könnte, weil es sich nicht über die sonderpädagogische Förderung im traditionellen Sinne definiert, unterstützt und berät wohnortnah junge Menschen mit Sehschädigung und ihr Umfeld in Erziehung, Bildung und Ausbildung. Es hält kein eigenes stationäres Schul- und Unterrichtsangebot vor, dafür aber ein differenziertes und strukturiertes Unterstützungs- und Beratungsangebot im Früh- und Elementarbereich sowie in allen Schulformen bis zum Ausbildungsende.

Selbstverständlich gehört zu einem solchen sonderpädagogischen Angebot, das auf Inklusion ausgerichtet ist, auch der Aufgabenbereich, junge Menschen mit Mehrfachbeeinträchtigungen und dem Förderschwerpunkt Sehen in den wohnortnahen Schulen zu unterstützen, auch wenn sie, wie derzeit noch überwiegend, Schüler/innen stationärer Bildungseinrichtungen sind. Die sonderpädagogische Versorgung möglichst aller jungen Menschen mit dem Förderschwerpunkt Sehen hat höchste Priorität. Ermöglicht wird sie durch ein vom Förderort unabhängiges Unterstützungs- und Beratungskonzept, das auch im inklusiven Kontext umzusetzen ist, wann immer sich die Chance dazu bietet.

Ein Förderzentrum, das sich in diesem Sinne der Inklusion verpflichtet, unterliegt klaren Leitideen:

1. Subsidiarität der Sonderpädagogik

   Sonderpädagogik in der Inklusion nimmt deutlich Abstand vom Anspruch, ausschließlich selbst für die Erziehung, Bildung und Ausbildung der jungen Menschen verantwortlich zu sein. In der Inklusion sind der wohnortnahe Kindergarten, bzw. die wohnortnahe allgemeinbildende oder berufliche Schule die jeweils in erster Linie verantwortlichen Bildungseinrichtungen. Das Förderzentrum Sehen hilft ihnen in der Wahrnehmung dieser Verantwortung, indem es sie, die jungen Menschen und die Personen des Umfeldes in Familie, Schule und Ausbildung, sonderpädagogisch unterstützt und berät. In diesem subsidiären Verständnis trägt die Sonderpädagogik Verantwortung für Barrierefreiheit und Chancengleichheit bei unterschiedlicher individueller Ausgangslage der jungen Menschen. Sie richtet den Blick auf das Individuum als Teil des jeweiligen Systems, berücksichtigt und stärkt die vorhandenen Ressourcen, bringt die fachliche Expertise ein und gestaltet die notwendigen Rahmen- und Sachbedingungen mit.

2. Sonderpädagogik unterstützt die Inklusion in einem Schulsystem, das trotz vieler guter Beispiele aufs Ganze gesehen im besten Fall auf dem Weg ist, inklusiv zu werden. In der Alltagspraxis ist das allgemeine Schulsystem nach wie vor segregierend. Es ist in diesem Zusammenhang u. a. auch Aufgabe der Sonderpädagogik, im Interesse der zu unterstützenden jungen Menschen Tendenzen und Praktiken der Ausgrenzung aufzudecken, sichtbar zu machen und an ihrer Überwindung mitzuwirken. Diese Aufgabe kann Sonderpädagogik bis auf Weiteres am ehesten von außen leisten und benötigt zu diesem Zweck im Verhältnis zur allgemeinen Pädagogik eine relative Autonomie. Die bisherige Erfahrung in inklusiven Settings zeigt, dass sonderpädagogische Ressourcen in der Zuordnung zu den dortigen Leitungen im Alltag der Schulsysteme, der (je nach Sichtweise) immer von Ressourcenmangel betroffen ist, fachfremd zu versickern drohen. Teilweise greifen Schulentwickler und -leitungen auch unverhohlen die sonderpädagogische Ressource zur Qualitätsverbesserung des Unterrichts ab, ohne dass die Inklusion davon profitiert. Die Tatsache, dass in einzelnen Bundesländern die sogenannte Inklusionsquote stetig steigt, ohne dass die Anzahl der Schüler/innen mit sonderpädagogischem Förderbedarf in Sonderschulen oder stationären Förderzentren sinkt, spricht Bände. Dem kann widerstanden werden, wenn inklusiv angelegte Sonderpädagogik eigenständig in entsprechend strukturierten Organisationsformen („Förderzentren ohne Schüler/innen") mit konkreten Kooperationskonzepten und eigener Leitung von außen kommt. Alternativ kann Sonderpädagogik in größeren Systemen als relativ eigenständige Einheit, die sich in der jeweiligen Schulleitung abbildet, agieren.

3. In einer fortgeschrittenen Inklusionsphase, in der, wie in einzelnen Bundesländern der Fall, deutlich über 50 % aller Schüler/innen mit verschiedenen Förderbedarfen (Förderschwerpunkt Geistige Entwicklung erst in Ansätzen) in der Inklusion sind, entsteht neuer Strukturierungs- und Regelbedarf hin-

sichtlich der personellen und sächlichen Ressourcensteuerung. Mit Blick auf die zahlenmäßig großen Förderschwerpunkte gefährden als erforderlich angesehene strukturelle Anpassungen (neue Zuschnitte, Zusammenlegungen von Förderschwerpunkten, Bildung kommunaler oder regionaler Stützpunkte, Verwaltungsvereinheitlichungen u. a. m.) das fachlich differenzierte Angebot eines zahlenmäßig kleineren Förderschwerpunktes Sehen. Während z. B. im Förderschwerpunkt Lernen effektive sonderpädagogische Einheiten/Organisationsformen auf kommunaler und regionaler Ebene existieren können, gilt das gerade nicht für den Förderschwerpunkt Sehen mit seinem hohen personellen und sächlichen Spezialisierungs- und Differenzierungsbedarf bei geringer Prävalenz.

4. Ein spezialisiertes und differenziertes sonderpädagogisches Angebot auf der statistischen Grundlage, dass auf 1.000 Schüler/innen zwei mit Sehbehinderung und auf 10.000 Schüler/innen ein junger Mensch mit Blindheit kommen, erfordert – je nach Bevölkerungszahl – eine Organisationsform, die kreisübergreifend, auf Bezirks- oder bei kleinen Bundesländern auf Landesebene angelegt ist. Nur in einem Förderzentrum dieser Größenordnung lassen sich die sehgeschädigtenspezifischen personellen und Ressourcen zu einem pädagogisch wie sächlich qualifizierten Angebot für junge Menschen mit Sehbehinderung und Blindheit vom ganz jungen Alter bis zum Ausbildungsende, einschließlich tragfähiger Peergroup-Angebote, bündeln. Es versteht sich von selbst, dass ein strukturiertes Angebot in entsprechender Größenordnung, das sein multiprofessionelles Fachpersonal und die sächlichen Ressourcen flexibel den unterschiedlichen individuellen Bedarfen gemäß einsetzt, nur von einer inhaltlich und organisatorisch eigenständigen Sehgeschädigtenpädagogik geleistet werden kann. In diesem Sinne ist die Eigenständigkeit eine wesentliche Qualitätsbedingung, ein möglichst hoher Grad der Vernetzung mit allen anderen Förderschwerpunkten allerdings ebenso.

Konzepte des Förderzentrums Sehen in der Inklusion

Sonderpädagogische Unterstützung und Beratung in der Inklusion junger Menschen mit Sehschädigung grenzen sich klar vom Begriff der Betreuung ab. Unterstützung und Beratung ist ein qualitativer Anspruch, der ein eigenständiges sonderpädagogisches Bildungsangebot in der Inklusion erst legitimiert. Leider ist dieser Grundsatz in vielen Bildungseinrichtungen des Förderschwerpunktes Sehen in der Bundesrepublik noch nicht wirklich zum Tragen gekommen. Zu oft fristet die mobile sonderpädagogische Arbeit, die inzwischen an den meisten Einrichtungen praktiziert wird, das Dasein eines geduldeten Appendixes der jeweiligen Gesamtorganisation, in der nach wie vor das stationäre Angebot konzeptionell dominiert. Entsprechend wird im Randbereich, dem mobilen Dienst, „betreut". Das Personal, das im stationären Bereich möglichst fachbezogen eingesetzt wird, agiert hier eher nach regionalen als nach differenzierten fachlichen Kriterien.

Sonderpädagogische Unterstützung und Beratung ist individuell, flexibel und bedarfsorientiert. Sie stärkt den jungen Menschen persönlich in der Inklusion, gestaltet die Rahmenbedingungen mit und berät die familiär und professionell beteiligten Personen in den jeweiligen Umfeldern. Dabei werden keine Konzepte übergestülpt, sondern es wird versucht, vorhandene geeignete Ansätze positiv zu beeinflussen und Barrieren jeglicher Art zu überwinden. Die systemisch angelegte Beratung beruht auf lösungsorientierten Konzepten. Das gilt auch für das Austragen von Konflikten, die möglichst als normaler Bestandteil des Arbeitsalltags im allgemeinen Bildungssystem angesehen werden. Es gilt, mit widerstreitenden Interessen, Alltagszwängen, Voreinstellungen und sogenannten Sachzwängen so positiv wie möglich umzugehen und Lösungen zu suchen, um Barrierefreiheit zu erreichen. Die Schülerinnen und Schüler werden frühzeitig in die Lösungssuche eingebunden und darin unterstützt, zunehmend selbstständig ihre Bedarfe zu artikulieren und dafür einzutreten.

Peergroup-Angebote erhalten die jungen Menschen, die sich in Bezug auf ihr Sehverhalten als Einzelne vor Ort erleben, im Förderzentrum, das ansonsten kein eigenes umfassendes Unterrichtsangebot vorhält. Zwei- bis dreimal im Jahr erhalten sie jeweils für ein paar Tage die Möglichkeit, sich als Teil einer Gemeinschaft von altersgleichen jungen Menschen zu erleben, die über ähnliche

Erfahrungen in der Inklusion verfügen. Diese werden in der Peergroup aufgegriffen, im gemeinsamen Austausch und unter Anleitung aufgearbeitet. In einem erweiterten Bildungsangebot werden fachliche, auf den Lehrplan Sonderpädagogik bezogene Ziele verfolgt und Lernangebote gemacht, die insbesondere der Entwicklung sozialer Kompetenz in den unterschiedlichsten Lebensbezügen und der Identitätsentwicklung unter erschwerten Bedingungen dienen.

Erweitertes Curriculum statt Old School: Sehgeschädigtenspezifische Unterstützung und Beratung in der Inklusion ist in vielfacher Hinsicht differenziert, hält entsprechende fachliche Expertise vor und ist multiprofessionell entsprechend den KMK-Richtlinien von 1998, die zu dieser Zeit bereits ein Erweitertes Curriculum als Lehrplanbasis vorsehen. Leider sind die KMK-Richtlinien nach fast zwanzig Jahren in kaum einem Bundesland außer Schleswig-Holstein umgesetzt. Es ist zu wünschen, dass die aktuellen Diskussionen und Veröffentlichungen dem Erweiterten Curriculum zum allgemeinen Durchbruch verhelfen. Überall, wo sonderpädagogische Förderung weiterhin im traditionellen Unterrichtskanon der Sonderschulen als Nonplusultra der Sehgeschädigtenpädagogik angesehen wird, kann eine adäquate Umsetzung höchstens rudimentär gelingen. Ein mobiles Angebot auf dieser Basis, dem auch gerne Lehrkräfte in Doppelfunktion (stationäre Schule und Mobiler Dienst) zugeordnet werden, „damit sie die Bodenhaftung nicht verlieren", droht trotz des persönlichen Engagements der Lehrkräfte letztlich eine Inklusions-Alibiveranstaltung zu bleiben, weil es der Inklusion im Kern widerspricht und bestenfalls Sonderschulpädagogik in den „gemeinsamen Unterricht" bringt. Auch ein als Inklusionsbeitrag verstandenes Angebot, Regelschullehrkräfte durch aufwändige Zertifikatskurse zur fachlichen „Inklusionsreife" in der Unterrichtung junger Menschen mit Sehschädigung zu führen, kann dahingehend hinterfragt werden, ob es nicht die Inklusion ebenso konterkariert wie anderenorts die Aufnahme nicht behinderter Schüler/innen in Sonderschulen.

Verzweifelte Versuche, „Bewährtes" zu retten? Old School hat Peter Rodney das genannt und „alte Konzepte" als Antwort auf die neuen Herausforderungen der Inklusion als eine wesentliche Ursache für die von ihm benannten Fehlentwicklungen der Sehgeschädigtenpädagogik im dänischen Bildungssystem identifiziert (Vortrag VBS-Kongress Graz 2016).

Die Realisierung eines den individuellen Voraussetzungen angemessenen Bildungsangebotes in Schule und Unterricht einschließlich der sozialen Einbindung, die Thematisierung des sozial-emotionalen Wohlbefindens und die Herausbildung sozialer Kompetenzen in unterschiedlichen Lebensbezügen, darunter auch die Befähigung zu Orientierung und Mobilität, lebens- und arbeitspraktischen Fertigkeiten oder ästhetischen Kompetenzen sind elementare Ziele eines spezifischen, erweiterten Bildungsangebotes in der Inklusion. Ein weiteres elementares Anliegen inklusiver Sonderpädagogik ist die intensive Vorbereitung und Gestaltung von Übergängen in der Schulzeit, in den Schulstufen und insbesondere ins Berufsleben (vor und nach der Ausbildung). Vielleicht liegt hier ein Schlüssel, Fehlentwicklungen, wie Peter Rodney sie beschreibt, vermeiden zu können.

Struktur des Förderzentrums Sehen in der Inklusion

Das Förderzentrum Sehen, das den beschriebenen Ansprüchen genügen kann, lässt sich so beschreiben:

Jeder junge Mensch mit Sehbehinderung oder Blindheit vom Früh- und Elementarbereich bis zum Ende der Ausbildung hat im Förderzentrum Sehen eine Lehrkraft als Ansprechpartner, die fachlich auf einen der folgenden Bereiche spezialisiert ist:

- Früh- und Elementarbereich
- Schülerinnen und Schüler mit Sehbehinderung an allgemeinen Schulen
- Schülerinnen und Schüler mit Blindheit an allgemeinen Schulen
- Schülerinnen und Schüler in der Berufsorientierung und Berufsausbildung
- Schülerinnen und Schüler mit den Förderschwerpunkten Geistige Entwicklung und Sehen

Die Verteilung der Lehrkräfte hinsichtlich der Dienstorte im Einzugsbereich des Förderzentrums unterliegt der Passung fachlichen Bedarfs in einer Region und ökonomischer Kriterien in Bezug auf die Fahrtwege. Von hier aus agieren die Lehrkräfte in den Familien sowie in den Bildungs- und Ausbildungseinrichtungen ihres Einzugsbereiches. Hier wird die Bedeutung der Größe des Einzugsbereiches anschaulich: Wer die Zuständigkeit mobil agierender Lehrkräfte auf kleinere Regionen beschränkt, handelt auf dem Hintergrund der Prävalenzrate im Förderschwerpunkt Sehen auf Kosten der Fachlichkeit.

In ihrem jeweiligen fachlichen Bereich sind die Lehrkräfte über das Förderzentrum miteinander vernetzt, treffen sich hier regelmäßig, tauschen sich aus, lernen voneinander und miteinander. Für ihre Arbeit mit den jungen Menschen vor Ort stehen ihnen bei Bedarf zusätzliche Fachleute („**Spezifische Angebote**") Sehdiagnostik, Orientierung und Mobilität, lebens- und arbeitspraktische Fertigkeiten, psychologische Unterstützung u. a. m. zur Verfügung, die allen fachlichen Bereichen zuarbeiten und wichtige Garanten des Erweiterten Curriculums sind. Gleichzeitig kann im Kollegium Rückgriff auf zusätzliche fachliche Expertisen in einzelnen Unterrichtsfächern, z. B. in Leistungsfächern der gymnasialen Oberstufe oder musischen Fächern genommen werden. Das gesamte personelle System ist auf ein Höchstmaß an Flexibilität bei gleichzeitiger Verbindlichkeit ausgerichtet und unterliegt dem Grundsatz: Nicht jedes Kind, nicht jede/r Jugendliche braucht zu jedem Zeitpunkt gleich viel Unterstützung. Auf der Basis verlässlicher Absprachen und Vereinbarungen mit den Kooperationspartnerinnen und -partnern vor Ort entscheiden die Lehrkräfte des Förderzentrums je nach erkennbarem individuellem Bedarf, wo sie aktuell die Schwerpunkte ihrer Unterstützung und Beratung setzen. Die Corporate Identity eines Förderzentrums, das Verantwortungsgefühl möglichst aller Mitarbeiter/innen für das Ganze, der regelmäßige fachliche Austausch mit den Fachkolleginnen und -kollegen, Fallbesprechungen, verlässliche Teamstrukturen und flache hierarchische Strukturen in der professionellen Leitung fördern das Gelingen.

Die Unterstützung und Beratung vor Ort wird im Förderzentrum ergänzt durch **Seminar**angebote für Lehrkräfte und das schon erwähnte **Peergroup**-Angebot, innerhalb dessen die Schülerinnen und Schüler mit Sehbehinderung und Blindheit in der Inklusion mehrmals im Jahr die Möglichkeit haben, zu Kursen ins Förderzentrum zu kommen, um hier sich gemeinsam zu erleben, auszutauschen und zu lernen. Dabei ist es für die jungen Menschen hinsichtlich vieler Themenbereiche wichtig, über vergleichbare Erfahrungen zu verfügen, weshalb altershomogene Gruppen gebildet werden, die wiederum nur möglich sind, wenn eine bestimmte Anzahl junger Menschen ansprechbar ist. Ein wichtiger und gewünschter Nebeneffekt dieses Peergroup-Angebotes ist die Bildung von Freundschaften oder Selbsthilfe-Kontakten, die über die Schulzeit hinaus Bestand haben.

Für die Erprobung von individuell angemessenen Hilfsmitteln und die leihweise zur Verfügung gestellte sachliche Ausstattung in Schule, Unterricht und Ausbildung der jungen Menschen im Förderschwerpunkt Sehen ist ein gut bestücktes und organisiertes Medienzentrum unabdingbar. Je mehr Ressourcen hier gebündelt werden können, umso mehr Möglichkeiten bestehen, Sehhilfen, andere Hilfsmittel, Lehr- und Lernmittel auf aktuellem fachlichem Niveau vorzuhalten und flexibel einzusetzen. Die Organisation des Medienzentrums wie die der gesamten Verwaltung des Förderzentrums erfordert ebenso wie das pädagogische Angebot flexible Strukturen und eine anspruchsvolle, engagierte Professionalität aller Mitarbeiter/innen, selbstverständlich einschließlich der Leitung.

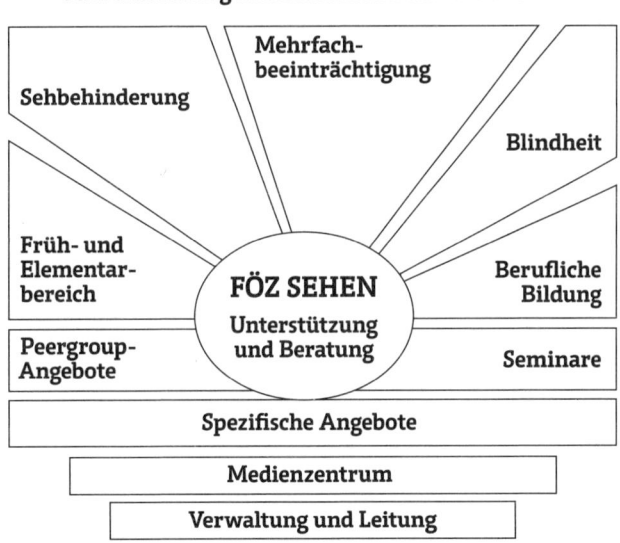

Abbildung: Das Organigramm eines Förderzentrums Sehen in der Inklusion fasst die Ausführungen in einem Schaubild zusammen: In der Mitte steht in einem Kreis „FöZ-Sehen". Um den Kreis sind im oberen Bereich der Abbildung die Bereiche Früh- und Elementarbereich bis Berufsorientierung in Segmenten aufgefächert. Im unteren Bereich sind in vier rechteckigen Kästen untereinander (von oben nach unten) aufgeführt: Peergroup-Angebote/Seminare; Spezifische Angebote; Medienzentrum; Verwaltung und Leitung.

Ergänzende Anmerkungen zu zwei besonderen Bereichen

Die inklusive Ausrichtung des Förderzentrums Sehen ist kein Hinderungsgrund, die jungen Menschen mit **Mehrfachbeeinträchtigung und Sehschädigung,** die noch in den Sonderschulen und Förderzentren Geistige Entwicklung sind, sehgeschädigtenspezifisch zu unterstützen und zu beraten. Gerade der kritische Blick auf ein Bildungssystem, das ausgrenzt, und der „inklusive" Anspruch, Ausgrenzungen zu überwinden, schärfen die Wahrnehmung für die Bedarfe dieser jungen Menschen.

Die stationären Einrichtungen für Sehgeschädigte erreichen mit ihren Abteilungen für Schüler/innen mit Mehrfachbeeinträchtigung nur einen Bruchteil dieser insgesamt über zehntausend jungen Menschen in der Bundesrepublik Deutschland. Lediglich mobil arbeitende Förderzentren, die auch hier ihren Auftrag sehen, erreichen eine größere Anzahl. Es zeigt sich, dass die gleichen Förderzentrumsstrukturen, die der Inklusion förderlich sind, auch hier ihre positive Wirkung entfalten können, wenn es pädagogisch und bildungspolitisch gewollt ist. Der enorme Bedarf, der im Übrigen auch in den Werkstätten für Menschen mit Behinderung besteht, ist bekannt. Die eklatante Unterversorgung gehört im Interesse der betroffenen Menschen abgeschafft! Wenn die Inklusion im Bereich Geistige Entwicklung fortschreitet, ist das Förderzentrum Sehen selbstverständlich dabei.

Ein besonderer Schwerpunkt der inklusiven Ausrichtung des Förderzentrums ist die **Berufsorientierung** mit dem Ziel der beruflichen Inklusion im engeren und weiteren Umfeld des Wohnortes, möglichst im Beruf der eigenen Wahl. Es gibt keinen Grund, mit dem ersten, mittleren oder höheren Schulabschluss die Inklusion zu beenden. Im Gegenteil, das Förderzentrum Sehen in der Inklusion begleitet, unterstützt und berät die jungen Menschen auch im Übergang in den Beruf und während der Berufsausbildung im inklusiven Kontext. Mit seiner differenzierten Fachlichkeit und dem multiprofessionellen Fachpersonal ist das Förderzentrum Sehen im Bereich Berufsorientierung und -ausbildung mit seinen spezifischen Angeboten zur Umsetzung des Erweiterten Curriculums der natürliche Partner der wohnortnahen berufsbildenden Schulen, die ihrerseits der Inklusion verpflichtet sind. Mit Kooperationsverträgen, z. B. mit der Agentur für Arbeit und der Vernetzung mit allen am Ausbildungsprozess beteiligten Personen und Institutionen und dem Instrument des Nachteilsausgleiches lässt sich das Ausbildungsspektrum für Menschen mit Sehschädigung im Vergleich zu stationären sehgeschädigtenspezifischen Einrichtungen um ein Vielfaches erweitern. Langjährige Erfahrungen zeigen, dass Wunschberufe auch für junge Menschen mit Sehschädigung auf diesem Wege realisierbar sind.

Inklusion ...

- ist anspruchsvoll und stellt eine permanente Herausforderung dar, weil sie in einer Gesellschaft gelingen soll, die diesbezüglich erst auf dem Wege ist. Aus diesem Grunde ist die Realisierung von Inklusion bisweilen aufwändig, anstrengend und voller Rückschläge.
- ist bisweilen erfreulich leicht umzusetzen. Solche Erfahrungen sind wertvoll und besonders motivierend. Ein Unterstützungs- und Beratungsverständnis, das Widerstände akzeptiert und als positiv wertet, ist notwendig und hilfreich.
- muss mit neuen Menschen an neuen Orten neu erarbeitet werden. Damit sie nicht ständig neu erfunden werden muss, sind verlässliche Strukturen notwendig.
- kann auf viele Jahre Erfahrung bauen, in denen tragfähige Konzepte und Strukturen entwickelt worden sind. Diese haben sich bewährt und können auf andere Bundesländer übertragen werden, wenn die Bereitschaft zum Umdenken vorhanden ist.
- erfordert nicht die Abschaffung sonderpädagogischer Einrichtungen, erst recht nicht, solange das Allgemeine Schulsystem erst auf dem Weg ist, inklusiv zu werden. Eine starke, autonome Sonderpädagogik ist notwendig, um diese Entwicklung im Sinne der jungen Menschen mit Förderbedarf positiv zu beeinflussen. Das wird sie nicht mit alten Konzepten und Strukturen traditioneller stationärer Angebote („old school") erreichen. Neue Konzepte in Passung zur Inklusion sind notwendig, auch um für die Zukunft eine flächendeckende qualifizierte sonderpädagogische Unterstützung zu sichern.
- braucht eine starke, eigenständige Sehgeschädigtenpädagogik, die in ein differenziertes Netzwerk eingebunden ist.
- ist ein Prozess, der sich lohnt. Als anschauliches Beispiel sei auf den LFS-Film verwiesen (www.lfs-schleswig.de/lfs-film.html).

PETER RODNEY-JENSEN

Individual and social premises for inclusion of visually impaired students

The process of inclusion of visually impaired students is in focus in many European countries. There is a tendency towards thinking that inclusion is good in itself and the more the better. But several research projects questions this. More and more students don't get an educational degree and even worse, they don't get a job. The unemployment rate is extremely high in Europe, between 70 and 85% depending om how you measure. Several projects and programs aim to change this situation, but none really goes deep into finding out why this problem occur at all. Why does visually impaired students have to „learn" to go to work?

What is missing in the inclusive educational school system? Students without impairment gets jobs (if there are any), but visually impaired students have to be trained in special programs to get jobs. This intervention is often set in too late and is often rather costly.

So what are we doing wrong? What is absent in the current school curriculum? What have we overlooked? Answers to these questions will be outlined in this paper.

It is important to underline that there is absolutely nothing wrong with promoting inclusion in itself. Inclusion is the best way of educating visually impaired students. The important issue to focus on is the premises for inclusion and the contend of the needed curriculum.

Inclusion is a balance between pedagogical ideology and social and individual reality. The Salamanca and UN convention speaks for inclusion. Students at universities are taught that inclusion is the best way of teaching. But without considerations of the premises in the social context or in the individual or personal constitutions of the impaired person.

Inclusion is often regarded as a process of change, that can be decided and then be launched with success. If inclusion shall be successful, it is essential to review the specific premises or frame conditions.

How does present society cope with people who are different – and how is the individual person able to meet the expectations from that society?

Attitudes in the surrounding society

Attitude is a learned matrix or advance readiness. It is a mental factor, which explains human behavior and predicts our future activities. Attitudes are functional since we don't have to build up an approach whenever we engage in an interaction with other people.

You can argue that it would be a more "fair" world, if people did not have these pre opinions, but you must realize that attitudes express our values in central areas of life e.g. religion and humanity. Attitudes form or shape our knowledge and experiences and create meaningful connections. They play a big role in our identity.

Attitudes consists of 3 aspects

- A cognitive one, how we see and understand the world.
- An emotional one, how we value actions and beliefs in other persons in either a positive or negative way.
- An action point, that makes us act in one way rather than the other.

The emotional aspect is the most important or dominant part of an attitude. Absent of knowledge (cognitive) leads to a simple positive or negative interpretation. That is why attitudes become prejudices and stereotypies on e.g. disabled people.

The usual public reaction to such attitudes is information campaigns. As I show later, unfortunately without much effect.

What is the attitude towards disabled people in Denmark?

In general, people approves that people with a disability should have the possibilities as other people have. 80 % of students in the mainstream school thinks that you should treat children with a disability equal to other children.

But if you ask these questions closer to the daily life the answers are quite different.

Attitude in the Danish labor market

77% of people without disability are in job. But for people with disability the percentage is 27-67% depending on disability degree.

This is independent of education degree or level. On all educational levels people with a disability have a lower employment rate.

A survey went deeper into the attitudes towards disabled people.

One question was: "Whom would you rather not have as a colleague?"

- 42% would rather not/not at all have a person with psychiatric disorder as a colleague.
- 21% would rather not/not at all have a person with visual impairment as a colleague.
- 6% would rather not/not at all have a person with cerebral palsy as a colleague.

What was the general attitude in the school?

- 57 % of the students would not approve to sit next to a person with cerebral palsy.
- 51 % of the students would not approve to sit next to a person who was blind.
- 31 % of the students would not approve to sit next to a person who was a wheelchair user.

The attitude outside the school, in the public arena

- 72 % thought it would be embarrassing to be seen in the street walking with a person who had cerebral palsy.
- 70 % thought it would be embarrassing to be seen in the street walking with a person who was blind.
- 48 % thought it would be embarrassing to be seen in the street walking with a person who was a wheelchair user.

The Danish ministry of education found these figures disturbing and launched an information campaign with educational material. The educational package was meant to change these attitudes, but the outcome was devastating:

- „Sitting beside an impaired student" was changed 10 %
- „The embarrassing meeting" was changed from 2 to 5 %

This shows that cognitive intervention in the form of information only changes peoples attitude in a very limited way.

The aspect of attitudes in society and schools are a major element when we talk of inclusion. Attitudes are difficult to change, but it is important always to remember that they have a huge impact on the process of inclusion. We, the professionals and the visually impaired students, have to learn to live with this reality. We will all meet people, of whom we think they have the "wrong" attitude, but that is the reality in many social settings today. Instead we must put our joined forces in arenas where we can make things change. That is in the individual personal constitutions of the visually impaired persons.

Mental or personal requirements for inclusion

What personal or individual demands are required in a person, so he or she can be included? We know that some types of disability are easier to include than other. E.g. are wheelchair users easier to include than autistic children.

There are important cultural requirements. You should be able to interact referring to your common cultural context. I have often met blind boys saying: "I cannot discus football with the other boys because I am blind and because football does not interest me". This is wrong. You always have opinions or experiences. This has nothing to do with sight. If you want to be a part of a social gathering, you have to interact on the premises of the majority. This does not mean you have agreed, but you have to be able to express your opinion. This is emotional competence.

Emotional competence

All this leads to the requirement of emotional competence. Which is a part of attachment competence and impulse control. It is the ability to stand frustration. It is the ability to understand other people's emotions, intentions and motives. It is the ability to get motivated and maintain your own motives.

Central in this thinking is the ability to choose and understand the implications of a choice, while you at the same time recognize the importance of your own responsibility in acting and solving problems.

The development of all these areas of competence is essential for the individual visually impaired person if inclusion is going to be fruitful.

We must develop an educational environment that creates these needs.

Daniel Goleman highlights the importance of developing of emotional competence today. He says that the process of creation emotional competence today is too essential to be handled by the students themselves.

The same thing could be said for visually impaired students. The development of these competences should be part of the inclusive curriculum.

Too often I see specific curricula for visually impaired students that mainly build on the topics and thinking of the old schools for the blind. Braille reading, tactile maps, mobility and in best cases social skills, without any description of what that consists of.

If we want to change the future position of visually impaired persons in the present society, we must create and implement the needed curriculum.

What should be the central issues in such a curriculum?

One thing I have learned after 25 years in the service of visually impaired students is, that the visual impairment never is a problem in itself. The real problem is how the person thinks about his or her visual impairment.

The focus of the needed curriculum is therefore the mindset of visually impaired students. This includes the ability to understand the social implication of your own visual impairment. The way to achieve that is what Vygotsky in his 1924 book "The Blind Child" called "psychological tools".

Today psychology has a variation of methods or strategies that helps promotion of reflection and insight into your own mentality. This psycho-education must be the core in the new curriculum. This does of course not mean that topics like Braille reading is out. But it is essential to underline, that these other important subjects always must be seen and understood in a social context.

If we manage to in rich inclusion with such a curriculum, the future will look much more positive for visually impaired students.

When we start to teach disabled and not-disabled children together in the same classroom, we have not at all achieved inclusion, we have just started the process. When we place visually impaired students in the same room with others and give them technical aids or an assistance, we have to be aware, that technical aids and especially the acting, the attitude and the behavior of the teacher or an assistant can promote exclusion instead of inclusion, because they may disturb social interaction between the students.

We have to putand answer several questions to make sure, that we really enable and promote inclusion in a lifetime perspective. For example:

- What can I (as a teacher) do to promote social and emotional learning?
- Do I have the needed competences to that?
- Do my pedagogical interventions promote the social inclusion of a student with disabilities? What didactic methods do I use? Does it help the student later on in life when he or she is seeking a job?
- How can I develop new methods so I strengthen the social competences of the students with and without disabilities to promote inclusion?
- If I feel that I need some new skills to promote this way of thinking inclusion, where can I get it?

In general, it is important to emphasize that if we want change this overall critical situation, with fewer students getting a degree and even fewer getting a real job, it cannot be up to the individual teacher or support person to do this. We must develop and implement the needed curriculum and we must have teacher training courses that qualify staff for these new assignments.

What the individual teacher can do until this in this is up and running is to make sure that time, focus and resources are given to the students "individual social and emotional learning plan". Just as the teacher focus on the individual cognitive learning plan (The ILP).

Autor

Peter Rodney, Independent psychologist at Special Needs Counselling, Denmark, Co-coordinator of European network for psychologists working in the field of Visual Impairment. Former vice-chair of ICEVI Europe. Former Senior Advisor at IBOS – Danish National Institute for the Blind and Partially Sighted

FRANZ-JOSEF BECK

Temporäre stationäre Beschulung im FöS-Sehen – Exklusion zur Vorbereitung auf die Inklusion

1 Ausgangslage

Die Umsetzung der Inklusion schreitet voran, Förderschulen werden in manchen Bundesländern geschlossen.

Das gemeinsame Ziel aller am Bildungsprozess Beteiligten ist die Einbeziehung der Kinder und Jugendlichen mit Behinderungen in das allgemeine Bildungssystem. Der Förderort für das gemeinsame zielgleiche oder zieldifferente Lernen von Kindern und Jugendlichen mit und ohne Behinderungen ist die allgemeine Schule.

Gesetzliche Vorgaben hierfür sind:

KMK (seit 1994): Zuständigkeit der allgemeinen Schule als Förderort bei sonderpädagogischem Förderbedarf. Die allgemeine Schule hat die Aufgabe, die sonderpädagogische Förderung von Schülerinnen und Schülern durchzuführen, zu begleiten und deren Qualität zu sichern (KMK, 2010).

In VN-BRK, Artikel 24 (Bildung), Abs. 2, Satz e): „(...) in Übereinstimmung mit dem Ziel der vollständigen Integration wirksame individuell angepasste Unterstützungsmaßnahmen in einem Umfeld, das die bestmögliche schulische und soziale Entwicklung gestattet, angeboten werden." (VN-BRK, 2014, S. 36)

Die Weltgesundheitsorganisation (WHO) favorisiert kein einheitliches Modell, solange die pädagogischen Bedürfnisse des Einzelnen im Vordergrund stehen (Ahrbeck, 2014).

2 Voraussetzungen für eine inklusive Beschulung

Eine inklusive Beschulung lt. der VN-BRK und KMK ist möglich, wenn die Bedingungen für:

- die beeinträchtigten Schüler/innen
- die (Förderschul-)Lehrer/innen
- die örtlichen Voraussetzungen
- die Finanzierungen (Gemeinde, Krankenkasse, Sozialamt etc.)

vorhanden sind.

Diese Bedingungen sind speziell für blinde und sehbehinderte Kinder und Jugendliche nicht überall gegeben.

3 Was brauchen blinde und sehbehinderte Kinder und Jugendliche?

Blinde und sehbehinderte Kinder und Jugendliche benötigen neben dem Regelcurriculum im inklusiven Setting das Spezifische Curriculum. Die blinden- und sehbehindertenpädagogische Didaktik ist subsidiär zum Regelcurriculum angesiedelt (Abb.1).

4 Die aktuelle Situation in der Umsetzung der Inklusion ist in einigen Bundesländern in manchen Punkten noch ausbaufähig (kleine Auswahl)

- Zu wenig Fachlehrer/innen im FöS-Sehen
- Unklare Voraussetzungen und Aufgaben (inhaltlich/ zeitlich) der Assistenzen/ Schulbegleiter im Unterricht
- Raum-, Raumausstattungs- und Fördermaterialsituation tlw. unzureichend
- Zeitmangel bei den Fachlehrer/innen für indiv. Beratungen (Eltern, Regelschullehrer/innen, Mitschüler/innen etc.)
- Erschwerte Informationen für Finanzierungen von unterstützenden Maßnahmen; Zuständigkeiten (Behörden, Gemeinden, Krankenkassen, Sozialämter)

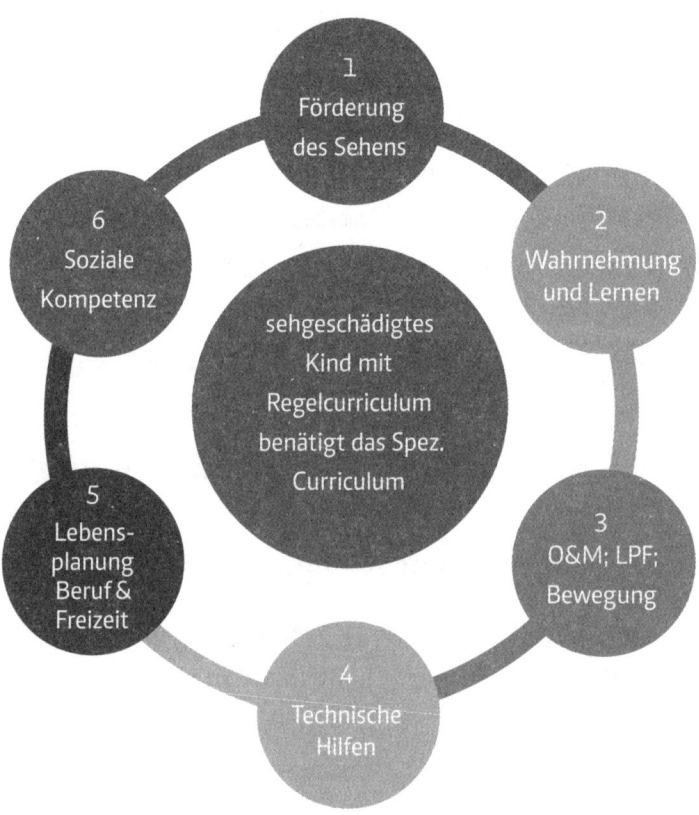

Abbildung 1:
Zu 1: indiv. Diagnostik der Sehleistung und funktionales Sehen, Hilfsmittelwahl
Zu 2: Wahrnehmungsförderung (haptisch, auditiv), Begriffsbildung, indiv. Lernvoraussetzungen
Zu 3: Orientierung und Mobilität, Lebenspraktische Fähigkeiten
Zu 4: elektr. Informationsbeschaffung, Braillezeile, Screenreader
Zu 5: behinderungsspezifische Kompetenzen, Berufswahl, Assistenz, soz. Umfeld
Zu 6: soz. Interaktion, Selbstbestimmung, Autonomie, Behinderungskompetenz

- Unzureichende Fortbildungsmöglichkeiten bzgl. techn. Entwicklungen (spez. Techniken) für pädagogisches Personal
- Nur bedingt gute Beratungen für den Übergang Schule-Studium-Beruf möglich
- Fahrtkostenregelungen für die FöS-Lehrer/innen ungeklärt/erschwert
- Durch die Zerstreuung der Förderschullehrer/innen im Land nur bedingt fachlicher Austausch (spez. Fortbildungen) möglich

5 Derzeitige Beschulungs-/ Unterstützungsformen

Es gibt verschiedene spezifische Angebote, die für eine inklusive Beschulung in einer Regelschule unterstützend sind.

Die inklusive Beschulung geschieht teilweise mit Unterstützung durch

- Kooperationsklassen in Regelschulen oder umgekehrt in Förderschulen
- Wochenendkurse (Fr./Sa.-So.)
- Ferienkurse (ca. 1-2 Wochen im Schuljahr in den Ferien)

und die

- temporäre stationäre Beschulung (zeitlich/ inhaltlich flexibel)

6 Die temporäre stationäre Beschulung

Die temporäre stationäre Beschulung ist erfahrungsgemäß in besonders behinderungsbedingt zeitintensiven aber inhaltlich wichtigen Lernphasen von großer Bedeutung wie z. B.:

- Die Einschulung und dem damit verbundenen Zurechtfinden in einem fremden System (sozial, O&M, LPF etc.).
- Beim Erwerb der Kulturtechniken (Lesen, Schreiben, Rechnen, Taststrategien, Technik etc.).
- Beim Übergang in höhere Schulstufen, hier besonders in den Fächern Chemie, Physik, Geometrie, Erdkunde, Sport etc.
- Beim Übergang von der Schule in eine Ausbildung, Studium, Beruf etc.

In diesen Phasen wird der Grundstein für die Bildung gelegt, die weiteren Bildungswege geebnet und für die Zukunft gesichert.

7 Durchführungsmöglichkeit (von den Gegebenheiten der einzelnen Bundesländer individuell abhängig)

Eine temporäre stationäre Beschulungszeit könnte zwischen ca. 6 bis ca. 24 Monate betragen, je nach Jahrgangsstufe und inhaltlichen Schwerpunkten, hier am Beispiel schulische Bildung:

Stammschule des sehgeschädigten Schülers	nach Diagnostik und Zielformulierung zu Themen wie:	Förderschule
Klasse 1 – 4	Einschulung, O&M, LPF, Lesen, Schreiben, Rechnen, Geometrie, etc.	6 – 24 Monate
	und/oder	
Klasse 5 – 10	Übergang in höhere Schulstufen, Chemie, Physik, Geometrie, Sport etc.	6 – 24 Monate
	und/oder	
Klasse 11 – 12/13	Übergang zur Ausbildung, Studium, Beruf, Wohnen	6 – 24 Monate

Abbildung 2: In der Tabelle ist angegeben, dass die temporäre stationäre Beschulung, nach Diagnostik und Zielformulierung z. B. in den Klassen 1-4 für Themen wie Einschulung, O&M, LPF, Lesen, Schreiben, Rechnen, Geometrie etc. angezeigt sein kann. Und/oder die temporäre stationäre Beschulung in den Klassenstufen 5-10 beim Übergang in höhere Schulstufen für die Themen Chemie, Physik, Geometrie, Sport etc. für die sehgeschädigten Schülerinnen und Schüler entlastend sein kann. Ab den Schulstufen 11-12/13 ist diese Beschulungsform möglich, wenn es um den Übergang von der Schule in den Beruf, in die Ausbildung oder in das Studium geht. In diesen Phasen sind die Wohnformen der jungen Erwachsenen zu begleiten.

8 Z. B. Johann-Peter-Schäfer Schule in Friedberg

Wechselhäufigkeit

Es gibt keine Beschränkungen nach der Häufigkeit für den Wechsel aus der inklusiven Beschulung in das stationäre System und umgekehrt. Keine Zeit/Dauer ist festgelegt. Anzustreben ist der Beginn im 1. oder 2. Halbjahr als Aufnahmetermin. Es ist durchaus üblich, dass ein Kind in der Vorklasse im stationären System auf den inklusiven Unterricht vorbereitet wird. Hier wächst den Vorklassen eine neue Aufgabe zu.

Aufnahmevoraussetzung

Zur Vorbereitung dient das Instrument des Probeunterrichts für die Dauer von wenigen Tagen bis hin zu 6 Wochen, bei Bedarf und im begründeten Ausnahmefall (etwa zur Überbrückung, bis alle Anträge durch sind) auch länger. Für die Dauer eines Probeunterrichts an einer Förderschule Sehen werden auch Internatskosten bezahlt.

Während des Probeunterrichts bleibt das Kind/der Jugendliche Schüler seiner Stammschule, entweder des stationären System oder der allgemeinen Schule.

Eingangsdiagnostik

Große sonderpädagogische Gutachten wie früher sind nicht mehr erforderlich.

Bei Aufnahmen in die Förderschule Sehen reicht eine Förderdiagnostische Stellungnahme, einen Förderausschuss gibt es hierbei nicht.

Die Förderausschüsse an der allgemeinen Schule erhalten vor der Aufnahme in die allgemeine Schule eine Förderdiagnostische Stellungnahme des überörtlichen BFZs und beraten bei einer Förderausschusssitzung mit der örtlichen Grundschule, dem regionalen BFZ, den Eltern und gegebenenfalls dem Schulträger über die Beschulung.

In der Inklusion wird nur noch bei blinden Kindern ein sonderpädagogischer Förderanspruch festgestellt. Sehbehinderte Kinder laufen unter vorbeugende Maßnahmen.

Ressourcenzuteilung

Die Feststellung oder Nichtfeststellung bleibt ohne Folgen für die Ressourcenzuteilung. Jede Schule erhält für sehbehinderte oder blinde Schülerinnen bzw. Schüler X bzw. X+ Wochenstunden Grundzuweisung (Beachten: Zahlen können je nach Bundesland variieren!), egal ob sie am stationären System oder in der Inklusion unterrichtet werden. Diese kann in der Inklusion aus weiteren Töpfen erhöht werden.

Spätestens alle zwei Jahre ist der Anspruch zu überprüfen, ebenso beim Wechsel in die Sek 1 oder Sek 2.

9 Zusammenfassung

Das System der temporären stationären Beschulung ist eine Möglichkeit neben anderen, blinde und sehbehinderte Kinder und Jugendliche zu beschulen, wenn die personellen, örtlichen und materiellen Bedingungen in der Inklusionsschule nicht vorhanden sind.

Um die Inhalte des Spezifischen Curriculums, die für ein sehgeschädigtes Kind/ einen sehgeschädigten Jugendlichen für die Zukunft unabdingbar sind, vermitteln zu können, muss immer überprüft werden, was spezifisch benötigt wird und vorhanden ist. Darauf basierend muss der Beschulungsort individuell mit den Betroffenen, den Erziehungsberechtigten und den Förderschullehrer/innen gewählt werden.

Literatur

Ahrbeck, Bernd (2014): Inklusion. Eine Kritik. Stuttgart: Verlag W. Kohlhammer GmbH.

Beck, Franz-Josef (2015): Temporäre stationäre Beschulung: ein Baustein in der Bildungsbiographie von Kindern und Jugendlichen mit Blindheit und Sehbeeinträchtigung in inklusiven Settings. Digitales Buch-Update. Entnommen von: [www.schriftwahl.de].

Degenhardt, Sven (2011): Bildung, Erziehung und Rehabilitation blinder und sehbehinderter Kinder und Jugendlicher in einer inklusiven Schule in den Ländern der Bundesrepublik Deutschland. – Standards – Spezifisches Curriculum – Modell-Leistungsbeschreibung. Der VBS schlägt ein neues Kapitel auf dem Weg zur inklusiven Schule auf. In: blind/sehbehindert. Fachzeitschrift des Verbandes für Blinden- und Sehbehindertenpädagogik, VBS e.V. 131. Jahrgang. Heft 3/2011. S. 157-165.

Kultusministerkonferenz (2013): Inklusive Bildung von Kindern und Jugendlichen mit Behinderungen in Schulen (Beschluss der Kultusministerkonferenz vom 20.10.2011).
Online: [http://www.kmk.org/fileadmin/veroeffentlichungen_beschluesse/2011/2011_10_20-Inklusive-Bildung.pdf]

VBS – Verband für Blinden- und Sehbehindertenpädagogik e. V. (Hrsg.) (2011): Bildung, Erziehung und Rehabilitation blinder und sehbehinderter Kinder und Jugendlicher in einer inklusiven Schule in den Ländern der Bundesrepublik Deutschland. – Standards – Spezifisches Curriculum – Modell-Leistungsbeschreibung. Online verfügbar unter [https://www.ew.uni-hamburg.de/ueber-die-fakultaet/personen/degenhardt/files/110721-vbs-spezifisches-curriculum-und-standards.pdf]

VN-BRK (Behindertenrechtskonvention der Vereinten Nationen) (2014): Die UN-Behindertenrechtskonvention. Übereinkommen über die Rechte von Menschen mit Behinderungen. Beauftragte der Bundesregierung für die Belange behinderter Menschen (Hrsg.), Stand Oktober 2014. Online verfügbar unter: [https://www.behindertenbeauftragter.de/SharedDocs/Publikationen/DE/Broschuere_UNKonvention_KK.pdf?__blob=publicationFile].

JUTTA MANNINGER (HOLDING GRAZ LINIEN)

Maßnahmen zur Verbesserung der Barrierefreiheit

1. Einleitende Worte

Auch der längste Weg beginnt mit dem ersten Schritt.
*(Konfuzius, * 551 v. Chr. † 479 v. Chr.)*

Umfassende Barrierefreiheit ist die Grundvoraussetzung für ein gleichberechtigtes und selbstbestimmtes Leben von Menschen mit und ohne Behinderungen. Barrierefreiheit ist somit ein erster Schritt auf dem Weg zur Inklusion.

In diesem Beitrag wird Barrierefreiheit aus Sicht eines öffentlichen Verkehrsdienstleisters dargestellt. Die Gewährleistung des barrierefreien Zugangs zu allen öffentlichen Verkehrsmitteln und ein Gesamtkonzept zu tatsächlicher Barrierefreiheit im öffentlichen Verkehr ist Graz Linien ein wichtiges Anliegen. In der Holding Graz wurde eine Roadmap zur Umsetzung der Barrierefreiheit erstellt, die alle Teilbereiche der kommunalen öffentlichen Versorgung umfasst. Graz Linien haben bereits eine Vielzahl von Maßnahmen umgesetzt, weitere werden folgen. Im Vortrag wird am Praxisbeispiel eine Übersicht zu den Maßnahmen und Schwerpunkten von den Graz Linien gegeben.

2. Gesetzliche Grundlage und Begriffsbestimmung

Seit dem 1. Januar 2006 gilt das Bundes-Behindertengleichstellungsgesetz (BBGstG). Nach einer zehnjährigen stufenweisen Übergangsfrist ist ab dem 1. Januar 2016 die Gleichstellung von Menschen mit Behinderungen herzustellen. Das Ziel des Gesetzes ist die Beseitigung von Diskriminierungen von Menschen mit Behinderungen und eine vollkommene gesellschaftliche Gleichstellung mit nichtbehinderten Personen.

Das Bundes-Behindertengleichstellungsgesetz enthält eine verbindliche Definition von Barrierefreiheit.

BBGstG § 6. (5) *„Barrierefrei sind bauliche und sonstige Anlagen, Verkehrsmittel, technische Gebrauchsgegenstände, Systeme der Informationsverarbeitung sowie andere gestaltete Lebensbereiche, wenn sie für Menschen mit Behinderungen in der allgemein üblichen Weise, ohne besondere Erschwernis und grundsätzlich ohne fremde Hilfe zugänglich und nutzbar sind."*

Im Öffentlichen Verkehr geht Barrierefreiheit weit darüber hinaus. Barrierefreiheit deckt die Mobilitäts- und Komfort-Bedürfnisse der Gesellschaft ab und sichert dem Unternehmen eine weitere Möglichkeit, jede Zielgruppe ansprechen zu können. Zielgruppen von Barrierefreiheit sind Menschen mit Sinnes- und körperlicher Einschränkung, ältere Menschen, chronisch erkrankte Menschen, Menschen mit temporären Beeinträchtigungen, kleinwüchsige Menschen, schwangere Frauen, Familien mit Kinderwagen, Kinder, Personen mit schwerem Gepäck, Begleitpersonen und Menschen, die Wert auf Komfort legen.

In einer Gesellschaft leben viele unterschiedliche Menschen. Die Vielfalt prägt und macht eine Gesellschaft aus. Inklusion beschreibt den Zustand einer Gesellschaft, zu der alle Menschen dazu gehören. Integration und Inklusion sind nicht das Gleiche. Bei der Integration werden Menschen, die zuvor ausgegliedert wurden, wieder eingegliedert und trotzdem als andere bezeichnet. Inklusion meint, dass Ausgrenzung erst gar nicht stattfindet. Barrierefreiheit ist eine Voraussetzung zur Inklusion.

Inklusion / Inklusive Modellregionen: Der im Jahre 2012 beschlossene Nationale Aktionsplan Behinderung 2012-2020 formuliert Zielsetzungen der Bundesregierung, die auch im Bereich der Bildung die Entwicklung eines inklusiven Schulsystems vorsehen und als ersten Schritt die Implementierung und Evaluation modellhafter Initiativen (wie z.B. Inklusive Modellregionen) fordern. Der Nationale Aktionsplan Behinderung 2012-2020 sieht vor, dass die Inklusiven Modellregionen bis 2020 eingerichtet sind, was einen strukturellen Wandel im Bildungssystem bedingt.

3. Auftrag und Ziele

Holding Graz ist ein Dienstleistungskonzern mit drei Säulen. Mobilität & Freizeit, Management & Beteiligungen, Infrastruktur & Energie. In Summe ist es ein sehr großer und komplexer Konzern, der zweitgrößte in der Steiermark. Rund 7.000 Kolleginnen und Kollegen im Haus Graz sind für die Lebensqualität in Graz tätig.

Unser Leitbild: Wir alle können dazu beitragen, dass die Holding Graz das modernste kommunale Dienstleistungsunternehmen Österreichs ist sowie für Qualität und Nachhaltigkeit in unserer Landeshauptstadt Graz steht. Unsere Leitsätze dazu sind: Wir setzen uns verantwortungsvoll für Graz ein! Wir stärken Lebensqualität und Wirtschaftserfolg! Wir sind aufgeschlossen für Veränderungen und Nachhaltigkeit! Wir stehen für hohe Leistungsfähigkeit! Wir schätzen unsere Mitarbeiterinnen und Mitarbeiter! Wir streben nach langfristigem Erfolg!

4. Strategie zur Umsetzung Barrierefreiheit

Graz hat in 2015 als erste österreichische Stadt einen Kommunalen Aktionsplan zur Umsetzung der UN-Konvention über die Rechte für Menschen mit Behinderung aufgelegt und Ende 2016 evaluiert.

Es wurde im Auftrag vom Gesamtvorstand Holding Graz eine Roadmap zur Barrierefreiheit aufgelegt. Sie dient als Kommunikationsmedium und stellt eine Übersicht dar, wie sich die Umsetzung der Barrierefreiheit in der Holding Graz über einen strategischen Zeitraum entwickelt.

Graz Linien wird von Frau Vorstandsdirektorin Mag.[a] Barbara Muhr geführt und die Anliegen von Menschen mit Behinderung liegen ihr sehr am Herzen. Konstruktive Kritik ist ausdrücklich gewünscht und Verbesserungsmaßnahmen werden forciert.

Graz Linien haben in 2016, im Rahmen der budgetären Vorgaben durch den Eigentümer der Stadt Graz, den Großteil der Maßnahmen erfüllt und weitere werden folgen.

Wir setzen in der Holding Graz auf Barrierefreiheit!

5. Maßnahmen zur Barrierefreiheit

Der „Round Table" zum Thema Öffentlicher Verkehr für Menschen mit Behinderung findet einmal jährlich statt, in 2017 nun zum sechsten Mal in Folge. Teilnehmerinnen und Teilnehmer sind Vertreterinnen und Vertreter von verschiedenen Verbänden und Organisationen für Menschen mit Behinderung. Anregungen und Hinweise werden aufgenommen, zu umgesetzten Verbesserungen wird informiert.

Beispiele für umgesetzte Maßnahmen sind die verbesserte Kennzeichnung der Fahrzeug-Einstiegstüren mit großflächigen Piktogrammen Rollstuhl und Kinderwagensymbol, eine verbesserte Kennzeichnung des Kontrastknopfes an den Fahrscheinautomaten für gute Lesbarkeit, verbesserte Displays an Fahrzeugen zur Erkennung der Linie und Fahrziel, seitlich an den Fahrzeugen gibt es kontrastreiche und große Liniennummern, die barrierefreie Echtzeit App „qando Graz" mit Rollstuhlsymbol für den Ausweis der barrierefreien Fahrzeuge, der Folder „Bus und Bim für ALLE" als Information zur Nutzung unserer Fahrzeuge und Infrastruktur für mobilitätseingeschränkte Fahrgäste, laufende Aktualisierung unserer Homepage mit Informationen zur Barrierefreiheit, Online „Ticket Shop" der Graz Linien um bequem von zu Hause Fahrscheine zu kaufen. Die gemeinsame Kampagne der Graz Linien mit dem Graz Linien Fahrgastbeirat „Für ein besseres Miteinander in den Öffis" zur Bewusstseinsbildung für ein rücksichtsvolles Miteinander.

In der Fahrgastinformation arbeiten wir mit Piktogrammen und Visualisierung. Piktogramme dienen unserer weltweiten Orientierung und regeln unser Zusammenleben in der Gemeinschaft.

Wir bieten auf Anfrage Praxistraining für die Nutzung vom Öffentlichen Verkehr für Menschen mit Behinderung an.

Beispielsweise APEX, ein neues System der Graz Linien unterstützt Sehbehinderte und blinde Menschen bei der Nutzung Öffentlicher Verkehrsmittel. Mit dem APEX-Handsender sagt der Außenlautsprecher auf Knopfdruck die Linie und das Fahrziel von Bus und Bim an. Der Innenlautsprecher sagt auf Knopfdruck vom Fahrgast die nächste Haltestelle an. Eine Gruppe vom Grazer Odilien-Institut und eine Gruppe vom Blinden- und Sehbehindertenverband Steiermark testete das System für uns in der Praxis – mit Erfolg! Mittlerweile ist in 72 Bussen und 45

Straßenbahnen das APEX-System eingebaut. Bis 2020 werden 98 Prozent der Grazer Busflotte umgerüstet sein.

Unsere Mitarbeiterinnen und Mitarbeiter werden regelmäßig zu den verschiedenen Formen von Mobilitätseinschränkung geschult.

Haltestellen werden fortlaufend mit Noppenfeld für blinde Menschen, Sitzgelegenheiten und Absturzsicherungen ausgebaut.

6. Resümee und Ausblick

Im Vortag wird am Praxisbeispiel Graz Linien aufgezeigt, welche Möglichkeiten und Beiträge im Öffentlichen Verkehr bestehen, um zur Inklusion beizutragen. Ausgehend von der Kernaussage, dass der Öffentliche Verkehr als zentraler Dienstleister mit Barrierefreiheit eine Voraussetzung für Inklusion leistet. Von den Verbesserungen in der Zugänglichkeit profitieren alle Fahrgäste. Barrierefreiheit erhöht die Lebensqualität im urbanen Raum.

Bis zur vollständigen Umsetzung von Inklusion bedarf es einer Vielzahl von Maßnahmen, einhergehend mit einem gesellschaftlichen Wandel. Jeder kann und trägt zur Erreichung bei. Es sind nicht die großen Schritte. Es ist die Summe der vielen, oft kleinen, einzelnen Schritte mit Wirkung in all unseren Lebensbereichen, die uns diesem anspruchsvollen Ziel näherbringen.

Wir stehen am Anfang und dürfen uns nicht durch bestehende Rahmenbedingungen, beispielsweise begrenzte finanzielle Ressourcen, entmutigen lassen. Die erfolgreiche Umsetzung von Verbesserungen bestätigen und motivieren Graz Linien. Wir werden diesen Weg fortsetzen und unseren Beitrag leisten, um dem Ziel der Inklusion entgegenzugehen.

Literatur

Jutta Manninger, *Aktuelles der Holding Graz Linien*, 21.5.2015, Dokument „Round Table" wurde der Redaktion des Menschenrechtsberichtes der Stadt Graz vom Vorstand zur Verfügung gestellt. *Aktuelles der Graz Linien*, 5. „Round Table", 28.4.2016 und 6. „Round Table", 26.4.2017.

Wolfgang Palle, *Protokoll der Sitzung des Beirates der Stadt Graz für Menschen mit Behinderung am 10.6.2015*.

Holding Graz, *Barrierefreiheit* (2016): http://www.holding-graz.at/barrierefrei.html

Bundesgesetz über die Gleichstellung von Menschen mit Behinderungen (Bundes-Behindertengleichstellungsgesetz – BGStG), Bundesrecht konsolidiert, Fassung vom 12.11.2016: https://www.ris.bka.gv.at/GeltendeFassung.wxe?Abfrage=Bundesnormen&Gesetzesnummer=20004228

Bundesministerium für Verkehr, Innovation und Technologie (Bmvit) - *Leitfaden für barrierefreien Öffentlichen Verkehr* (2016): https://www.bmvit.gv.at/verkehr/gesamtverkehr/barrierefreiheit/leitfaden.html

WKO Salzburg, *Barrierefreiheit: Chance und Herausforderung* (2016): https://www.wko.at/Content.Node/service/s/Barrierefreiheit:-Chance-und-Herausforderung.html

Wirtschaftskammer Österreich, *Barrierefreiheit - eine Chance und Herausforderung für die Wirtschaft* (2016): https://www.wko.at/Content.Node/Service/Unternehmensfuehrung--Finanzierung-und-Foerderungen/Unternehmensfuehrung/Strategie--Organisation-und-Marketing/Barrierefreiheit---Info-der-Wirtschaftskammern.html

WKO Wirtschaftskammer Kärnten, *Das ist bis 2016 zu tun* (2016): https://www.wko.at/Content.Node/branchen/k/Barrierefreiheit:-Das-ist-bis-2016-zu-tun.html

WKO Wirtschaftskammer Steiermark, *FAQs Barrierefreiheit* (2016): https://www.wko.at/Content.Node/Service/Unternehmensfuehrung--Finanzierung-und-Foerderungen/Unternehmensfuehrung/Strategie--Organisation-und-Marketing/FAQ-s-Barrierefreiheit.html

Stadt Graz, *Kommunaler Aktionsplan der Stadt Graz zur Umsetzung der*

UN-Konvention über die Rechte für Menschen mit Behinderung, S.61 (2015): http://www.graz.at/cms/beitrag/10245707/374633

Vereinigten Nationen, *Übereinkommen über die Rechte von Menschen mit Behinderungen* (2006): https://www.behindertenrechtskonvention.info/

Bundesministerium für Bildung, *Sonderpädagogik / Inklusion* (2016): https://www.bmb.gv.at/schulen/bw/abs/sp.html

WKO Salzburg, *Fakten 2015* (2016): https://www.wko.at/Content.Node/service/s/Barrierefreiheit:-Chance-und-Herausforderung.html

630.000 Personen der österreichischen Bevölkerung haben eine starke, mehr als sechs Monate dauernde Beeinträchtigung bei der Verrichtung alltäglicher Arbeiten. 1.000.000 Menschen sind bewegungseingeschränkt. 50.000 Menschen brauchen einen Rollstuhl. 300.000 Menschen haben eine Sehbehinderung. 10.000 Menschen sind blind. 200.000 Menschen haben eine Hörbehinderung.

Naue, Ursula (2015), Über die Verzahnung von Diskriminierungen: Behinderung, Alter und Geschlecht. Aep informationen 42. Jahrgang, Nr. 4, 15-18.

Naue, Ursula (2014), Ein Jahr Handlungsempfehlungen zur UN-Konvention über die Rechte von Menschen mit Behinderungen – ein kurzes Resümee zum Jahresende. (Sozialpolitische Rundschau der Dachorganisation der Behindertenverbände Österreichs) 4/2014, 5-7.

Themenschwerpunkt Professionalisierung

HANNELORE KNAUDER UND ALEXANDRA STROHMEIER-WIESER

Schulische Förderung

Akzeptanz und Herausforderung für Grundschullehrer/innen

Der vorliegende Beitrag fokussiert die Akzeptanz der Grundschullehrer/innen zur schulischen Förderung und geht dabei der Frage nach, welche Faktoren von Bedeutung sind, damit eine individuelle Förderung seitens der Lehrpersonen angenommen und umgesetzt wird. Die empirischen Daten wurden in einer Fragebogenerhebung (N = 149) gewonnen. Die Ergebnisse lassen den Schluss zu, dass die Einstellungsakzeptanz zur schulischen Förderung deutlich positiv ausgeprägt ist. Allerdings zeigt die Verhaltensakzeptanz, dass differenzierte Unterrichtsgestaltung nur von etwa 16 % der Lehrpersonen umgesetzt wird, wenn sie darin ‚berufliche Vorteile' erkennen können.

1. Einleitung

Schulische (individuelle) Förderung wird heute vor allem im Kontext der heterogenen Lernvoraussetzungen, Bildungschancen und sozialen Herkunft der Schüler/innen diskutiert. Im Mittelpunkt stehen die Schüler/innen, die entsprechend ihren Lernausgangslagen den bestmöglichen Bildungserfolg erzielen sollen. Auch wenn für den Begriff der individuellen Förderung keine einheitlich anerkannte Definition vorliegt, stellt es ein Qualitätselement von Schule dar.

In Österreich ist die individuelle Förderung im Fördererlass *Besser Fördern – Verpflichtendes standortbezogenes Förderkonzept* (BMBWK 11/2005) – gesetzlich verankert. Somit ist jede österreichische Schule verpflichtet, ein standortbezogenes Förderkonzept zu entwickeln, das jedem/r Schüler/in individuelle Förderung zukommen lässt. Im Jahr 2015 wurden diese Maßnahmen durch den expliziten Einbezug von Schüler/innen mit Behinderungen in das standortbezogene Förderkonzept erweitert (BMBF, 17/2015).

Allerdings fehlen Studien, die die Umsetzung schulischer Förderung bzw. Faktoren, die diese begünstigen oder verhindern, empirisch erheben. Diese wären von praktischer Relevanz, da im pädagogischen Kontext oftmals Innovationen angenommen (d.h. die Einstellungsakzeptanz hoch ist) – wie zum Beispiel im Fall der Inklusion –, aber nicht umgesetzt werden. Basierend auf den Grundlagen der Akzeptanzforschung und unter Einbeziehung des Fördererlasses wurde in der vorliegenden Studie ein schulisches Akzeptanzmodell entwickelt, um damit der Frage nachzugehen, welche Faktoren für die Annahme und Umsetzung individueller Förderung seitens der Lehrpersonen von Bedeutung sind.

1.1 Zum Begriff der Akzeptanz

Der wissenschaftliche Terminus *Akzeptanz* umfasst grundsätzlich Komponenten der Einstellungsakzeptanz als auch der Verhaltensakzeptanz (Harnischfeger et al. 1999; Kollmann 1998). Die Einstellungsakzeptanz ist weiterhin zu differenzieren in eine affektive (gefühlsmäßige) und eine kognitive (verstandesmäßige) Komponente. Vereinfacht erklärt, ist die Einstellungsakzeptanz das Ergebnis aus in der Vergangenheit erworbenen Erfahrungen, worauf in einer Situation zurückgegriffen wird. Darüber hinaus umfasst diese auch den Aspekt der Handlungsbereitschaft (Verhaltensabsicht). Das bedeutet, dass das Einstellungsobjekt die Bereitschaft, eine Handlung zu vollziehen, hervorruft, ohne dass jedoch zwingend eine entsprechende Handlung vollzogen werden muss. Die Verhaltensakzeptanz ist die vollzogene Handlung und beobachtbar (Müller-Böling und Müller 1986).

2. Forschungsstand zur Akzeptanz

Zum Forschungsstand zur Akzeptanz liegt eine große Zahl von Studien vor, die sich vor allem auf die Akzeptanz von neuen Technologien oder Produkten beziehen. Dabei unterscheidet die technologische und betriebswirtschaftliche Fachliteratur zwischen Akzeptanzmodellen mit dem Ziel der Akzeptanzanalyse (z.B. Davis 1989, Venkatesh und Davis 2000, Reiß 1997, Simon 2001) und dynamischen Akzeptanzmodellen (z.B. Kollmann 1998, Streich 1997) mit dem Ziel der Akzeptanzgenese.

Forschungen, die sich mit Akzeptanz oder Innovation pädagogischer Konzepte befassen, nehmen darauf Bezug. Bis dato liegen jedoch kaum theoretische Erklärungen vor, die die Erfassung der Akzeptanz im schulischen Bereich beschreiben. Lediglich das PAM – *Pädagogisches Akzeptanzmodell* von Ziegelbauer (2015; in Vorbereitung) zeigt ein zeitlich strukturiertes Dreiphasenmodell der Akzeptanzgenese. Bei der nachfolgend beschriebenen Untersuchung handelt es sich um ein Modell für die Akzeptanzanalyse.

3. Methode

3.1 Stichprobe

Die Stichprobe besteht aus 38 Grundschulen mit 149 Grundschullehrer/innen. Die Teilnahme war freiwillig. Das Dienstalter der befragten Lehrpersonen wurde in Kategorien angegeben, wobei jeweils ca. ein Drittel zwischen ein und 14 Jahre, 15 und 29 Jahre und mehr als 30 Dienstjahre unterrichten. Der Frauenanteil beträgt 96 %.

3.2 Erhebungsinstrument und -zeitraum

Als Grundlage für den Fragebogen dienten die bereits erwähnten Technologieakzeptanzmodelle, allen voran jenes von Venkatesh et al. (2000, 2003) und Reiß (1997), sowie der eingangs erwähnte Fördererlass (BMBWK 11/2005; BMBF, 17/2015). Die Befragung der Grundschullehrer/innen erfolgte im Herbst 2015. Das Antwortformat der Likert-Skalen war vierstufig (4 = sehr hoch, 3 = hoch, 2 = niedrig, 1 = sehr niedrig).

Folgende Skalen konnten zur Einstellungsakzeptanz ermittelt werden:

Der *Wahrgenommene Aufwand* bezieht sich auf die Einschätzung des persönlichen Ressourceneinsatzes für verschiedene Fördermaßnahmen. Beispielitem: Wie hoch schätzen Sie Ihren persönlichen Ressourceneinsatz/Arbeitsaufwand für die Individualisierung im Unterricht ein? (5 Items, α = .73).

- Der *Wahrgenommene Nutzen für die Schüler/innen* gibt die Einschätzung des Ertrages dieser Fördermaßnahmen wieder. Beispielitem: Wie hoch schätzen Sie den Ertrag für die Schüler/innen durch die Individualisierung im Unterricht ein? (7 Items, α = .82).

- Die *Wahrgenommene Unterstützung* liefert Information über die Einschätzung des Supports bei der Umsetzung des Förderkonzepts. Beispielitem: Wie hilfreich schätzen Sie den Fördererlass für die Entwicklung des Förderkonzepts an Ihrer Schule ein? (5 Items, α = .88).
- Das *Wahrgenommene Image* bezieht sich auf den Bekanntheitsgrad und die Bewertung des Förderkonzepts im/durch das Kollegium. Beispielitem: Wie schätzen Sie die Akzeptanz des Förderkonzepts an Ihrer Schule im gesamten Kollegium ein? (3 Items, α = .73).

Bei den weiteren Items handelt es sich um zusätzliche Informationen, u.a. zur Entwicklung der standortbezogenen Förderkonzepte und zur Motivation der Lehrpersonen.

3.3 Forschungsmodell

Zur Erklärung der Akzeptanz für schulische Förderung seitens der Grundschullehrer/innen wurde das *Schulische Akzeptanzmodell – SAM* (Abb. 1), entwickelt. Die erhaltenen Resultate der Reliabilitäts- und Validitätsüberprüfung der ersten Generation weisen auf eine gute Erklärung der erarbeiteten Modellstruktur hin (56 % Varianzaufklärung).

Abb. 1: Forschungsmodell Schulisches Akzeptanzmodell – SAM (vereinfachte Darstellung)

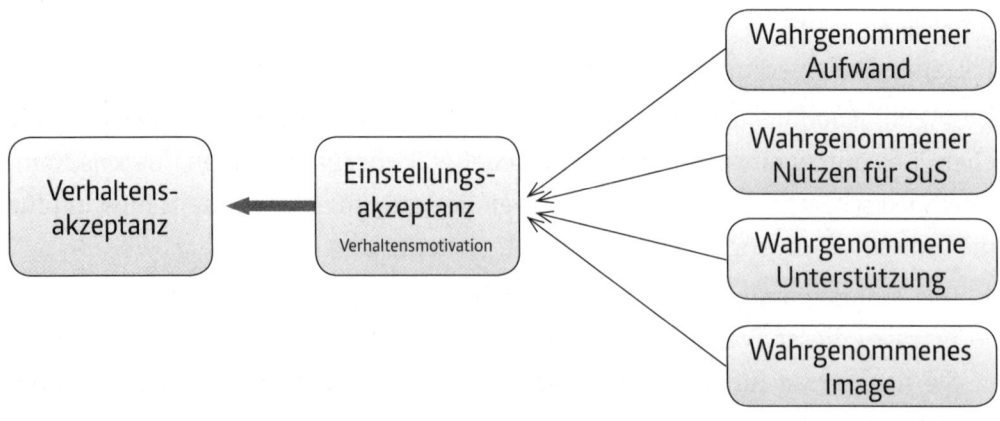

4. Ergebnisse

Zur Beantwortung der folgenden Fragen wurde das Forschungsmodell SAM herangezogen.

4.1 Wie hoch/niedrig ist die Einstellungsakzeptanz bei Grundschullehrer/innen zur schulischen Förderung ausgeprägt?

Der Ausprägungsgrad der Einstellungsakzeptanz wird durch die Berechnung der Mittelwerte und Standardabweichungen der Subskalen ermittelt. Der persönliche Ressourceneinsatz (Aufwand: M = 3.51 und SD = 0.59), der Nutzen für die Schüler/innen (M = 3.62, SD = 0.61) und auch das Image sind deutlich positiv ausgeprägt. Der Mittelwert der Unterstützung von M = 3.08 liegt zwar knapp über dem Skalenmittelwert, zeigt aber eine relative Breite des Antwortverhaltens (SD = 0.50), was auf eine neutrale bis positive Ausprägung schließen lässt. Die hohe Bedeutung der schulischen Förderung seitens der Grundschullehrer/innen ist somit gegeben.

4.2 Gibt es Unterschiede in der Einstellungsakzeptanz von Grundschullehrer/innen zur schulischen Förderung bezüglich des Dienstalters?

In den Subskalen Aufwand, Nutzen für Schüler/innen sowie Image zeigen sich keine signifikanten Unterschiede (alle p > .10) bezüglich des Dienstalters der Grundschullehrer/innen. Lediglich in der Subskala Unterstützung konnte ein signifikanter Unterschied festgestellt werden. Lehrpersonen mit den geringsten Dienstjahren nehmen die Unterstützung in der schulischen Förderung am positivsten wahr und unterscheiden sich in ihrer Wahrnehmung signifikant von den Lehrpersonen mit 15-29 Dienstjahren (p = .012) und tendenziell von den Lehrpersonen mit mehr als 30 Dienstjahren (p = .096).

4.3 Wodurch werden Grundschullehrer/innen für die Umsetzung der individuellen Förderung im Unterricht motiviert?

Durch die Angabe der befragten Grundschullehrer/innen zu verschiedenen motivationalen Aspekten zur schulischen Förderung konnten unterschiedliche Lehrpersonengruppen definiert werden: Lehrpersonen mit der Motivation *Steigender Förderbedarf der Schüler/innen, Berufliche Verpflichtung, Persönliches Interesse* und *Berufliche Vorteile*.

Die Unterschiedsberechnungen zeigen, dass sich die Lehrpersonengruppe, die sich durch die *Beruflichen Vorteile* (bV) zum Förderkompetenzerwerb und zur Umsetzung der Förderung im Unterricht motiviert fühlt, sich von den anderen Lehrpersonengruppen signifikant in den beiden Subskalen *Aufwand* (M_{bV} = 3.71, M = 3.47, p = .033) und *Unterstützung* (M_{bV} = 3.32, M = 3.03, p = .014) und tendenziell in der Subskala *Nutzen für die Schüler/innen* (M_{bV} = 3.79, M = 3.59, p = .059) unterscheidet. In der Subskala *Image* zeigen sich keine Unterschiede.

Demnach weisen in der vorliegenden Untersuchung ca. 16 % der Grundschullehrer/innen der gesamten Stichprobe eine Verhaltensakzeptanz zur individuellen Förderung in der Schule auf. Dieser Prozentsatz ist nicht allzu hoch und somit wenig erfreulich, stimmt aber mit anderen empirischen Untersuchungen, wie z.B. Helmke (2009), Kammermeyer und Martschinke (2003), Kern (2007), Schmit und Humpert (2012) überein.

5. Zusammenfassung und Ausblick

Bei der Bewertung der Ergebnisse ist zu berücksichtigen, dass es sich um keine repräsentative Stichprobe handelt.

Für die Untersuchung wurde das *Schulische Akzeptanzmodell zur Förderung in der Grundschule – SAM* entwickelt, das über die Adoption der schulischen Förderung hinausgeht und die Verhaltensakzeptanz (Umsetzung) mit in den Forschungsprozess aufnimmt, denn nicht selten wird der Adoptionsaspekt hervorgehoben und eine nachfolgende Anwendung implizit vorausgesetzt (Bürg und Mandl, 2004; Kreidl, 2011; Nistor und Weinberger, 2012). Die Einstellungsakzeptanz zur schulischen Förderung der befragten Grundschullehrer/innen kann über die Erfahrungen von *Aufwand* (Einschätzung des persönlichen Ressourcenaufwands), *Unterstützung* (Einschätzung des Schulsupports), *Nutzen für die Schüler/innen* (Einschätzung des Ertrages) und *Image* (Einschätzung des Bekanntheitsgrades und Bewertung allgemein) gut erklärt werden.

Als ausgesprochen positiv zu bewerten ist, dass Grundschullehrer/innen im Mittel über eine hoch ausgeprägte Einstellungsakzeptanz zur schulischen Förderung verfügen. Dennoch bedingt diese positive Einstellungsakzeptanz nicht hinreichend die Verhaltensakzeptanz. Damit individuelle Förderung im Unterricht umgesetzt wird, bedarf es gemäß vorliegender Untersuchung der Motivation *beruflicher Vorteile*, also dem persönlichen Nutzen der Lehrer/innen. Die Wahrnehmung der *beruflichen Vorteile* hat somit den größten Vorhersagewert zur tatsächlichen Umsetzung der schulischen Förderung im Unterricht. Dieses Ergebnis bedarf allerdings weiterer empirischer Forschungen. Es gilt neue, in der bisherigen Fragebatterie nicht enthaltene Indikatoren zu entwickeln und an einer größeren Stichprobe zu überprüfen. Zudem müsste im Rahmen weiterführender Forschungsbeiträge hinterfragt werden, ob und inwiefern Motivationsüberzeugungen von Grundschullehrer/innen in Bezug auf Förderung im Unterricht entwickelt und/oder begünstigt werden können, wenn sie schon – wie hier gezeigt werden konnte – die Einstellungsakzeptanz bedingen.

Literatur

BMBWK (Bundesministerium für Bildung, Wirtschaft und Kultur, 2005). Neue Regelung: verpflichtendes standortbezogenes Förderkonzept beginnend mit dem Schuljahr 2005/06. BMBWK-36.300/0068-BMBWK/2005. BMBWK, Wien 2005.

Bürg, O., und Mandl, H. (2004): Akzeptanz von E-Learning in Unternehmen. Forschungsbericht Nr. 167. München: Ludwig-Maximilians-Universität, Department Psychologie, Institut für Pädagogische Psychologie.

Davis, F. D. (1989). Perceived Usefulness, Perceived Ease of Use and User Acceptance of Information. Technology. MIS Quarterly, 13, 319-339.

Helmke, A. (2009). Unterrichtsqualität und Lehrerprofessionalität: Diagnose, Evaluation und Verbesserung des Unterrichts. Klett Kallmeyer, Seelze.

Kammermeyer, G., und Martschinke, S. (2003). Schulleistung und Fähigkeitsselbstbild im Anfangsunterricht – Universelle Beziehungen oder kontextspezifische Zusammenhänge? Ergebnisse aus dem KILIA-Projekt. Empirische Pädagogik. 17 (4), 486-503.

Kern, A. (2007). Förderkultur – eine Zwischenbilanz. Erziehung & Unterricht. 1-2, 19-32.

Knauder, H., und Strohmeier-Wieser, A. (2015): Fördern zahlt sich aus! Schule, Aug/Sep Nr. 275, 3.

Knauder, H., und Strohmeier-Wieser, A. (2016b): Erklärungsfaktoren der Einstellungsakzeptanz und Verhaltensintention von Lehrerinnen und Lehrern zur Förderung in der Grundschule – ein schulisches Akzeptanzmodell (SAM). Zur Veröffentlichung eingereichtes Manuskript.

Knauder, H., Strohmeier-Wieser, A., Holzer, N., Pobinger, M. L. und Pignitter, I. (2016a): Individuelle Förderung durch differenzierte Unterrichtsgestaltung – Eine Frage der Akzeptanz? Zur Veröffentlichung eingereichtes Manuskript.

Kollmann, T. (1998). Akzeptanz innovativer Nutzungsgüter und -systeme: Konsequenzen für die Einführung von Telekommunikations- und Multimediasystemen. Wiesbaden: Gabler.

Kreidl, A. (2011). Akzeptanz und Nutzung von E-Learning-Elementen an Hochschulen. Gründe für die Einführung und Kriterien der Anwendung von E-Learning. Münster: Waxmann.

Müller-Böling, D., und Müller, M. (1986). Akzeptanzfaktoren der Bürokommunikation. München: Oldenbourg.

Nistor, N., und Weinberger, A. (2012) (Hrsg.). Akzeptanz von Bildungstechnologien. Theoretische Modelle und empirische Befunde. Landau: Empirische Pädagogik.

Reiß, M. (1997): Instrumente der Implementierung. In: M. Reiß, L. v. Rosenstiel und A. Lanz (Hrsg.), Chance Management. Programme, Projekte und Prozesse (91-108). Stuttgart: Schäffer-Poeschl.

Simon, B. (2001). Wissensmedien im Bildungssektor – Eine Akzeptanzuntersuchung an Hochschulen. Dissertation an der Wirtschaftsuniversität Wien.

Streich, R. K. (1997). Veränderungsprozeßmanagement [sic]. In: M. Reiß, L. v. Rosenstiel und A. Lanz (Hrsg.), Instrumente der Implementierung (S. 238-254). Stuttgart: Schäffer-Pöschel.

Venkatesh, V. und Davis, F. D. (2000). A theoretical extension of the technology acceptance model: four longitudinal field studies. In: Management Science, 46 (2), S. 186-204.

Venkatesh, V., Morris, M. G., Davis, G. B., und Davis, F. D. (2003). User Acceptance of Information Technology: Toward A Unified View. In: MIS Quarterly, 27, 3; S. 425-478.

Ziegelbauer, S. (2015). Akzeptanz als Voraussetzung gelingender Innovation in Schule. In: J. Berkemeyer, N. Berkemeyer und F. Meetz (Hrsg.), Professionalisierung und Schulleitungshandeln. Wege und Strategien der Personalentwicklung an Schulen (S. 146 – 159).Weinheim: Beltz Juventa.

Autorinnen

Dr.[in] Hannelore Knauder, Hochschulprofessorin an der Kirchlichen Pädagogischen Hochschule in Graz. Forschungsschwerpunkte: Burnout bei Lehrer/innen, Inklusive Pädagogik, Akzeptanzforschung.

Dr.[in] Alexandra Strohmeier-Wieser, Professorin an der Kirchlichen Pädagogischen Hochschule in Graz. Forschungsschwerpunkte: Inklusion, Globales Lernen, Akzeptanzforschung.

MARKUS LANG, ELISA KEESEN UND KLAUS SARIMSKI

Hörsehbehindertenspezifische / taubblindenspezifische Fachkompetenz in Frühförderung und Schule

Ergebnisse und Schlussfolgerungen einer Studie zur pädagogischen Versorgungslage in Deutschland

1 Einführung

Im Rahmen eines Forschungsprojekts der Pädagogischen Hochschule Heidelberg im Auftrag des Kultusministeriums Baden-Württemberg (12/2013 bis 12/2014) wurden Daten zum Ist-Stand der pädagogischen Versorgungslage taubblinder und hörsehbehinderter Kinder gesammelt. Im Mittelpunkt standen hierbei folgende Aspekte:

- Wie groß ist die Gruppe taubblinder und hörsehbehinderter Menschen im Kindes- und Jugendalter in Deutschland?
- An welchen Förderorten wird diese Gruppe betreut und unterstützt?
- Wie gestaltet sich die pädagogische Versorgung?
- Welche spezifischen Bedarfe weist die Zielgruppe auf?
- Wie sind die Fachkräfte, die mit hörsehbehinderten und taubblinden Kindern arbeiten, ausgebildet und welche Bedarfe werden diesbezüglich formuliert?

2 Vorgehensweise und Stichproben der Datenerhebung

Die Datenerhebung erfolgte in drei Etappen:

1. Prävalenzerhebung in 10 Bundesländern mittels Fragebogen an taubblindenspezifischen Einrichtungen sowie an Schulen und Frühfördereinrichtungen der Förderschwerpunkte Hören, Sehen, Geistige Entwicklung und Motorische Entwicklung. Insgesamt konnten 118 ausgefüllte Fragebögen ausgewertet werden.

2. Es wurden 12 themenzentrierte Experteninterviews mit Fachkräften der taubblindenspezifischen Einrichtungen Deutsches Taubblindenwerk (Hannover), Blindeninstitutsstiftung (Würzburg), Oberlinhaus (Potsdam), Stiftung St. Franziskus (Schramberg-Heiligenbronn) und Tanne (Schweizerische Stiftung für Taubblinde, Langnau am Albis) durchgeführt.
3. Fragebogen zur pädagogischen Versorgungslage an Pädagoginnen und Pädagogen aus Frühförderung und Schule, die taubblinde und hörsehbehinderte Kinder betreuen. Die Teilnehmenden gaben ihre Teilnahmebereitschaft im Fragebogen der Prävalenzerhebung an. Es nahmen 36 Personen, die insgesamt 156 taubblinde und hörsehbehinderte Kinder und Jugendliche betreuen, an der Befragung teil. 21 der Befragten arbeiten im Bereich Schule oder Frühförderung an taubblinden- und hörsehbehindertenspezifischen Institutionen, 15 an sonderpädagogischen Einrichtungen anderer Förderschwerpunkte (Hören, Sehen, Geistige Entwicklung, Motorische Entwicklung).

3 Einflussfaktoren auf Aktivität und Teilhabe

Anhand der Dimensionen der ICF (WHO 2007) lassen sich Einflussfaktoren aufzeigen, die das Ausmaß an Aktivität und Teilhabe hörsehbehinderter und taubblinder Menschen maßgeblich mitbeeinflussen. Neben den Körperstrukturen und Körperfunktionen (z.B. Ausmaß und Erwerbszeitpunkt der Beeinträchtigungen) sind dies vor allem

- die materialen Umgebungsbedingungen (z.B. Hilfsmittelversorgung, Umgebungsgestaltung, Betreuungsressourcen),
- die personenbezogenen Faktoren (z.B. Ausmaß der Hilfsmittelnutzung, Interaktionsstil, Erfahrungshintergrund) und
- die personalen Umgebungsbedingungen (z.B. Expertise und Erfahrungshintergrund der Betreuungspersonen und deren Interaktionsstil).

Darüber hinaus spielen auch die gesellschaftlichen Rahmenbedingungen (z.B. Gesetze, finanzielle Unterstützung, Aus- und Weiterbildung von Fachkräften, wissenschaftliche Forschung) eine wichtige Rolle, inwieweit Aktivität und Teilhabe ermöglicht und umgesetzt werden können.

Die skizzierten Einflussfaktoren stehen miteinander in Verbindung und bedingen sich gegenseitig. Dieser Zusammenhang ist bedeutsam für die angemessene Interpretation von Forschungsergebnissen, die in der Regel den Fokus punktuell auf einzelne Bereiche richten.

Abbildung 1 fasst sämtliche Einflussfaktoren übersichtlich zusammen.

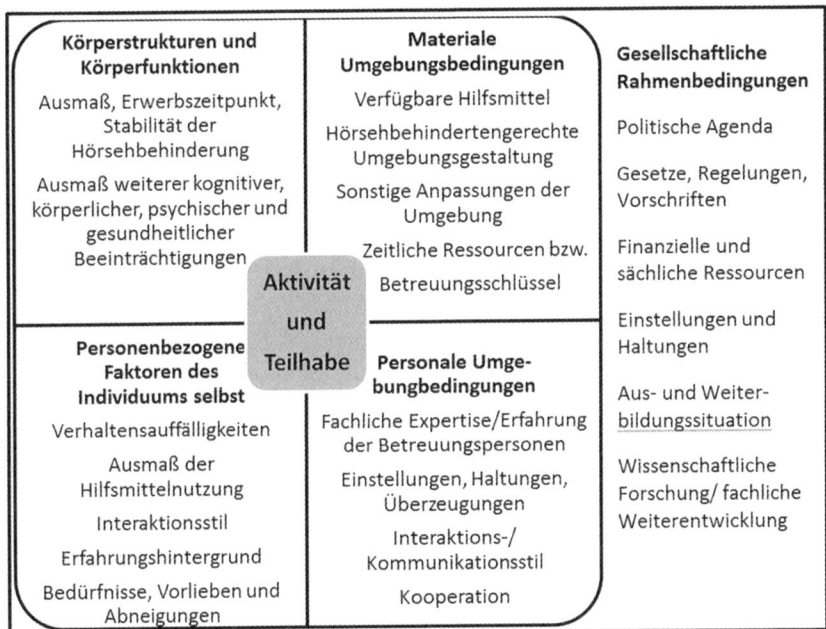

Abb.1: *Einflussfaktoren auf das Ausmaß an Aktivität und Teilhabe hörsehbehinderter und taubblinder Menschen*

4 Ergebnisse

4.1 Größe der Zielgruppe

Im Rahmen der Prävalenzerhebung konnten insgesamt 318 Kinder mit Hörverlust von mind. 60 dB und Visusverlust von 1/3 ermittelt werden. Auf der Grundlage eines Vergleichs mit umfassenden Daten, die aus den USA auf der Basis einer dort erfolgten Vollerhebung vorliegen (The NCDB 2013), kann für Deutschland von einer Prävalenzrate von Hörsehbehinderung und Taubblindheit im Kindes- und

Jugendalter von 0,01% ausgegangen werden. Dies bedeutet, dass es in Deutschland ca. 1300 Kinder und Jugendliche mit funktionalen Hörsehschädigungen gibt, die einer spezifischen Förderung und Unterstützung bedürfen. Diese Zahl könnte durchaus noch höher liegen, da vermutet werden kann, dass bei vielen Menschen mit schweren mehrfachen Beeinträchtigungen eine vorliegende Hörsehschädigung (noch) nicht diagnostiziert wurde.

62% der von uns ermittelten Kinder und Jugendlichen werden außerhalb taubblinden- und hörsehbehindertenspezifischer Institutionen gefördert und betreut.

4.2 Fachkompetenz im Bereich der Didaktik und Kommunikation

Didaktische Zugänge

In den 12 Experteninterviews wurden folgende didaktische Zugänge als bedeutsam genannt:

- Ganzheitlichkeit
- Flexibilität und Kreativität
- Situations- und Kindorientierung
- Zeit lassen und Wiederholungen ermöglichen
- Elementarisieren und exemplarische Inhaltsauswahl
- Strukturen, Rituale und Routinen
- Starke Zugewandtheit
- Zutrauen in die Entwicklungsfähigkeit

Die Auflistung zeigt, dass die Förderung und Unterstützung hörsehgeschädigter Kinder und Jugendlicher als sehr komplex wahrgenommen wird, was auf Seiten der Fachkräfte vielfältige spezifische Kompetenzen zwingend voraussetzt.

Qualifikationshintergrund und Erfahrung

Die Befragung der in der Praxis tätigen Pädagoginnen und Pädagogen konnte aufzeigen, dass 81% der Fachkräfte, die an hörsehgeschädigtenspezifischen Institutionen arbeiten, umfangreiche Erfahrungen mit hörsehgeschädigten Kindern aufweisen können, während dies nur bei 20% der Pädagoginnen und Pädagogen der Fall ist, die an nichtspezialisierten Institutionen arbeiten. Ein ähnliches Bild zeigt sich bezüglich Fort- und Weiterbildungen im Bereich Hörsehbehinderung und Taubblindheit: während sich 82% der Fachkräfte der spezialisierten Einrichtungen spezifisch weitergebildet haben, konnten dies nur 27% der Mitarbeiterinnen und Mitarbeiter anderer Einrichtungen angeben.

Vor diesem Hintergrund ist es nicht überraschend, dass die Fachkräfte spezifischer Einrichtungen signifikant häufiger über

- Kenntnisse bezüglich der Entwicklung von Kommunikation und über
- Kenntnisse in der Pädagogischen Audiologie

verfügen.

Kompetenzen im Bereich Kommunikation

Die Befragten gaben insgesamt an, in der Kommunikation am häufigsten die Lautsprache, Gestik und Mimik und Bezugsobjekte einzusetzen. In der Schule wird zudem mit Lautsprachbegleitendem Gebärden (LBG), mit Piktogrammen und spezifischen Kommunikationsritualen gearbeitet. Für den Bereich der Frühförderung werden basale Kommunikationsformen über Berührungen, Bewegung, Atmung etc. stärker berücksichtigt.

Hervorzuheben ist, dass taubblinden- und hörsehbehindertenspezifische Kommunikationsrituale und LBG (z.T. taktil) in Frühförderung und Schule signifikant häufiger von den Fachkräften der spezialisierten Einrichtungen eingesetzt werden.

Nur 21% der nicht-spezialisierten Pädagoginnen und Pädagogen fühlen sich in der Interaktion mit taubblinden und hörsehbehinderten Kindern wohl (vs. 81% der spezialisierten Fachkräfte). Allen spezialisierten Fachkräften ist das für die Praxis grundlegende Konzept "Co-Creating Communication" bekannt.

Die skizzierten Problembereiche sind den an nicht-spezialisierten Einrichtungen tätigen Pädagoginnen und Pädagogen bewusst. Sie sind mit ihren eigenen Qualifikationen bezüglich Hörsehschädigung signifikant unzufriedener (U-Test: $p=0{,}004$) als die Mitarbeitenden der spezifischen Institutionen. Darüber hinaus sind sie auch tendenziell unzufriedener mit der erhaltenen fachlichen Unterstützung. Im Bereich Kommunikation sehen sie den dringendsten Veränderungsbedarf.

4.3 Fachkompetenz im Bereich der Hilfsmittelversorgung

Eine adäquate Hilfsmittelversorgung bedeutet eine Steigerung an Lebensqualität, da sie mit folgenden Perspektiven verbunden ist (vgl. Bashinski et al. 2010, Berrettini et al. 2008; Dammeyer 2009, Hamsavi 2000; Skusa 2009):

- Vergrößerung des Lebensraums (perzeptiv und motivational)
- Steigerung von Aufmerksamkeit und Interesse gegenüber der Umgebung
- Unterstützung kommunikativer Prozesse
- Rückgang von stereotypen, aggressiven, passiven, hyperaktiven und selbststimulierenden Verhaltensweisen

Hinsichtlich der Hilfsmittelversorgung taubblinder und hörsehbehinderter Kinder und Jugendlicher konnte in unserer Befragung festgestellt werden, dass 76% der Kinder in der Frühförderung und 80% der Schülerinnen und Schüler mit Hörgeräten bzw. Cochlear-Implantaten (CI) versorgt sind. Die Brillenversorgung fällt demgegenüber mit 40% in Schule und Frühförderung vergleichsweise gering aus. Erwartungsgemäß werden FM-Anlagen in der Schule häufiger (insgesamt bei 16% der Schüler/innen) als in der Frühförderung (4% der Kinder) eingesetzt. Trotzdem erscheint die Ausstattungsquote mit FM-Anlagen insgesamt als gering. Dringender Handlungsbedarf besteht bei 2% der Schulkinder und 8% der Frühförderkinder: Hier gaben die betreuenden Pädagoginnen und Pädagogen an, dass überhaupt keine Hilfsmittel vorhanden sind, obwohl diese nötig wären.

Trotz der hohen Ausstattungsquote mit Hörhilfen (Hörgeräte und CI) gibt es in der Frühförderung und in der Schule eine fast konstant bleibende Gruppe von 26% bzw. 23% der Kinder, die ihre Hörhilfen eher selten oder nie tragen.

Eine genaue Analyse dieser Angaben konnte aufzeigen, dass Kinder und Jugendliche, die von hörsehgeschädigtenspezifischen Frühförderstellen und schulischen Einrichtungen betreut werden, ihre Hörhilfen gesamt betrachtet signifikant häufiger tragen als Kinder, die von nicht-spezialisierten Institutionen unterstützt werden (einseitiger U-Test: $p=0{,}035$). Bei isolierten Analysen von Frühförderung und Schule verschwindet dieser Effekt aufgrund kleiner Stichprobengrößen.

4.4 Fachkompetenz im Erkennen von Verhaltensauffälligkeiten

In den Experten-Interviews kam zum Ausdruck, dass vielfältige Erfahrungen mit taubblinden und hörsehbehinderten Kindern notwendig sind, um ein Verständnis von behinderungsspezifischen Verhaltensweisen zu entwickeln. Fehlen entsprechende Erfahrungswerte, kann es leicht zu Fehldeutungen der Intentionen des Kindes, zu Zuschreibungen von Fehldiagnosen und zu nicht angemessenen Reaktionen auf Seiten der pädagogischen Fachkraft kommen.

Die Fragebogenauswertung zeigte, dass in der Frühförderung hörsehgeschädigte Kinder mitunter als passiv, verweigernd, Stereotypien zeigend oder „autistisch" beschrieben werden. Für den Schulbereich tauchen ebenfalls Zuschreibungen wie Stereotypien zeigend und „autistisch" auf, darüber hinaus jedoch auch Attribute wie unruhig, destruktiv, selbstverletzend und aggressiv.

Es drängt sich die Frage auf, ob es sich bei den Verhaltensweisen tatsächlich um Verhaltensauffälligkeiten handelt, oder ob ungelöste Kommunikationsprobleme die Ursache des beobachtbaren Verhaltens sein könnten.

Die nachfolgende Tabelle bringt vermeintliche Verhaltensauffälligkeiten in Verbindung mit Ursachen, die im Bereich der Hörsehbehinderung und Taubblindheit liegen können.

Auffälliges Verhalten	Mögliche Ursache
Aufmerksamkeitsstörung	mehr Pausen und Erholung nötig aufgrund hoher Anstrengung bei Informationsaufnahme
Verweigerung bei Aufforderungen	Mangelndes Verständnis aufgrund (überschätzter) Hörfähigkeit
zwanghaftes, stereotypes Verhalten	Bedürfnis nach Sicherheit durch Rituale
Sozialer Rückzug	Probleme bei der Orientierung, Schutz vor Überforderung

Tabelle 1: Auffälliges Verhalten und hörsehgeschädigtenspezifische Ursachenkontexte

5 Schlussfolgerungen

Die vorgestellten Ergebnisse des durchgeführten Forschungsprojekts zeigen deutlich, dass Kinder und Jugendliche mit Hörsehschädigungen hohe fachliche Anforderungen an Pädagoginnen und Pädagogen stellen. Von pädagogischer Qualität der Unterstützung und Förderung taubblinder und hörsehbehinderter Kinder und Jugendlicher kann nur dann gesprochen werden, wenn auf Seiten der pädagogischen Fachkräfte eine entsprechend spezifische Expertise vorhanden ist. Ein Ausbau von Qualifizierungs- und Beratungsangeboten ist dringend notwendig, um den spezifischen Bedürfnissen hörsehgeschädigter Menschen gerecht zu werden.

Literatur

Bashinski, S., Durando, J., und Stremel-Thomas, K. (2010). Family Survey Results: Children with Deaf-Blindness who have Cochlear Implants. AER J,3, 81-90.

Berrettini, S., Forli, F., Genovese, E., Santarelli, R., Arslan, E., Maria Chilosi, A., und Cipriani, P. (2008). Cochlear implantation in deaf children with associated disabilities: challenges and outcomes. *International Journal of Audiology*,47(4), 199-208.

Dammeyer, J. (2009). Congenitally deafblind children and cochlear implants: Effects on communication.*Journal of Deaf Studies and Deaf Education*, 14(2), 278-288.

Hamzavi, J., Baumgartner, W. D., Egelierler, B., Franz, P., Schenk, B., und Gstoettner, W. (2000). Follow up of cochlear implanted handicapped children. *International journal of pediatric otorhinolaryngology*, 56(3), 169-174.

Skusa (2009). Cochlea Implantat (CI) bei taubblinden/hörsehgeschädigten Kindern und Jugendlichen. In: Lemke-Werner, G.; Pittroff, H. (Hrsg.). *Taubblindheit / Hörsehbehinderung – ein Überblick*. Würzburg: Edition Bentheim. 235-254.

World Health Organization (Ed.). (2007). *International Classification of Functioning, Disability, and Health: Children & Youth Version: ICF-CY*. World Health Organization.

Projektveröffentlichungen

Lang, M., Keesen, E., Sarimski, K. (2015): Prävalenz von Taubblindheit und Hörsehbehinderung im Kindes- und Jugendalter. *Zeitschrift für Heilpädagogik* 66, 142-150.

Lang, M., Keesen, E., Sarimski, K. (2015): Zur Situation der Hilfsmittelversorgung und der Umgebungsgestaltung taubblinder und hörsehbehinderter Kinder und Jugendlicher in Deutschland. blind-sehbehindert 135, 280-291.

Lang, M., Keesen, E., Sarimski, K. (2015): Kinder mit Taubblindheit und Hörsehbehinderung. Wie steht es um ihre Versorgung in der Frühförderung? Frühförderung interdisziplinär 34, 194-205.

Sarimski, K., Lang, M., Keesen, E. (2015): Kommunikationsförderung bei Kindern und Jugendlichen mit Hörsehbehinderung - Zum Stand der Qualität der pädagogischen Versorgung aus der Sicht der Praxis. Hörgeschädigten Pädagogik 69, 145-153.

Sarimski, K., Lang, M. (2016): Form und Zusammenhänge von Verhaltensauffälligkeiten bei Kindern mit Hörsehschädigung. Zeitschrift für Heilpädagogik 67, 29-37.

Autoren

Prof. Dr. Markus Lang, Lisa Keesen, Prof. Dr. Klaus Sarimski

Pädagogische Hochschule Heidelberg, Institut für Sonderpädagogik, Keplerstraße 87, 69120 Heidelberg

Themenschwerpunkt Medizin

LEA HYVÄRINEN

Transdisciplinary Assessment of Visual Functioning in Infants and Children

This invited speech discusses the assessment of visual functioning in children with problems in the visual brain structures. Transdisciplinary teams in education and in medicine are working together to evaluate atypical visual functions. The disorders in visual processing are numerous and children often also have changes in the anterior visual system: eyes and visual pathways and several non-visual problems (motor problems due to Cerebral Palsy, hypotonia due to Down Syndrome affecting accommodation etc.) Therefore the assessment requires structuring before the higher visual processing functions can be evaluated.

1. Information for the assessment is gathered from all people in care and education of the child
   a) child's therapist(s), early intervention workers, teachers, orientation and mobility instructors, school administration;
   b) medical services: ophthalmologist, paediatric neurologist, psychologist, audiologist, and optometrists and opticians related to devices;
   c) special schools' and their resource centres.
2. Changes in visual functions due to diseases in the eyes and visual pathways or due to refractive errors are first examined using standard tests. This makes it easier to imagine *what kind of visual information is entering the brain for processing*.
3. Tests for the early visual processing in the occipital lobe are used next to understand the changes in *the structure of information in early processing*. For example, a child may be able to use the concept of direction and length of objects and lines in eye-hand coordination (parietal lobe function) but not purely visually

recognize them (temporal lobe function). Thus the basic functions of perception of directions and lengths must be present in the early processing functions because they can be used in one area of higher functions.

4. Numerous visual functions used in school age are observed and reported by teachers who know them well and thus can notice the difference between children who do not see (perceive) or recognize details in tasks and children who do not understand the tasks. This improves the quality of teaching and makes it more rewarding for teachers and students alike. The list of vision related functions at school age, the Profile of Visual Functioning[1] is helpful in choosing the normal functions, and the problematic functions that are observed and analysed first, and the less atypical functions that are assessed later. The normal functions are usually more than half of all assessed functions and are important information for the parents and teachers because these normal functions may be used to support weak functions.

5. Clinical examinations should cover **visual acuity**, measured using standard line tests at near and distance, tightly spaced optotype test for assessment of **crowding** phenomenon, and the **optimal text size** (tested further by teachers). Standard optotype tests that have been calibrated using the international reference test, Landolt C test, usually result in similar visual acuity values but students with visual processing problems may get different visual acuity values with these standard tests. Therefore the tests have been printed on one test to avoid printing differences and in each test, four optotypes are used to make the tests closely similar (Figure 1). If one of the tests results in different visual acuity value, recognition functions should be carefully investigated.

Grating acuity is measured with large gratings (20 cm in diameter) at 0.5, 2, 4 and 8 cpcm lines paying attention on how the grating lines are seen in the middle of the grating. **Contrast sensitivity** is measured using low contrast optotypes (10M size symbols as line test at several contrast levels) to assess vision at low visual acuity values. Low contrast tests are rarely used in clinical examinations and thus

---

[1] Hyvärinen L, Walthes R, Freitag C, Petz V. Profile of visual functioning as a bridge between education and medicine in the assessment of impaired vision. Strabismus. 2012, 20(2):63-68. doi: 10.3109/09273972.2012.680235.

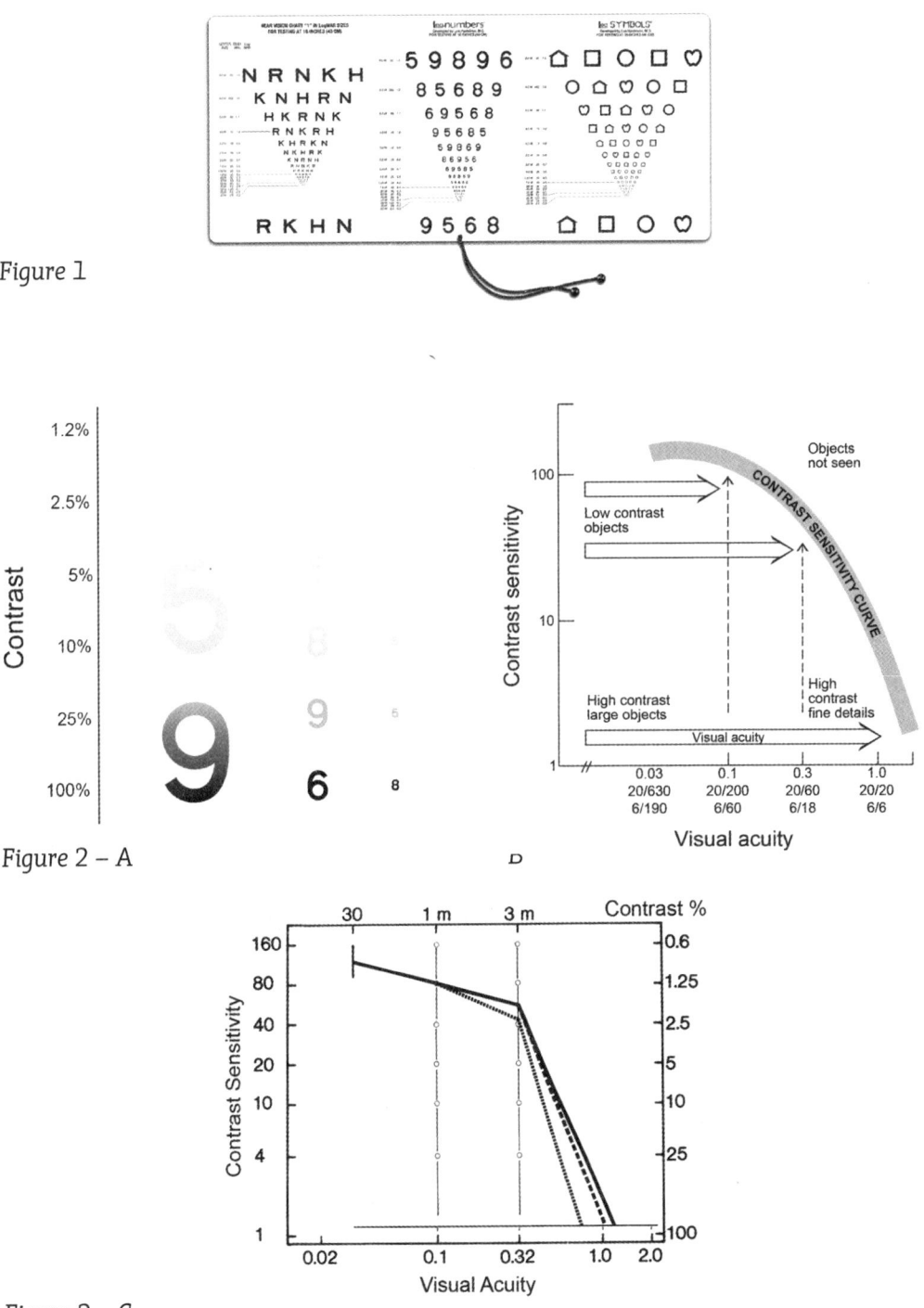

Figure 1

Figure 2 – A

Figure 2 – C

it is not known that the visual system transfers information most effectively at intermediate and low spatial frequencies, i.e. in the area of "Low Vision" (Figure 2).

Children with atypical visual functioning and visual processing disorders often have visual acuity values higher than 0.3 and thus do not have "Low Vision". In many countries they do not qualify for special educational services and activities of vision impaired students. As seen in Figure 3, contrast sensitivity slopes of the 50 students with motor disorders, mostly Cerebral Palsy, were not far from normal area. Only 12 of the 50 students had visual acuity less than 0.3 in this cohort chosen by the teachers for assessment due to problems in several visual areas.

Motion perception is seldom assessed in clinical examinations and must be observed at school. Problems in motion perception can be in seeing high speed information (fast flying balls disappear) or low speed information for example when movements are shown in gymnastics and have to be modelled on the body of the student, or a ball vanishes when it stops moving. Motion information is the core information in communication: facial expressions are fast moving faint shadows, lip reading/speech reading, gestures, and body language are motion information, yet they are not regularly evaluated.

Visual field tests have been developed for follow-up of retinal diseases, especially glaucoma and measure function with small lights of brief duration (automatic perimetry) or moving dots of light (Goldmann perimetry). The speed of movement in Goldmann perimetry is slow and therefore in hemianopia or quadrantanopia the perimetric "total loss of form vision" does not depict that in the area of "loss", motion perception can be close to normal and can be trained. Perimetric results do not depict the structure of the central image. The fine gratings can reveal that the lines in the centre of the test are distorted or move or disappear. By showing students the full contrast 8 cpcm grating, first without a cover and then with a cover on it so that only a round area of about five centimeters in diameter is visible, children experience improvement in the structure of the lines. Even in normal vision the lines have fewer disturbances when the surrounding information is covered. *Retinal functions in the perifoveal and perimacular areas may disturb the foveal functions.* Some vision impaired children use covers with different sizes of holes to cover the area surrounding the task in mathematics. This reduces disturbances in the structures of numbers or parts of the equations that can make the child anxious and frustrated.

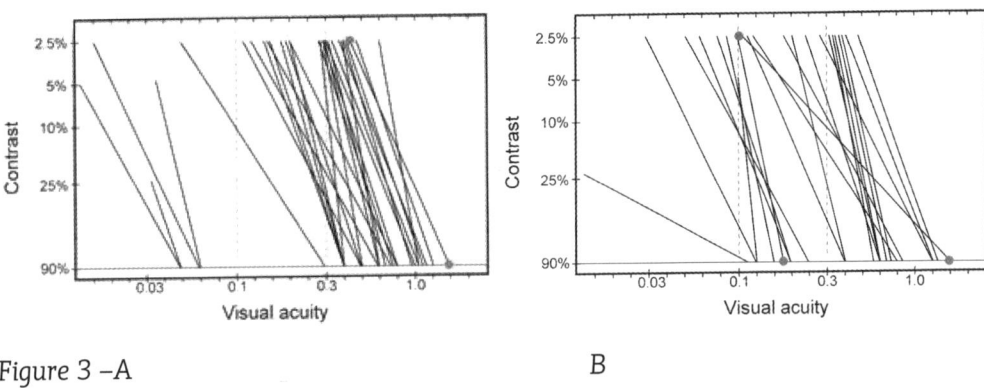

Figure 3 –A   B

These children should have only one task in the middle of the page to decrease interference from surrounding information. Improvement in the quality of the central grating lines when the surrounding grating is covered is possible even in perfectly normal vision.

6. The description of the main pathways in the transfer of visual information nearly always covers only the **retinocalcarine pathway** that mainly transfers parvocellular information; only about 10% of the nerve fibers are magnocellular. Koniocellular fibers are still fewer. The less known **tectopulvinar pathway** transfers low contrast information in motion and functions well already at birth, whereas the retinocalcarine pathway and its lateral geniculate nucleus maturate during the first three months (Figure 4). Tectopulvinar pathway functions make it possible that newborn infants are able to respond with mirror neuron system functions to *adult initiated eye contact and smiling*. This activity is combined with feeling accepted and loved in the baby and greatly supports the development of brain. Infants grow on happiness and love that also strengthen bonding.

If the early visual processing functions are tested before school age, it is possible to become aware of difficulties in development of some core concepts and teachers can start further assessment supported by psychologists and pediatric neurologists. It is important that the child learns early that he/she sees and experiences some situations differently from other children "but being different is normal, it only requires learning some tasks differently". The student is not "disabled", he/she is **a different learner**. Eye specialists should not describe vision "poor" if there is a lower than usual visual acuity value because low visual acuity is easy to compensate using magnifying devices or geometric magnification or both. Low contrast optotype and grating acuity and motion perception should be assessed in each case of visual processing problems to better understand the child/student.

In all examinations, the student's **posture** should be stable and, if necessary, well supported so that motor problems in the stability of the posture do not disturb measurements. This is especially important in the large group of children with cerebral palsy who often come to the examination sitting in their wheelchair without sufficient head and body support. Student's therapist should be informed that stable head and body position are necessary for the examination and visual ergonomics should be trained in classroom activities.

What we see is strongly attached to the present situation in our life. We see what we expect to see and what we are accustomed to observe. We are also affected by the changes in the closely surrounding environment. Some children with insufficient inhibitory functions cannot shut off disturbing noise, visual, auditory and tactile information that typically developing children easily can block and are thus unaware of. Children diagnosed with ADHD or autistic behaviors should have careful assessments of their sensory functioning and problems, receive devices and enjoy teaching situations where their functioning is least disturbed. It is important to assess the **effect of environment** on the functioning and participation of all children.

When the tests in medical assessments are repeated at school, the changes in students visual processing functions can be observed in daily tasks and effective alternate strategies in learning can be created, often techniques of blind students. The educational and medical vision teams' transdisciplinary assessments can find useful strategies and techniques for students with visual processing problems. The visual processing disorders are often given a diagnose CVI, Cortical/cerebral visual impairment. "Impairment" is not a disease and therefore cannot be used as a clinical diagnose. The correct term is visual processing disorders and the individual disorders should be carefully described.

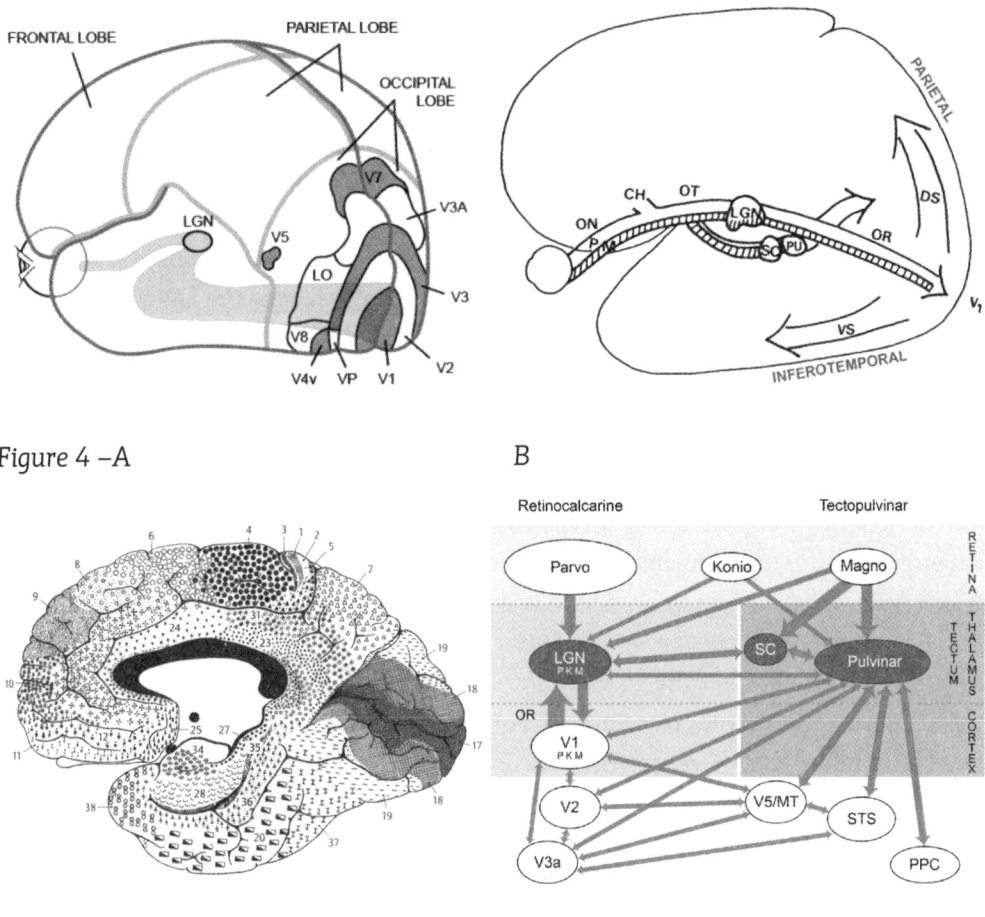

Figure 4 –A

B

Figure 4 –C

D

Legends:

Figure 1. Three near vision tests based on optotypes calibrated with Landolt C: four Sloan letters, four LEA Numbers, and four LEA Symbols (Good-Lite). In healthy young adults, these tests result in similar mean visual acuity values. If one of these three tests results in a different visual acuity value than the other two, this is a finding to be reported for further investigation. For countries using Landolt C in clinical examinations instead of recognition optotypes, there is a test with these three tests and the Landolt C test. For demonstration of the test for blind persons a large visuotactile copy can be made.

Figure 2. This figure, composed of three pictures will be possible to study as large visuotactile pictures. A: LEA Numbers with varying size at different contrast levels. In the figure A, black, full contrast LEA Numbers optotypes become smaller when felt from left to right. This depicts the optotypes in visual acuity tests becoming smaller in the lower part of the test, allowing measurement of the smallest optotypes correctly seen, which is the visual acuity value B: If a line is drawn through the points where the faint numbers (tactile numbers becoming flatter and flatter upwards) in Figure A disappear, a line is formed that is close to a straight line (the "slope") between full contrast and 2.5% contrast; then bends as a curve toward the low visual acuity values. Note that the transfer of information is best in the area of "Low Vision", i.e. at visual acuity values lower than 0.3. Thus low contrast vision should always be measured in assessment of atypical vision to find how effectively it is transferred to the visual brain. C. Contrast sensitivity curves of mean values in young adults (bold line), 5-year-old children (dashed line) and 3-4-year-old children (dotted line) were measured using LEA Symbols. At the lowest contrasts, the mean values are nearly equal in these groups, but the slope of the curve for the youngest group comes down at a lower visual acuity value than the other two curves (many young children are not fond of small pictures). Note the straight 'slope' between 93% and 2.5% contrast level. Because the lines are so close to each other, magnification in this visuotactile picture should be varied to learn in which magnification the lines can be felt. Each line should have different tactile structure.

Figure 3. A and B depict the slopes of contrast sensitivity curves of fifty students. The slope lines are close to each other and therefore difficult to feel as individual lines except in large magnifications: Contrast sensitivity slopes of 50 students with health problems severe enough to warrant schooling in residential schools close to local University Hospitals. The angle of declination of the slopes shows some variation but is not far from the average declination. (Compare with the picture 2.C). Note that a student with high full contrast visual acuity may have a typical slope (marked with blue dots in A) or a very flat slope so that visual acuity at 2.5% contrast is the same as that of a slope starting at visual acuity 0.18 on the x-axis (marked with blue dots in B). These two lines should be made with a surface different from the other lines to be clearly felt. This figure shows that visual acuity at full contrast does not always predict visual acuity at low contrast levels. Thus both values should be measured in the assessment of atypical vision.

Figure 4. From the eyes to the brain there are two main pathways, the **retinocalcarine pathway** (on the left in the picture) and the **tectopulvinar pathway** (on the right of the picture). **A.** Structure of the retinocalcarine pathway from the eye, via the lateral geniculate nucleus (LGN) and from the LGN to the first visual cortical area, V1, is clearly shown in this picture. In the occipital lobe, there are several specific visual areas (V1 to V8 and lateral occipital complex, LOC/LO that is a part of the ventral networks or "stream"). On the back surface of the brain, the V1 area contains nerve fibers from the macular area of the retina; thus a blow to the back of the head causes worst changes in the central visual field. **B.** V1 area (purple colour, specific tactile surface) is mostly on the inside of the hemisphere and therefore less damaged by blows than the V1 on the back surface; thus peripheral visual field and contrast sensitivity may be normal. **C.** The retinocalcarine pathway seen from the side. P = parvocellular fibers, M = magnocellular fibers. In the thalamus, nerve fibers reach the pulvinar nucleus (PU), which gets input also from superior colliculus (SC) (located in tectum). Note that the tectopulvinar pathway bypasses the optic radiation (OR). **D.** Flow in the retinocalcarine pathway (on the left side of the picture) shows strong backwards flow from V1 to LGN (thick arrow); this information coming from the cortical functions to V1 and from V1 to LGN functions as a filter for the information coming from the eyes so the information leaving LGN to V1 is less than what arrived from the eyes. Note that flow between LGN and V1 and all other visual areas in the occipital lobe and also V5 is in two opposite directions. The tectopulvinar pathway (on the right side of the picture D) is known for nearly 40 years but is not known in ophthalmology because in clinical work, the functions of this pathway: low contrast vision and motion vision are rarely measured. This pathway **functions at birth** and is important in the early imitation of facial expressions that are fast moving faint shadows. Since

newborn infants can use low contrast visual information in motion, they **have effective vision for communication**. Their vision should not be described with high contrast optotype acuity ("less than 20/200") because the retinocalcarine pathway does not function at birth.

This figure requires fairly large magnification and assisted study of the complex structure of the visual pathways (There are million times more details, fibers and specific areas in the functioning brain). If well done, it is an important figure for blind students and teachers. A 3-dimensinal copy of brain with different parts that can be removed and studied individually is a good additional learning tool.

Autorin

Lea Hyvärinen, MD, PhD, TU Dortmund

Themenschwerpunkt Lebensphasen

STEPHAN MARKS

Menschenwürde und Scham

Salman Rushdie vergleicht Scham mit einer Flüssigkeit, die in ein Glas gefüllt wird. Wenn jedoch zuviel Scham da ist, fließt das Glas über. In vielen Kulturen wird eine Minderheit zu Trägern dieser Scham gemacht und ausgegrenzt (vergleichbar mit dem Sündenbock-Ritual). Auf diese Weise wird Scham „entsorgt", tabuisiert. Damit gerät jedoch auch ihre positive Funktion aus dem Blick: „Scham ist die Wächterin der menschlichen Würde" (Leon Wurmser).

Um die würde-behütende Funktion der Scham fruchtbar zu machen, ist es notwendig, die Scham zu enttabuisieren, sie zu einem Thema zu machen: sie wahrzunehmen, zu verstehen, in konstruktiver Weise mit ihr umzugehen.

Die Entwicklung der Scham beginnt sehr früh. Ihre Vorläufer entwickeln sich in der frühen Eltern-Kind-Kommunikation – ihre Entwicklung im eigentlichen Sinne beginnt ab ca. Mitte des 2. Lebensjahres. Von besonderer Bedeutung ist der Blick: ist die Qualität des Augen-Kontakts.

Scham wird oft transgenerational weitergereicht, z.B. durch Beschämungen in Erziehung, (Hoch)Schule, Ausbildung u.v.a.; Beschämungen zählen zum heimlichen Lehrplan der „schwarzen Pädagogik" (Rutschky).

Scham gehört zum Mensch-Sein. Zugleich ist sie individuell verschieden ausgeprägt und verschieden je nach Geschlechts- und Kultur-Zugehörigkeit.

Scham ist ein sehr peinigendes Gefühl, das eng mit Körperreaktionen verbunden ist (z.B. Erröten). Wer sich schämt, der „igelt" sich ein, möchte im Erdboden versinken.

So zeigt schon die Körperhaltung: Scham macht narzisstisch. Sie trennt die Menschen (jedenfalls solange sie unbewusst ist).

Scham kann von verschiedener Dauer (flüchtig bis dauerhaft) und Intensität sein (leicht bis abgrundtief).

Scham kann in jeder zwischenmenschlichen Begegnung akut werden. Daher ist es für alle, die mit Menschen arbeiten, wichtig, Scham zu erkennen, sie zu verstehen und kompetent mit ihr umzugehen.

Scham ist nicht mit Beschämung zu verwechseln: Scham einerseits ist eine natürliche Reaktion einer sich schämenden Person (z.B. aufgrund eines begangenen Fehlers). Beschämung andererseits bedeutet, von anderen Menschen verhöhnt, verachtet, schikaniert, ausgegrenzt etc. zu werden.

Zu unterscheiden ist zwischen einem gesunden Maß an Scham („gesunde Scham") und einem traumatischen Zuviel an Scham („traumatische Scham"). Bei letzterem wird das Ich von Schamgefühlen überflutet. Einen Fehler *gemacht* zu haben wird dann erlebt als „ein Fehler *sein*". Dies ist ein Zustand existenzieller Angst.

Dabei werden andere neuronale Systeme aktiviert als bei Anerkennung. Scham ist wie ein „Schock, der höhere Funktionen der Gehirnrinde zum Entgleisen bringt" (Donald Nathanson). Das Verhalten ist reduziert auf primitive Schutz-Mechanismen (sog. „Reptilienhirn"): Angreifen, Fliehen oder Verstecken.

Weil diese Scham so schmerzhaft ist, springt der Betroffene in andere, weniger unerträgliche Verhaltensweisen, um die Scham nicht spüren zu müssen:

- *akut*, um sich vor existenzieller Angst zu schützen.
- oder *prophylaktisch*, um von vornherein Scham-Situationen zu vermeiden.

Ziel ist es, die Scham nicht fühlen zu müssen, sie quasi „los"zuwerden („Schamlosigkeit").

Einige verbreitete Scham-Abwehrmechanismen:

- Das, wofür man sich schämt, wird auf andere projiziert.
- Um die eigene Scham nicht fühlen zu müssen, werden andere gezwungen, sich zu schämen: sie werden beschämt, verhöhnt, verachtet, bloßgestellt, ausgegrenzt, gemobbt etc.
- Durch Arroganz oder Unverständlichkeit versucht man sich unangreifbar zu machen: die Anderen sollen sich klein, hässlich, inkompetent fühlen. Niemand soll die Selbstwertzweifel hinter dieser „Maske" erkennen können.

- Man zeigt keine „schwachen", angreifbaren Gefühle wie Güte oder Hoffnung, sondern äußert sich nur negativ oder zynisch.
- Trotz, Wut, Gewalt: Man ist lieber aktiv als passiv; lieber Angreifer, als die ohnmächtige Scham auszuhalten.
- Man macht sich ganz klein, unsichtbar, gibt sich selbst auf, um nicht beschämt zu werden.
- Man verhält sich ganz brav, angepasst, diszipliniert und fleißig. Ehrgeiz kann im Extrem bis zu verabsolutiertem Leistungsdenken und Perfektionismus führen.
- Wenn es als lebensbedrohlich erlebt wird, bei einem Fehler ertappt zu werden, muss dieser um jeden Preis versteckt werden durch Lügen, Ausreden, Rechtfertigen oder Schuldzuweisung an andere.
- Weiche, verletzbare Emotionen werden eingefroren (emotionale Erstarrung); dies kann zu chronischer Langeweile, Depression oder Suizid führen („lieber tot als rot").
- Schamgefühle werden durch Suchtmittel betäubt, wodurch die Schamgefühle oft noch vermehrt werden (in „Der kleine Prinz" sagt der Alkoholiker, zusammengefasst: „Ich schäme mich, weil ich trinke und ich trinke, weil ich mich schäme").

Scham und ihre Abwehr haben immer auch eine Funktion für eine Gruppe, Organisation oder Gesellschaft: „Beschäme und herrsche!" Mobbing greift häufig auf die Scham-Abwehrmechanismen zurück.

Abgewehrte Scham vergiftet die zwischenmenschlichen Beziehungen. Daher gilt es zu vermeiden, dass ein traumatisches „Zuviel" an Scham entsteht.

Es geht jedoch *nicht* darum, die Scham zu vermeiden oder gar abzuschaffen, denn sie beinhaltet wichtige Entwicklungsimpulse. Es ist nicht zu vermeiden, dass etwa Eltern oder Lehrer bei Heranwachsenden Schamgefühle auslösen, z.B. durch Rückmeldungen oder Vermittlung von Verhaltensregeln, aber: Erziehen bedeutet nicht beschämen. Die Kunst besteht darin, Rückmeldung in einer nicht-beschämenden Weise zu geben. Es geht darum, vermeidbare, *überflüssige* Scham zu vermeiden.

Scham ist nicht gleich Scham. Ich unterscheide zwischen vier Themen (oder „Quellen") der Scham (die z.T. ineinander übergehen):

Scham durch Verletzung des Grundbedürfnisses nach Anerkennung

Menschen brauchen Anerkennung (so wie Pflanzen Sonnenlicht benötigen). Wenn dieses Grundbedürfnis verletzt wird, können Schamgefühle zurückbleiben; z.B. wenn man nicht gesehen, übergangen, wie Luft behandelt wird.

Missachtungen können in *personaler* oder *struktureller* Weise geschehen.

Von besonderer Bedeutung ist Anerkennung für die frühkindliche Entwicklung. Säuglinge suchen nach dem „liebevoll spiegelnden Glanz im Auge der Eltern" (Heinz Kohut). Wird dieses Bedürfnis in massiver (traumatischer) Weise verletzt (z.B. wenn die Eltern depressiv, suchtkrank, traumatisiert sind oder aufgrund kulturspezifischer Erziehungspraktiken), dann besteht die Gefahr, dass das Wachstum wichtiger Gehirnregionen zurückbleibt. Vgl. dazu das „Still Face Experiment" (Video verfügbar bei YouTube).

Allerdings können frühkindliche Defizite häufig kompensiert werden („Resilienz").

Menschen, die ein traumatisches Zuwenig an Anerkennung erfahren haben, sind in Gefahr, einen abgrundtiefen Hunger nach Anerkennung – um jeden Preis – zu entwickeln. Sie sind dann vielleicht zu Allem bereit, nur um gesehen zu werden.

Kurz: Man kann Menschen mit Scham erfüllen, indem man ihnen Anerkennung verweigert – ein uraltes Herrschaftsmittel.

Positiv gewendet: Einem Menschen überflüssige Scham zu ersparen (und ihn in seiner Würde zu unterstützen) bedeutet, ihm Anerkennung zu geben. Diese bezieht sich auf die jeweilige Einzigartigkeit eines Menschen; sie bedeutet nicht, alle seine Verhaltensweisen unkritisch „toll" zu finden (so die Familientherapeutin Annette Frankenberger).

Scham durch Verletzungen des Grundbedürfnisses nach Schutz

Schamgefühle („Intimitäts-Scham") können zurückbleiben, wenn schützende Grenzen verletzt wurden, körperlich oder seelisch. Wenn öffentlich wurde, was intim, privat ist. Wenn das Grundbedürfnis nach Schutz verletzt wurde (aktiv, durch sich selbst, oder passiv, durch andere).

Massive Scham wird ausgelöst, wenn Grenzen in traumatischer Weise verletzt wurden, z.B. durch Folter, sog. „Missbrauch" oder Vergewaltigung. Dies kann zur

Folge haben, dass Überlebende („Opfer") ihre Grenzen vielleicht nicht mehr in gesunder Weise regulieren können.

Kurz: Man kann Menschen mit Scham erfüllen, indem man ihre Grenzen verletzt – ein uraltes Herrschaftsmittel.

Positiv gewendet: Einem Menschen überflüssige Scham ersparen (und ihn in seiner Würde zu unterstützen) bedeutet, seine Grenzen zu achten; ihm einen geschützten „Raum" zur Verfügung zu stellen.

Scham durch Verletzung des Grundbedürfnisses nach Zugehörigkeit

Schamgefühle können zurückbleiben, wenn man den Erwartungen und Normen der Mitmenschen nicht gerecht wird und daraufhin ausgelacht, gemieden oder ausgegrenzt wird. Wenn man „peinlich" war, sich danebenbenommen hat. Wenn das Grundbedürfnis nach Zugehörigkeit verletzt wurde.

Diese Scham entzündet sich an der Differenz zwischen dem Ich und den Erwartungen der anderen (Familie bzw. Gesellschaft). Wenn z.B. Schwäche als schändlich angesehen wird (traditionell z.B. in Deutschland), dann schämen sich Menschen, die krank, arbeitslos, arm, abhängig, gescheitert, alt, behindert etc. sind.

Menschen, die massive Ausgrenzungen erfahren haben, sind in Gefahr, ein übermächtiges Verlangen nach Zugehörigkeit zu entwickeln – um jeden Preis. So dass sich daneben ihre Fähigkeit nur schwach entwickeln kann, einer Gruppen-Erwartung zu widerstehen und zu sagen: „Nein! Da mache ich nicht mit!" z.B. wenn ein Mitschüler gemobbt wird.

Kurz: Man kann Menschen mit Scham erfüllen, indem man sie als „anders" markiert und ausgrenzt – ein uraltes Herrschaftsmittel.

Positiv gewendet: Einem Menschen vermeidbare Scham ersparen (und in seiner Würde zu unterstützen) bedeutet, ihm Zugehörigkeit zu vermitteln.

Scham durch Verletzung des Grundbedürfnisses nach Integrität

Schamgefühle bleiben zurück, wenn ein Mensch seinen eigenen Werten nicht gerecht wurde und sich vor sich selbst schämt („Gewissens-Scham"). Hierbei geht es nicht um die Erwartungen und Normen der Anderen, sondern um die eigenen Werte.

Diese Scham bleibt zurück, wenn das Grundbedürfnis nach Integrität verletzt wurde. Dies ist die Scham der Täter; sie bleibt zurück, wenn ein Mensch schuldig geworden ist, auch sich selbst gegenüber. Dies ist auch die Scham der Zeugen von Unrecht, z.B. wenn ein Kollege bloßgestellt wird.

Kurz: Man kann Menschen mit Scham erfüllen, indem man sie zwingt, gegen ihr eigenes Gewissen zu handeln, z.B. sie zu Zeugen von Unrecht macht – ein uraltes Herrschaftsmittel.

Positiv gewendet: Einem Menschen vermeidbare Scham ersparen (und ihn in seiner Würde zu unterstützen) bedeutet, seine Werte zu respektieren; ihn nicht zu zwingen, seine eigenen Werte zu verletzen.

Zusammengefasst: Scham ist wie ein Seismograph, der sensibel reagiert, wenn das menschliche Grundbedürfnis nach Anerkennung, Schutz, Zugehörigkeit oder Integrität verletzt wurde. Mit anderen Worten, wenn die Würde eines Menschen verletzt wurde, aktiv (durch andere) oder passiv (durch sich selbst).

In Anlehnung an Johan Galtung können diese Grundbedürfnisse auf personale oder strukturelle Weise verletzt werden.

Dieser Seismograph reagiert auch, wenn man Zeuge ist, wie die Würde anderer Menschen verletzt wurde oder wenn dieser sich selbst entwürdigt („fremdschämen").

Die vier Themen der Scham sind wie ein Mobile, das jeder Mensch in jeder Situation neu ausbalancieren muss. Die Würde eines Menschen zu achten, bedeutet damit – aus Sicht der Scham-Psychologie – ihm oder ihr „überflüssige", vermeidbare Scham zu ersparen: nicht zu beschämen. Das heißt, einen „Raum" zur Verfügung zu stellen, in dem er Anerkennung, Schutz, Zugehörigkeit und Integrität erfährt – auf personale und strukurelle Weise.

Empathische Scham: Gefahr und Chance für helfende Berufe

Bisher in diesem Text wurde die Scham betrachtet, als sei sie eine Emotion, die jeder Mensch individuell „in" sich habe. Gerade bei der Scham muss diese Vorstellung jedoch relativiert werden: Sie ist eine Emotion, die auch stark zwischenmenschlich wirkt; gerade für die Scham gilt, was Joachim Bauer (2005) in seinem Buch „Warum ich fühle was du fühlst" beschreibt. Diese Eigenschaft der Scham wird umgangssprachlich mit dem Begriff „Fremdschämen" bezeichnet. C. G. Jung sprach von psychischer Ansteckung; die Scham-Forschung von „empathischer Scham". Tiefenpsychologisch formuliert: gerade Schamgefühle sind in besonderem Maße gegenübertragungsmächtig.

Diese Wirkung der Scham (Gehirnforscher erklären sie mit sog. Spiegelneuronen; vgl. Bauer 2005) kann zum Risikofaktor werden, wenn Helfende mit massiv schambelasteten Klienten arbeiten und deren Scham empathisch mitfühlen. Ihr eigenes Gefäß (ich erinnere an die Metapher von Scham als Flüssigkeit und der menschlichen Psyche als Gefäß) kann dadurch voller werden. So weit die unbewusste Ebene.

Zusätzlich sind helfende Berufe (auf der bewussten Ebene) nicht selten auch der Schamabwehr ihrer Klient/-innen ausgesetzt. Katharina Gröning (2001) beschreibt dies am Beispiel der Altenpflege: Wenn Pflegekräfte von Patienten beleidigt, bespuckt oder geschlagen werden, besteht die Gefahr, dass sie selbst in eine traumatische Schamüberflutung geraten und eigene Abwehrmechanismen aktiviert werden, die z.B. während der eigenen Schul- oder Ausbildungszeit (deren „heimlicher Lehrplan") erlernt wurden. Insofern ist Psychohygiene für Helfende von großer Bedeutung: die Achtsamkeit für die eigene Würde, d.h. für Anerkennung, Schutz, Zugehörigkeit und Integrität.

Achtsamkeit für Schamgefühle, gerade in der Gegenübertragung, sind aber auch eine Chance, um verborgene Schamgefühle bei Klient/-innen wahrnehmen zu können. Die Botschaft lautet etwa: „Weil ich um die Scham (und meine eigene Geschichte mit ihr) weiß, kann ich auch die Schamgefühle meiner Klient/-innen spüren und ihnen einen Raum bieten."

Literatur

Baer, Udo & Frick-Baer, Gabriele (2008). Vom Schämen und Beschämtwerden. Beltz.

dies. (2009). Würde und Eigensinn. Beltz.

Bauer, Joachim (2005). Warum ich fühle was du fühlst. Intuitive Kommunikation und das Geheimnis der Spiegelneuronen. Hoffmann und Campe.

Bradshaw, John (2006). Wenn Scham krank macht. Verstehen und Überwinden von Schamgefühlen. Knaur.

Cyrulnik, Boris (2011). Scham. Im Bann des Schweigen – Wenn Scham die Seele vergiftet. Präsenz.

Hantel-Quitmann, Wolfgang (2009). Schamlos. Was wir verlieren, wenn alles erlaubt ist. Herder.

Hilgers, Micha (2012). Scham. Gesichter eines Affekts. Vandenhoeck & Ruprecht (4. Aufl.).

Honneth, Axel (2003). Kampf um Anerkennung. Zur moralischen Grammatik sozialer Konflikte. Suhrkamp.

Immenschuh, Ursula & Marks, Stephan (2014). Scham und Würde in der Pflege. Ein Ratgeber. Mabuse.

Lewis, Michael (1993). Scham. Annäherung an ein Tabu. Kabel.

Margalit, Avishai (1997). Politik der Würde. Über Achtung und Verachtung. Alexander Fest.

Marks, Stephan (2010). Die Würde des Menschen. Gütersloher Verlagshaus.

ders. (2014). Warum folgten sie Hitler? Die Psychologie des Nationalsozialismus. Patmos (3. Aufl.).

ders. (2016). Scham - die tabuisierte Emotion. Patmos (6. Aufl.).

Mettler-v. Meibom, Barbara (2006). Wertschätzung. Kösel.

Nathanson, Donald (1987). A timetable for shame. In: ders. (Hg.). The many faces of shame. Guilford, S. 1-63.

Riedel, Ingrid (1991). Hans mein Igel. Wie ein abgelehntes Kind sein Glück findet. Kreuz.

Rushdie, Salman (1990). Scham und Schande. Piper.

Rutschky, Katharina (Hg.) (1977). Schwarze Pädagogik. Quellen zur Naturgeschichte der bürgerlichen Erziehung. Ullstein.

Schore, Allan (1998). Early Shame Experiences and Infant Brain Development. In: Paul Gilbert & Bernice Andrews (Hg.): Shame. Interpersonal Behavior, Psychopathy, and Culture. New York, S. 57-77.

Schüttauf, Konrad; Specht, Ernst & Wachenhausen, Gabriela (2002). Das Drama der Scham. Vandenhoeck & Ruprecht.

Selke, Stefan (2013). Schamland. Die Armut mitten unter uns. Econ.

Wurmser, Leon (1997). Die Maske der Scham. Zur Psychoanalyse von Schamaffekten und Schamkonflikten. Springer (3. Aufl.).

Autor

Dr. Stephan Marks, Freiburg

RENATE WALTHES

„[...] aber versuchen will ich ihn."

Über den Umgang mit Herausforderungen im Lebenslauf blinder und sehbeeinträchtigter Menschen

„Ich lebe mein Leben in wachsenden Ringen
die sich über die Dinge ziehen.
Ich werde den letzten wohl nicht vollbringen,
aber versuchen will ich ihn."
Rainer Maria Rilke, Stundenbuch (1899)

Die Textzeile aus dem Gedicht von Rilke soll von den uns allen eigenen Versuchen sprechen, dieses Leben, das in jedem Tag eine Herausforderung darstellt, gelingend zu gestalten.

Als Leitgedanke für einen Beitrag lässt der Vers viele Anknüpfungspunkte zu und eröffnet so manche Themenperspektive. Um das Thema einzugrenzen und zu schärfen, habe ich vielfältig recherchiert und mich dabei in etlichen Themenfeldern getummelt. Dabei sind folgende Zusammenhänge und Argumentationen besonders hervorzuheben.

Zunächst ist zu konstatieren, dass die Datenlage in unserem Feld nach wie vor sehr überschaubar ist. Das hat viele Ursachen und ich werde nur einige davon referieren.

1. Die Zahl der Kinder, Jugendlichen, erwachsenen und älteren Menschen sei zu gering für größere Studien, die Erreichbarkeit der Betroffenen nicht gewährleistet, die Dunkelziffer zu groß.
2. Es gäbe zu wenige Forschungen in dem Feld Blindheit und Beeinträchtigungen des Sehens und wenn, dann beherrschen entweder schädigungsbezogene oder schulpädagogische (heute Inklusion) Themen das Feld.

3. Bezogen auf schulpädagogische Themen überwiege die Beschäftigung mit Interventionen; dies gilt nicht nur für pädagogische Fragestellungen, sondern findet sich ebenso in vorschulischen und erwachsenen- bzw. altersbezogenen Arbeiten. Und ich glaube, das kann man verifizieren, wenn man sich die Programme der vergangenen Kongresse und auch das diesjährige Programm anschaut.
4. Die Daten, die vorhanden sind, beziehen sich entweder auf Schädigungen und Erkrankungen, also epidemiologische Daten, oder es sind statistische Daten.
5. Daten zur Lebenslage sind an zu geringen Stichproben gewonnen und daher wenig aussagekräftig oder es sind keine Daten verfügbar. In der Studie der Kölner Gruppe um Schliermann (2014) wurde versucht, Aussagen zur Lebensqualität auf der Basis des QOL-Kurzfragebogens der WHO zu machen. Es konnten insgesamt 277 Personen für die Studie gewonnen werden – viel zu wenige, um bei einem solchen Studiendesign valide Aussagen treffen zu können. Oder nehmen Sie als Beispiel die Studie von Simkiss und Read (2013) für die EBU zur Beschäftigungssituation von blinden und sehbehinderten Erwachsenen, die für Deutschland und auch für Österreich keine Daten vorgefunden haben und sich für Deutschland auf die Studie des Landschaftsverbandes Rheinland von 1995 beziehen mussten.

Der zweite Themenschwerpunkt, den ich in meine Recherche einbezogen habe, bezieht sich auf die Frage, welche Selbstbeschreibungen und Auseinandersetzungen, welche Aussagen von den Peers existieren und worauf sich diese Beschreibungen beziehen. Dabei gilt es vorweg zweierlei zu unterscheiden:

a) Die meisten von Ihnen haben, wie ich auch, eine alltägliche Erfahrung der Kommunikation mit Kindern, Jugendlichen, Erwachsenen, die als blind oder sehbehindert bezeichnet werden. In dieser alltäglichen Kommunikation mögen viele immer wieder auf divergierende Erfahrungen und Beschreibungen stoßen, die vermeintlich oder tatsächlich die Grenze zwischen Sehen und Anders-Sehen oder Nicht-Sehen markieren. Aus diesen Erfahrungen und Erlebnissen formt sich ein Konzept von dem, was Anders-Sehen oder Blinden bedeutet und vor dem Hintergrund dieses Konzepts manifestiert sich die Vorstellung darüber, wie Leben unter der Bedingung Blindheit oder Anders-Sehen aussehen mag – wobei wir uns mehr Gedanken über Blindheit machen, als über Sehbedingungen. Mit diesem Komplex werde ich mich heute nicht direkt beschäftigen.

b) Eine andere Dimension nehmen publizierte Selbstbeschreibungen ein. Diese haben, wie natürlich alle Publikationen, verschiedene Intentionen:

1) Belletristische oder, weiter gefasst, künstlerische Intentionen; Lyrik, Prosa, Musik und Zeichnungen bzw. Bilder, wie z. B. unter „blautor.de" oder „blindeundkunst.de";

2) Politische, spezifischer: sozialpolitische Intentionen, wie sie häufig in Publikationen von Selbsthilfebewegungen zu finden sind;

3) Wissenschaftliche Intentionen, disability studies, ethnografische, phänomenologische oder kulturwissenschaftliche Studien;

4) Informatorische Intentionen bzw. Erfahrungsberichte über den Alltag und das Leben mit einer Sehbeeinträchtigung. Diese wiederum können sehr unterschiedliche Intentionen haben: Aufklärung, Verdeutlichen von Unterschieden, Darstellung der Hindernisse und Herausforderungen, Mut machen.

Bei der Analyse dieser Publikationen ist mir Folgendes aufgefallen:

Wie schon zu erwarten war, dominieren Publikationen von blinden Autorinnen und Autoren und Blindheitsthemen. Die Themen des Anders-Sehens sind wesentlich seltener, das gilt für alle vier genannten Bereiche. Die Peerkultur mit allen Facetten scheint in den USA wesentlich ausgeprägter zu sein und auch mehr Dimensionen zu umfassen, und zwar von Publikationen der Kunst, der Karikatur, der Comedy bis zu eigenen YouTube-Channels und vielen Blogs. Bezogen auf die Lebensspanne finden sich nahezu keine Aussagen von Kindern, allenfalls Aussagen aus der Retrospektive, nur wenige Jugendliche, die publizieren und auch wenige alte Menschen, die schreiben. Das Gros der Publikationen kommt von Erwachsenen und älteren Menschen.

Drei Beispiele:

Auf der Plattform „andersehen.at" sind sehr verschiedene Personen mit ihren Geschichten versammelt. Die meisten berichten über ihren Alltag, welche Hindernisse sich ihnen in den Weg stellen und wie sie diese meistern. Darüber hinaus ist die Plattform gespickt mit Links und Informationen für Betroffene, insgesamt sind es fünfundzwanzig Autorinnen und Autoren, die dort schreiben und sich und ihre Texte präsentieren. Während auf dieser Plattform die Erfahrungen der Menschen im Alltag und auf Reisen im Vordergrund stehen, sind es auf der Plattform „Blinde und Kunst" künstlerische Interessen. Mit Ausstellungen und Events macht der Verein auf Kunstprojekte aufmerksam. Auf der Seite „blautor" geht es ebenfalls um künstlerische Produktionen. Hier gibt es halbjährliche Tagungen mit Lesungen, eine literarische Zeitschrift und viele Audiodokumente.

Die wissenschaftlichen Arbeiten von Peers sind interessanterweise eher sozialwissenschaftlicher, ethnografischer oder lebenswelttheoretischer Art. Diese Arbeiten hängen eng zusammen mit einem dritten Recherchebereich, der Frage nämlich, wie Sehen, Anders-Sehen und Blindheit in der Fachliteratur aufgearbeitet und welche Aspekte der Lebenswelt in der Fachliteratur von Bedeutung sind.

1. Die Fachliteratur in unserem gesamten Feld ist in überwiegendem Maße eine Literatur über Augenerkrankungen, Sehschädigungen und deren psychophysische Auswirkungen. Das gilt für die gesamte Lebensspanne. Ob frühe Kindheit, hohes Alter und natürlich auch alle Variationen dazwischen: die Fachliteratur ist dominiert von Makuladegeneration juveniler oder altersbezogener Art und deren Konsequenzen, von Netzhautveränderungen infolge Frühgeburtlichkeit und Diabetes, von Glaukom und Syndromen von progressiven bzw. degenerativen Erkrankungen, den psychischen Belastungsfaktoren, den Coping-Möglichkeiten und den verfügbaren Interventionen oder Therapien. Weltweit gesehen und quantifiziert sind dies geschätzt 90 % aller Publikationen.

2. Auf das spezifische Erkennen bezogene Wahrnehmungen sind im Hinblick auf kongenitale oder erworbene Blindheit häufiger und intensiver diskutiert als bei Sicht, oder sagen wir beim „Blinden" besser untersucht als beim Sehen.

   Eine umfangreiche Zusammenfassung des Forschungsstandes haben Zaira Cattaneo und Tomasio Vecchi in dem Buch „Blind Vision: The Neuroscience of

Visual Impairment" (2011) publiziert. Erkenntnistheoretische Arbeiten finden sich kaum und Arbeiten zum Sehen und Visualität in diesem Umfeld gar nicht. Es gibt eine Fülle guter Publikationen über das Sehen, wie z. B. Eva Schürmanns Buch „Sehen als Praxis" (2008) oder den Beitrag von Jacques Derrida „Aufzeichnungen eines Blinden" (2008). Diese beziehen sich jedoch überwiegend auf Sehen im Zusammenhang mit Kunst, mit Bildbetrachtung, mit ästhetischer Wahrnehmung.

3. Neben dem Okulozentrismus auf der medizinischen Seite und der Dominanz des Themas Blindheit in der kognitionspsychologischen Literatur fällt auf, dass eher soziologische Fragestellungen kaum zu finden sind. Wenn, dann beziehen sie sich auf Fragen von Beruf und Arbeit oder es handelt sich um Fragen der Lebensqualität nach Sehbeeinträchtigung bzw. Sehverlust im Alter. Intersektionalitätsforschung, d. h. Untersuchungen im Zusammenwirken unterschiedlicher sozialer Strukturkategorien wie Gender, Behinderung, Ethnie, sexuelle Orientierung und Alter gibt es fast nicht. Ich habe bei der Durchsicht des Programmheftes dieses Kongresses einen Beitrag zu Migration und Blindheit/Sehbeeinträchtigung gefunden, in der Literatur findet sich etwas häufiger das Thema Frauen und Blindheit (vgl. Witt-Löw; Breiter 2005) und in den letzten Jahren gewinnt das Thema Sehbeeinträchtigung im Alter an Bedeutung. Aber Diversität und Disability bleiben insgesamt ein noch zu bearbeitendes Feld.

4. Die Lebensweltforschung im Sinne von Alfred Schütz und Thomas Luckmann, die ein methodologisch und methodisch sehr reflektiertes und die Forschenden in ihren Annahmen und Interpretationen mit einbeziehendes Untersuchungsdesign erfordert, habe ich in nur wenigen Beiträgen gefunden.

Die Beiträge von Rod Michalko aus Kanada (2010) oder von Gili Hammer aus Jerusalem (2013) sind Beispiele für eine theoriebezogene Reflexion des Verhältnisses von Blindheit und Sicht. In Deutschland sind die Arbeiten von Carolin Länger (2002) sowie Siegfried Saerberg (2006) wichtige Orientierungsarbeiten in diesem Feld, an die Miklas Schulz mit einer Arbeit wie „Diversity meets Disability"(2014) anschließt. Die Autoren sind in diesen Beispielen blind und thematisieren das Verhältnis von Innen- und Außenperspektive. Die Autorinnen sind sehend, was bedeutet, dass sie die Außenperspektive in einen doppelten Diskurs mit der dargestellten Innenperspektive bringen müssen.

Was diesen Ansätzen noch fehlt, bringen Marion Schnurnberger und Carsten Bender in ihrer Dissertation in den Diskurs und auch heute in den Vortrag „Zwischen Sehen und Nichtsehen, Wahrnehmungs- und Lebenswelten aus der subjektiven Perspektive von Menschen mit Sehverlust im Alter" (2017) ein. Sie ergänzen und vertiefen den lebensweltlichen Ansatz mit einer Wahrnehmungstheorie und bringen als Team – ein sehverlusterfahrener Autor und eine sehende Autorin – ihren Diskurs über die je unterschiedlichen Wahrnehmungen methodisch in die verschiedenen Ebenen der Selbst- und Fremdbeobachtung ein. (Bender, Schnurnberger 2017)

Hören und Sehen als lebensweltheoretische Themen

Nach den verschiedenen Durchgängen durch die Fachliteratur, aber auch durch Erfahrungsberichte, Homepages und alle sonstwie verfügbaren Dokumente, gibt es zwei Themen, mit denen ich skizzieren möchte, was eine lebensweltheoretische Perspektive bedeuten könnte.

Es ist einerseits das Thema Hören – auch verbunden mit der Frage, wie es in einer Welt, in der Visualität so dominant ist, gelingt, eine Welt der akustischen Bedeutungen aufzubauen. Und andererseits das Thema Sehen – nicht unter einer physiologischen oder neurowissenschaftlichen Perspektive, sondern lebensweltheoretisch, verbunden mit einem kleinen Ausflug in das Thema ‚Übergänge vom Sehen ins Blinden' und der Frage, was mit dem Sehen geschieht.

Eine kleine Anmerkung: Sie mögen sich wundern, dass ich entweder von Blindheit und Sicht oder von sehen und blinden spreche. Dies geschieht bewusst und absichtlich. Wir haben in der deutschen Sprache kein Verb für die blinde Aktivität, sondern nehmen dann Hören, Fühlen, Tasten, Schmecken als einzelne Aktivitäten, so als sei dies zu trennen. Ebenso wenig, wie Sehen völlig zu isolieren ist, weil immer Virtuelles, Vorgestelltes mit anderen sinnlichen Aktivitäten Gekoppeltes mitspielt, so wenig sind Tasten, Hören oder Fühlen zu isolieren. Und weshalb sollen wir nicht mit dem Verb blinden die Wahrnehmungsweise blinder Menschen als eine eigenständige charakterisieren?

Was bedeutet es, eine lebensweltheoretische Perspektive einzunehmen?

Da der Lebensweltbegriff vielfältig und in vielen Zusammenhängen synonym zur Kennzeichnung des Alltags und der Alltagswelt verwendet wird, möchte ich ein wenig näher erläutern, mit welchem Lebensweltbegriff ich arbeiten werde.

In dem Enzyklopädischen Handbuch der Behindertenpädagogik Bd. 5 „Lebenslage und Lebensbewältigung" (2012) gehen die beiden Herausgeber Iris Beck und Heinrich Greving in ihrer Einführung auf die verschiedenen Begriffe und damit verbundenen Bedeutungen ein.

„In der Forschung finden sich Ansätze, die unter dem Primat der Verbesserung der Lebenschancen entweder ‚lebensweltlich'-basiert oder ‚lebenslagen'-orientiert sind. Lebensweltlich basiert meint, dass die individuelle Alltagsbewältigung und der Lebenslauf mit all seinen Facetten im Rahmen raum-zeitlicher Bedingungen und sozialer Beziehungen thematisiert werden, ‚lebenslagen'-orientiert bedeutet, dass stärker die strukturellen, äußeren bis hin zu gesellschaftlichen und politischen Bedingungen in ihrem Einfluss auf Handlungsmöglichkeiten untersucht werden." (2012, 15)

Etwas einfacher gesagt: Lebenslagenforschung bezieht sich auf Fragen und Daten zu Einkommen, sozialem Status, institutioneller beruflicher Einbindung und Teilhabe, Lebensweltforschung auf die individuelle Konstitution sozialer Wirklichkeit. Einerseits ist die Lebenswelt der individuellen Erfahrung vorgängig, denn ich bin in ihr, bevor es so etwas wie Erfahrung gibt, d. h. ich bin als Individuum immer schon Teil einer Kultur und Geschichte, andererseits konstituieren meine Erfahrungen, meine Handlungen und mein Wissen diese Lebenswelt. Zugleich ist die hervorgebrachte Lebenswelt immer eine soziale, intersubjektive. Erst ihre Analyse verdeutlicht den Sinnzusammenhang ihrer Strukturen. Unterscheidbar sind nach Schütz (1932), dem Autor dieses Konzeptes:

Erstens: Gewohnheitswissen (Fertigkeiten, Gebrauchswissen und Rezeptwissen), zweitens: Erfahrung, wobei gilt, dass Vertrautheit als Merkmal von Erfahrung immer in Bezug auf sich Wiederholendes, Charakteristisches entsteht und drittens: Typisierungen, die dazu dienen, nicht direkt Gewusstes und Erlebtes einzuordnen und damit Handlungsunsicherheit zu reduzieren (Beck, Greving, 2012, 21). Als Forschungsprogramm gedacht, hat Lebensweltforschung das Ziel, die allgemeinen Strukturen der ‚subjektiven' Orientierung der Lebenswelt von Menschen aufzudecken und „die räumlichen, zeitlichen Strukturen und Orientierungen sozialen Handelns zu erforschen, um Antwort auf die Frage zu geben, welche Rolle die Subjektivität im Zustandekommen von Wirklichkeit spielt." (Raab et al. 2008, 11).

Im Zentrum der Beobachtung und Analyse stehen die Zusammenhänge, Wechselwirkungen und Spannungsverhältnisse, die im menschlichen Handeln erzeugt und aufrechterhalten werden. Methodisch ist die fortlaufende Reflexion des deutenden Verstehens oder des Erklärens erforderlich, und zwar indem die jeweiligen Auslegungsschritte zirkulär dargelegt, kritisch bezweifelt und befragt werden, bis so etwas wie eine Verstehensstruktur erkenn- und darstellbar wird. Indem die eigenen Verstehensprozesse analysiert werden, also eine Rekonstruktion der Erfahrungsstruktur stattfindet, wird nicht nur der eigene Prozess transparent, sondern das untersuchte soziale Handeln re-interpretierbar und damit deutlicher (Raab et al. 2008, 14).

Bezogen auf die Lebenswelt der Menschen, mit denen wir uns auf diesem Kongress beschäftigen, wird deutlich, weshalb die Peer-Kompetenz hier besonders notwendig ist. Zwar handelt es sich bei der Erforschung der Lebenswelt methodisch um sogenanntes Fremdverstehen, da die Wirklichkeitskonstruktionen einerseits individuell und andererseits sozial geteilt sind, aber die Annahme, die unseren Berufsstand leitet und seine Existenz bisher garantiert, besteht ja darin, dass die andere Wahrnehmung den Unterschied macht, der den Unterschied macht – was bedeutet, den *relevanten* Unterschied macht. Bei der methodisch geforderten Analyse der eigenen Verstehensprozesse steht den nicht Blinden und anders Sehenden weniger Potential zur Verfügung und sie müssen sehr viel Anstrengung darauf verwenden, vom Sehen abzusehen, wenn so etwas überhaupt möglich ist.

Ich hoffe, dieser kurze Ausflug durch die Methodologie der Lebensweltforschung sensu Schütz hat ein wenig verdeutlicht, wie diese Forschungen erfolgen sollen. Ich hoffe sehr, dass anhand der Beispiele die Vorteile einer solchen Vorgehensweise deutlich werden.

Hören

Seit Beginn meiner Arbeit, insbesondere mit geburtsblinden Kindern, habe ich mir die Frage gestellt, wie es ihnen gelingt, ihre Hörwelt aufzubauen. Ich habe, wie viele von Ihnen sicherlich auch, die Erfahrung gemacht, dass ein Kind mitten in einem Spiel innehält und ich nicht weiß, was los ist. Deutlich später fällt mir ein Geräusch auf (z. B. das Motorengeräusch auf der Straße, das sich annähernde Flugzeug oder der Staubsauger in der Nachbarwohnung), das identifiziert werden kann. Bei einem Jungen, der, bevor er laufen konnte (aber auch noch danach) mit Vorliebe Plastikbälle in seinem Zimmer oder auch in unserem Frühförderraum herumwarf und sehr genau sagen konnte, „das ist der Schrank, das ist der Stuhl, das das Stockbett, das die Heizung, das die Wand", konnte ich eine bewegte Vorform des Klicksonars beobachten – wenn auch nicht so gut hören wie er. Auch wenn Wohnungen nach den Duschklängen oder Toilettenspülungen beurteilt wurden, zeigten viele blinde Kinder, dass die Unterscheidungen, mit denen sie arbeiten, spezifisch sind. Mit zwei Jungen, 8 und 10 Jahre alt, die eine Woche bei uns zu Besuch waren und wegen des schlechten Wetters beschlossen hatten, ein Hörspiel zu machen, konnte ich einerseits den Prozess der Adaption an das, was geteilte Hörwirklichkeit ist, nachvollziehen, stellte andererseits aber fest, dass ich bei vielen aufgezeichneten Geräuschen das Besondere oder auch Lächerliche nicht verstehen konnte. Wir könnten sicherlich Hunderte von Beispielen sammeln, wo Sehende die Qualitäten von Klang, Geräusch oder akustischem Muster, die für ein blindes Kind entweder witzig oder bedrohlich sind, nicht nachvollziehen konnten und wo wir dies einfach abgetan haben, weil es zu unserer Wahrnehmungsstruktur nicht passte. Aber was bedeutet es, wenn Gehörtes keine Resonanz erfährt?

Wie es sein kann, wenn Hörfähigkeit gesetzt wird, zeigt Verena Bentele, die vielfache Paralympicsmedaillengewinnerin und Bundesbeauftragte für die Belange von Menschen mit Beeinträchtigung in einem Vortrag (Bentele 2013). Für sie ist etwas ganz selbstverständlich, was mir zumindest unmöglich ist – es ist so, als würde ich mit ihr über die Sterne am Himmel sprechen, wenn sie davon spricht, dass Raum differenziert hörbar ist.

Eine Fallstudie aus Australien, in der berichtet wurde, dass ein Junge auf einer abgelegenen Farm mit tauben Eltern aufwuchs und im Vorschulalter von dem dortigen Kindergarten in die Audiologie geschickt wurde, weil er auf Geräusche nicht reagierte, führt zu einem anderen Zusammenhang. Dieser Junge war hörend, sprechend, konnte Sprache hören und verstehen, wie er auch gebärden konnte, reagierte aber auf zuknallende Türen ebenso wenig wie auf lautes Motorradknattern oder Flugzeuge. Der audiologische Befund ergab, dass alles in Ordnung war. Im Zusammenleben mit seinen Eltern, abgeschieden und mit nicht vielen alltäglichen Kontakten in der frühen Kindheit, hatte er nicht gelernt, diesen Geräuschen Bedeutung beizumessen. Seine Hörwelt benötigte zwar organische Voraussetzungen, das Hören, die Konstruktion seiner Wirklichkeit war jedoch bestimmt von den Bedeutungszuschreibungen und Sinnzusammenhängen seiner familiären Welt.

Meine an dieses Beispiel anschließende Forschungsfrage, die dringend einer Bearbeitung bedürfte, wäre: „Wie gelingt blinden Kindern der Aufbau einer komplexen Hörwelt inmitten einer visualisierten Welt, die nur bestimmten Geräuschen Bedeutung beimisst und auch nur bestimmte Akustikzusammenhänge bezeichnet?" Wenn Dan Kish davon spricht, dass die Landschaft, in der er sich gerade befindet, schön sei und er nicht das Vogelgezwitscher und nicht das Rauschen des Waldes meint, sondern etwas, das komplexer in seiner Akustik ist, dann wird deutlich, dass diese Welt viel zu selten kommuniziert wird. Und es dürfte deutlich geworden sein, dass Sehende mit ihren Vorstellungen über das Hören, die nicht absehen können vom Sehen, sehr viel Arbeit leisten müssen, um die Idee einer Vorstellungs- und Dialogstruktur zu entwickeln.

Anhand eines Beitrags aus einem Tagungsband zum Verhältnis von Soziologie und Phänomenologie möchte ich Ihnen zeigen, wie eine solche Vorstellungsstruktur entstehen könnte.

Der Titel des Beitrags lautet: „Sirren in der Dschungelnacht – Zeigen durch sich wechselseitiges aufeinander Einstimmen" (2008).

Ich zitiere einige Abschnitte aus diesem Beitrag:

„Es ist Sommer, das Fenster meines Arbeitszimmers in meinem kleinen Holzhaus ist geöffnet, und von draußen kann ich ein munteres Gemisch von Vogelstimmen, Insektengesumm und gelegentlichem Klappern, Sägen und Rumpeln menschlicher Aktivität vernehmen. Ich sitze am Computer und schreibe einen langwierigen Aufsatz (...). Plötzlich ist etwas da, das vorher nicht da war. Nebelhaft, ungreifbar sirrt es da. »Oh Gott, was ist das?«, denke ich. Das einzige, was sich in diesem ersten Augenblick des Schreckens, (...) sagen lässt, ist, dass es sich um ein Geräusch handelt. Ein unangenehm hohes Geräusch, als spiele sich im Ohr eine propriozeptive Reizung ab. Ein Moskito kann es nicht sein, deren Sirren hat sofort Räumlichkeit, es bewegt sich, nimmt an Lautstärke ab und wieder zu. Der Beginn eines Tinnitus? Oder denkt nur jemand gerade an mich? Aber wer denkt in so hohen Frequenzen? Ich verharre sofort ganz ruhig, stoppe alles (...). Ja, ich bin sogar hypochondrisch genug, um die Augen zu schließen, da ich mir einbilde, dass vor nahenden Tinnitus-Anfällen nur absolute Stille, Abschottung von der Außenwelt und Bewegungslosigkeit rettet. Nun habe ich zwar keine unmittelbare Erfahrung eines Tinnitus, aber ich weiß von Freunden (...), dass ein solches Ereignis oft unvermittelt mit hohen Tönen beginnt. Was ich allerdings aus eigener (Geräusch-) Erfahrung weiß, ist, dass es hochfrequente akustische Phänomene gibt, die lediglich auf Eigenreizung beruhen – das so genannte »Klingeln der Ohren«. Ebenso aus eigener Geräusch-Erfahrung ist mir bekannt, dass es ein irgendwie aus dem Takt geratenes Technikvehikel wie ein PC, ein Radio- oder Fernsehgerät sein könnte. Die grundlegende und erste Frage ist also diese: Handelt es sich um eine Täuschung, eine nervöse psycho-akustische Eigenwahrnehmung, oder findet dieses Geräusch in der äußeren Realität statt? Vereinfacht gesprochen: Ist es drinnen oder draußen? Nun gibt es natürlich bestimmte alltägliche Strategien der Wirklichkeitsauslegung und des Wissenserwerbs, um auf diese Frage eine realitätsgesättigte Antwort geben zu können. Verschwindet das Geräusch wieder oder bleibt es? (...) Eine weitere Alltagsstrategie, sich über den Realitätsgehalt jenes Sirrens Klarheit zu verschaffen, ist das Orten. Lässt sich dem Sirren ein räumlicher Ort zusprechen, von dem ausgehend es ertönt, so ist die Realitätsfrage entschieden: Was einen festen Platz im Kontinuum des Raumes hat, das ist draußen und kann somit nicht drinnen sein, denn ein Ding – aber der Ausdruck Ding ist eigentlich noch verfrüht, denn die dinghafte Grundlage des verorteten Geräusches ist noch unidentifiziert – kann nicht an zwei Orten gleichzeitig sein. Nun sind Sirr-Geräusche, das weiß ich aus Erfahrungen mit den oben erwähnten Technikvehikeln, insofern tückisch, als sie gelegentlich eine Ortung unmittelbar verhindern können. Es ist hier ein ähnlicher Effekt am Werke, den man auch vom Anschlagen hochtönender Klangschalen zu rituellen Verrichtungen kennt: Irgendwann tönen die eigenen Ohren so mit, dass das zunächst draußen klingende Klangschalen-Ding im Ohr und somit im Leibe des Hörenden selber zu sein scheint. Die entscheidende Praktik perzeptiven Alltagswissens, die nun zum Einsatz kommt, ist, den Kopf zu drehen: Wandert dann das Geräusch vom einen Ohr ins andere, so handelt es sich um ein Geräusch der Außenwelt. Verharrt es dagegen, so muss man sich der unangenehmen Erkenntnis stellen, dass Drinnen etwas in Unordnung geraten ist. Im Fall des Sirrens ist die Lage nun noch erheblich verworrener: (...) es zeigt sich (R. W.), ... dass jenes Geräusch nicht permanent, sondern unregelmäßig erklingt. Dazu ist es noch so leise und kurz in seiner Dauer, dass eine Ortung extrem schwer fällt. Und dies bleibt auch so, nachdem eine weitere perzeptive Praktik zum Einsatz gekommen ist, die darin besteht, dass alle möglichen Störgeräusche so weit möglich eliminiert sind. Diese Regel bezieht sich hier zunächst auf den Computer, der sowieso einer der Hauptverdächtigen ist, und danach auf das Fenster, dessen Schließen die Geräusche aus der Siedlung abdämpft. Und nachdem diese Schallschluck-Maßnahme durchgeführt ist, verebbt das Geräusch. Es muss also außerhalb des Hauses anzusiedeln sein, wenn es eben nicht, was immer noch nicht ausgeschlossen ist, nur ein vorübergehender innerer Zustand gewesen ist. Dies aber interessiert das Alltagshandeln zunächst nicht." (Saerberg, 2008, 402)

Das Geräusch war mit dem Schließen des Fensters verschwunden. Es taucht nach zwei Stunden wieder auf, als die Person auf die Veranda geht. Der Schrecken ist nicht mehr so groß, es gibt jetzt bereits ein Erfahrungswissen und mit der Möglichkeit der Fortbewegung auf der Veranda die Erkenntnis, dass an einem Ende der Veranda das Geräusch lauter ist als am anderen und das Geräusch wohl mit dem Nachbargrundstück zu tun hat. Noch kann der Urheber des Geräusches nicht ermittelt werden, da kein bisher bekanntes Geräusch gefunden werden kann, das dem hier zu beobachtenden in Tonhöhe, Lautstärke, Rhythmus und Dauer entspricht.

Was hätten Sie getan, um das Geräusch zu identifizieren? Hätten Sie sich ähnlich verhalten wie der Autor? Welche Methode hätten Sie nicht genutzt? Welche stattdessen? Was denken Sie – ist dies ein guter Hörer? Lebensweltanalytisch gesehen werden hier die Prinzipien der Raumerfahrung einmal als das unmittelbare Aktualitätsfeld vom Körper aus verstanden: – hier drinnen –, dann aber auch als Zonen möglicher Reichweite – da draußen – beschrieben. Sie strukturieren, vom Zentrum des Subjekts ausgehend, das Erlebnisfeld zunächst in ein „hier" und „dort". (Saerberg 2008, 402).

Dieses Beispiel ist aus meiner Perspektive gut geeignet, um Forschungsfragen zu entwickeln – es gibt ein Phänomen, das ausreichend neu ist, um Fragen aufzuwerfen und es gibt eine Situation, die hinreichend komplex ist, um keine vorschnellen eindeutigen Antworten zuzulassen. Dies ist ein guter Ausgangspunkt zunächst einmal für die Frage, wird das Geräusch auch von einer anderen Person gehört?

„Hörst DU das?"

„Was?"

„Na, dieses hohe Sirren!"

„Nein, keine Ahnung. Was meinst Du denn eigentlich?"

„Da war's grad wieder, pass auf, jetzt."

„Nein, da ist doch nix, ich weiß nicht."

„Psst, warte, gleich, da!"

„Nein!"

Und später:

„Pass auf, es kommt von da drüben" (ich zeige dorthin).

„Hast Du es jetzt gehört?" (Saerberg 2008, 404).

Erst wenn es eine geteilte Wahrnehmungswirklichkeit gibt, kann das Thema weiterentwickelt werden. Eine wichtige Forschungsfrage könnte darin bestehen: wer wendet welche Methode an? Die Antworten auf diese Frage könnten spezifische Strategien der Geräuscherkundung offenlegen – das ist der Unterschied zu Anwendungsgesichtspunkten – nicht mit der Idee, einer besseren oder schlechteren Strategie, sondern mit der Idee, welche Wahrnehmungsstile, Wahrnehmungsmuster aus den Aussagen heraus zu interpretieren sind. Ich hatte bereits gefragt, welche Methoden der Vergewisserung Sie angewendet hätten, wer würde genauso vorgehen: Konstanz, Bestimmung, Lokalisation durch Kopfdrehen, Stillsein und Augenschließen, Störgeräusche minimieren, schallschluckende Maßnahmen, Ortsveränderung?

Würden die Erschließungsmodi verändert werden, wenn man zu dem Geräusch an und für sich noch die Situation hinzudenkt? Würde ich annehmen, dass das Haus mit der Veranda und Elektrizität nicht in Nordeuropa, sondern in einem Land steht, in dem z. B. der Regenwald in Hörweite ist, dann könnte das Sirren sowohl tierischen, wie pflanzlichen, wie künstlichen Ursprungs sein und die dort Lebenden und mit der Umgebung Vertrauten hätten ihre spezifischen Strategien der Erkundung und des Wissens. Die Kulturspezifik des Hörens wäre damit ein weiteres Forschungsfeld.

Gäbe es einen Unterschied in der blinden bzw. sehenden Wahrnehmung und Anhaltspunkte im Text? Was würden Sie sagen: handelt sich um einen seh- oder einen blinderfahrenen Menschen, der diesen Text geschrieben hat? Für eine lebensweltliche Erkundung wären die Wissenskonstellationen, die Sie für die Zuordnung verwenden, also Ihre subjektiven Theorien, hochinteressant – würden Sie doch Aufschluss geben über die Vorstellungen, die sich bezüglich des Hörens in der Unterscheidung blind – sehend ergeben. Auch für die Beantwortung der Frage, ob blinden oder sehverlusterfahrenen Menschen andere Erkundungsmuster zur Verfügung stehen als Sehenden, würde dies gelten. Vor allem für ein Erkundungsvorhaben, das sich der Frage widmet, wie blindgeborene Kinder ihre Hörwelt aufbauen, hätten wir einige Anhaltspunkte zur Fragenentwicklung. Wie ist das mit wiederkehrenden Geräuschen, die nicht durch Hingehen, Anfassen, oder Zuschreibung verifiziert werden können – gewinnen diese weitere Relevanz, wodurch und wann?

Die Frage, wann ein Klang, ein Klangmuster, eine akustische Resonanz Bedeutung erhalten, ist vermutlich sehr schwer zu ergründen. Ähnlich wie die Frage, wie es gelingt, Figur und Hintergrund zu trennen – also die bedeutungstragende Stimme, den Klang, das Geräusch in den Vordergrund zu stellen und andere Akustiken als Hintergrundrauschen zu begreifen. Es ist mit dem Hören wie mit dem Sehen, diese Prozesse entwickeln sich so früh, dass nur dann Erkundungs- oder Bedeutungszuweisungsstrategien deutlich werden, wenn Probleme entstehen.

Ich erinnere mich an den Frühförderbesuch bei einer Familie in einer ländlichen Region, das dritte Kind war etwa 7 Monate alt. Ein fittes Kerlchen, mit dem die älteren Geschwister bereits anfingen zu toben. Die Mutter berichtete mir, dass ihr Sohn immer mal wieder ganz starr würde. Sie hätte den Eindruck, dass dies Angst sein könnte. Die Kinderärztin prüfe, ob dies Anzeichen eines epileptischen Geschehens sein könnten. Wir waren weiter im Gespräch auch zu anderen Fragen, als die Mutter sagte: „Schauen Sie jetzt, jetzt macht er das wieder." Und ich konnte die Beschreibung der Mutter nachvollziehen. Was ich im Sinne einer „inattentional deafness" völlig ausgeblendet hatte, war der Fernseher im nahe gelegenen Esszimmer – offene Tür –, in dem sich die älteren Kinder ein Video anschauten und die Musik, die Stimmen, alles wirkte spannend und bedrohlich. Daher verfolgte ich zunächst für mich die Hypothese, dass das Verhalten des Jungen etwas mit dem akustischen Geschehen im Video zu tun habe. Ich konnte dies innerhalb der nächsten halben Stunde ganz gut verifizieren. Eine Nachfrage nach den Fernsehlaufzeiten und -gewohnheiten ergab, dass dieses Gerät ab 12 Uhr mittags eigentlich ununterbrochen lief und wenn der Vater morgens zu Hause sei, auch dann. Ich kürze ab: es zeigte sich, dass das Verhalten des Jungen eine Reaktion auf das Geschehen im Fernsehen war und schon das konsequente Schließen der Verbindungstür und die Reduktion der Laufzeiten (verbunden mit Erläuterungen) die „Anfallsneigungen" deutlich reduzierten. Woher sollte er wissen, welche Stimmen und Geräusche mit ihm zu tun hatten und welche nicht, wie mit der Spannung umgehen, die bei den Geschwistern vorhanden war und sich auch akustisch äußerte? Bemerkenswert ist weiterhin, dass er ab diesem Zeitpunkt deutlich aktiver wurde, er war offensichtlich nicht mehr so sehr mit Hören und Sortieren beschäftigt (Aktivitäten, die Ruhigsein und Sich-nicht-Bewegen voraussetzen). Eine Tatsache, die häufig bei der Entwicklungsbeurteilung blinder Kinder außen vor bleibt: Hören und Lauschen setzen äußere Passivität voraus, im Bewegen produziert man so viele Eigengeräusche, die das Hören erschweren, also gilt es ruhig zu sein.

Um die Hörwelt und das Hören geburtsblinder Kinder lebensweltbezogen zu erkunden, wären in einem ersten Schritt folgende Fragen hilfreich:

Wann, d. h. unter welchen Bedingungen gewinnen Geräusche Relevanz? Was geschieht mit Tönen, Klängen und Geräuschen, die von anderen keine Bedeutungszuschreibung erhalten? Wie gelingt es, Figur, d. h. bedeutungstragende Geräusche, vom Hintergrundrauschen zu trennen, d. h. zu wissen, was zu hören ist?

Um den Aufbau der Hörwelt bei blinden Kindern methodisch rekonstruieren zu können, benötigen wir Dialoge mit älteren Kindern, die sich von der Idee begeistern lassen, dass wir uns als Erwachsene nicht mehr an die Entstehungsweise unserer Hörwelt erinnern und sie für die Erforschung der Hörwelt unverzichtbar seien – was im Übrigen stimmt.

Des weiteren braucht es Dialoge sowohl mit geburtsblinden Jugendlichen und Erwachsenen, die in die Komplexität ihrer Welt einführen, wie auch mit sehverlusterfahrenen Menschen, die, weil sie sich der Komplexität der Hörwelt erst später nähern, Unterschiede hoffentlich gut beschreiben können. Ein großes und in der Reflexion dringend zu beachtendes Problem ist das der verwendeten Begrifflichkeiten, also das Leben in einer Sprache, die sehr visuell ist.

Sehen

Mit dem Sehen müssten wir uns doch bestens auskennen als Blinden- und Sehbehindertenpädagoginnen, als Low Vision-Spezialisten, als Experten für Optik und Licht, als Ophthalmologen, Orthoptistinnen oder Optometristen – stimmt das? Es stimmt, wenn man davon ausgeht, dass ein Sachverhalt am besten erforscht werden kann, wenn man sich entweder auf der Seite der Beeinträchtigung bewegt oder auf der Seite der absoluten Leistungsfähigkeit, also dort, wo Sehen hochspezialisiert eingesetzt wird. Es stimmt weniger, wenn man Sehen als soziales und kulturelles Phänomen sieht. Könnten wir vielleicht zutreffender formulieren, dass wir eher Spezialisten für das Auge und seine Schädigungen sind als Spezialisten für das Sehen? Denn auch in der Pädagogik spielen die Sehschädigungen eine große Rolle, nicht nur im Sozialrecht. Trotz aller weichen Kriterien, die inzwischen überall zu finden sind, gilt formal immer noch, dass ein Förderbedarf schwer bzw. kaum zu erreichen ist, wenn ein Visus von 1.0 vorliegt und keine klassische Sehschädigung benannt werden kann.

Die Ausbildung an den Universitäten und Hochschulen hat standardmäßig einen Kurs Ophthalmologie, aber gibt es auch Kurse zum Sehen? Es gibt Seminare und Laboratorien zu Low Vision und zur funktionalen Überprüfung des Sehens, aber ist Sehen ein Thema oder nicht eher die Beschreibung einzelner Sehfunktionen? In meinem Seminar zur funktionalen Überprüfung frage ich am Anfang sehr häufig die Studierenden: „Wie sehen Sie?" Große Verblüffung, dann Antworten wie: „Gut", oder: „Ohne Brille schlechter" und oft entsteht ein kleiner verbaler Wettbewerb, wer welche kleinen Zeichen oder Objekte noch sehen kann. Aber das war mit meiner Frage nicht gemeint. Ich fragte, **wie** sehen Sie, d. h. wie machen Sie das, dass Sie einen Vordergrund und einen Hintergrund bilden, dass sie Farbe und Form integrieren, dass sie Gestalt schließen, dass Sie einem bewegten Objekt folgen können, dass Sie visuell vergleichen können etc. In meinem Seminar herrscht eine noch größere Verblüffung als zuvor und als Antwort höre ich: „Keine Ahnung". Die sehbeeinträchtigungserfahrenen Kommilitoninnen und Kommilitonen könnten möglicherweise dazu etwas sagen, aber sie trauen sich zu Beginn des Seminars noch nicht, auch weil sie mich noch nicht kennen und sich nicht vorstellen können, dass jemand wirklich Interesse an ihrem Sehen hat und nicht an ihrer Sehbeeinträchtigung. In gemischten Gruppen und einem ersten Austausch über das Sehen, das ich anschließend arrangiere, werden interessanterweise die Sehbeeinträchtigungserfahrenen nicht gefragt, was sie sehen, auch nicht, wie sie sehen, sondern was sie „haben". Das kann ich immer wieder beobachten. „Was hast Du?" fragt nach der Augenerkrankung und Sehschädigung, nicht nach dem Sehen. Auf meine Frage, vor welchem Hintergrund sie die Frage stellen, kommt als Antwort: „Ja, dann kann ich mir besser vorstellen, was die Person sieht."

Ist das nicht paradox? Da gibt es sehbeeinträchtigungserfahrene Menschen, die man befragen könnte, was sie sehen und diese werden nach ihrer Augenerkrankung befragt, damit man sich vorstellen kann, was sie sehen? Und was stellt man sich dann vor? – die juvenile Makuladegeneration, ROP, das Glaukom, das Kolobom, oder??

Mit dem Sehen ist es wirklich schwierig. Alle, die sich sehend nennen, glauben, dass Sehen ganz selbstverständlich gelingt, glauben auch – zumindest der große Teil der Bevölkerung –, dass alle so sehen, wie man selbst sieht. Dafür gibt es Gründe. Ich zitiere aus einem Beitrag mit dem Titel „Vom Sinn des Sehens":

„Das Auge hat im Abendland ein gutes Image. Wenn es um Wahrheit geht, dann trauen wir den Augen traditionell mehr zu als den Ohren, der Nase, der Zunge oder der Haut. Für uns ist das Sehen der Sinn, mit dem wir dem Sein am nächsten kommen können. Im Alltag glauben wir letztlich nur das, was wir mit den eigenen Augen gesehen haben." (Kurt, 2008, 371) und weiter „Im Westen ist das Sehen die Nr. 1 unter den Sinnen. In den auf Differenz beruhenden Erkenntnistheorien des Abendlandes befindet sich auf der einen Seite der Unterscheidung das vorstellende Subjekt, auf der anderen das vorgestellte Objekt. Die Nähe dieses Erkenntnismodells zur Form des Sehens ist offensichtlich, denn für das Sehen, das Etwas-mit-den-Augen-wahrnehmen, ist die Differenz zwischen Sehendem und Gesehenem fundamental. Ohne Abstand sieht man nichts." (Kurt 2008, 369) Das Drinnen oder Draußen, von dem in dem Hörtext die Rede war, gibt es zwar auch, aber sehr selten.

„Ohne Ankündigung, mitten in der Arbeit, tauchten plötzlich rußartige Schlieren im Sehfeld auf und verbreiteten sich rasch von unten nach oben; eine quasi-automatische Handbewegung bestätigte, dass es sich weder um ein Ereignis in der Außenwelt, noch um eines auf der Augenoberfläche handelte." (Honer 2008, 378) Üblicherweise ist Abstand erforderlich, um etwas sehen zu können, das macht das Auge in der abendländischen Erkenntnistheorie gewissermaßen zum vornehmsten Sinnesorgan. Dem „Auge, wurde dabei eine doppelte Rationalität zugemutet: Nicht nur dem Gesehenen wurde Rationalität unterstellt, auch das Sehen selbst wurde als rational aufgefasst." (Kurt 2008, 370) In der älteren blindenpädagogischen Literatur finden wir viele Belege für diese Annahme, ich habe einige davon in meiner Einführung aufgelistet (Walthes 2013).

Ich habe bei meiner Recherche gelernt, dass Österreich seit 2014 die ersten blinden Richter zugelassen hat. Einerseits: herzlichen Glückwunsch, das muss ein langer langer Kampf gewesen sein und andererseits: weshalb hat dies so lange gedauert? Ich vermute, das hat mit der gerade zitierten Rationalitätsannahme zu tun. Der objektive Augenschein sowohl bei der möglichen Tatortbegehung als auch im Gerichtssaal sei nicht gegeben, aber erforderlich, so wurde noch 2013 von der Justizministerin argumentiert. Dem Hören wird nicht so viel zugetraut, das Sehen sei umfassender und objektiver, trotz so vieler gegenteiliger Beweise, angefangen bei Jacques Lusseyrans Tätigkeit für die französische Résistance und belegt nicht nur durch viele blinde Richter, sondern auch in der alltäglichen Begegnung.

Dass Sehen kein Kopier- sondern ein Konstruktionsprozess ist, ist in diesem Auditorium sicherlich Konsens, dass das Auge Bedingung sine qua non für das Sehen ist, sicherlich. Walter Killer, Neuroophthalmologe aus der Schweiz, sagte kürzlich in einem Vortrag; „Beim Sehen spricht das Gehirn zu 96 % mit sich selbst", was im Klartext bedeutet, von außen angeregt, also Peripherie, Auge machen 4 % aus, der Rest „drinnen" ist Gehirnaktivität. Sehen ist in diesem Sinne kein bloßes Auf- und Für-wahr-nehmen, sondern eher ein Geben und Gestalten. „Mit seinen Gedanken, Gefühlen, Erinnerungen, Phantasien und Interessen zu sehen, bedeutet: hinzufügen, wegnehmen, projizieren, übersehen, verschieben, vergrößern, verkleinern, zentrieren und selektieren – und nicht: etwas von außen nach innen durchreichen und dabei dem Auge die Funktion des Fensters zwischen Seele und Welt zuweisen." (Kurt 2008,371) Unser Blick auf die Welt ist durch unsere Wissensvorräte bereits vorfiguriert. Wir reduzieren die Überkomplexität des Sichtbaren in der Erfahrungswelt auf das in unserer Wahrnehmung Bekannte und Relevante. Hier treffen sich neurowissenschaftliche Erkenntnis, Wahrnehmungstheorien und Lebensweltforschung in der Aussage, dass Sehen Wiedererkennen bedeutet. Mit Schütz gesprochen, beruhen unsere Wirklichkeitswahrnehmungen auf Typisierungen, d. h. alles wird als typisch und in typischen Zusammenhängen erfahren. „Es ist wie mit Hase und Igel: der Erkenntnisprozess läuft und läuft, aber der Typus ist immer schon da. So schafft sich das Sehen im Alltag die Sicherheiten und Selbstverständlichkeiten, die zur Orientierung in der Lebenswelt vonnöten sind. Der Alltag des Sehens beruht auf und vollzieht sich im Wesentlichen in schematischem Wiedererkennen." (Kurt, 2008, 371). Die Bilderbibliothek, die wir nutzen, ist so unvorstellbar vielfältig, dass es im Alltag tatsächlich nur noch Typisches, nur noch Wiedererkennen gibt. Wenn man sich mit dem Sehen nicht nur lebensweltlich, sondern auch funktional beschäftigt, dann findet man Zusammenhänge, in denen verschiedene Strategien des Wiedererkennens angewandt werden. Wiedererkennungsfunktionen können auf allen Ebenen genutzt werden. So kann die Lokalisation eines Objektes visuell erfolgen, die Erkennungsfunktion aber übernehmen Tasten, Manipulation und Hören oder virtuelle Bewegung (Walthes 2013, 134).

Wie wenig stabil das Sehen wird, wenn es sich nicht auf Typisches beziehen kann, möchte ich an einem Beispiel zur Gesichtererkennung verdeutlichen. Gesichter sind vermutlich das am meisten gesehene Objekt. Bereits unmittelbar nach der Geburt zeigen sich Neugeborene vom menschlichen Gesicht so fasziniert, dass es schon Annahmen von angeborener Gesichtererkennung gibt. Die unglaublich umfangreichen Studien zur Entwicklung der Gesichtererkennung im Kindesalter zeigen, dass Säuglinge bei der visuellen Analyse eines Gesichts am Haaransatz beginnen und dann mit dem Blick von Augenbrauen und Augen über Nase und Mund wandern, während etwa mit 7, 8 Jahren eine eher ganzheitliche Analyse einsetzt, die wir als Erwachsene auch nutzen. Diese eher ganzheitliche Gesichterwahrnehmung beginnt von einem Punkt zwischen den Augen, danach wird kurz die Form abgeschätzt. Säuglinge, die in multiethnischen Zusammenhängen aufwachsen, sind in der Lage, die Gesichter vieler Ethnien gleichermaßen differenziert zu analysieren. Die Fähigkeit zu dieser Analyse verliert sich in monoethnischen Zusammenhängen etwa ab dem 8. Lebensmonat, danach gelingt die Analyse der eigenen

Ethnie wesentlich besser als die anderer Ethnien (Freitag; Schwarzer 2013). Die Häufigkeit, mit der wir Gesichter anschauen und analysieren, ist unvergleichlich. Und weil wir so ungeheuer gut in der Analyse von Gesichtern sind, können wir uns diese meistens auch sehr gut merken und unterscheiden, selbst wenn Merkmale wie Haaransatz oder Brille etc. fehlen. Vorausgesetzt, wir kennen das Gesicht und können es wiedererkennen. Ich zeige Ihnen ein Gesicht doppelt, aber auf dem Kopf stehend. Sie müssen dieses Gesicht nicht wiedererkennen, sondern die Gesichter vergleichen. Hier können Sie selbst die Erfahrung machen, wieviel schlechter eine Analyse gelingt, wenn das Gesicht auf dem Kopf steht.

Dies ist ein sehr gutes Beispiel, wie wir mit Typischem – nach Schütz – und wie wir mit Neuem – hier ist es nur eine andere Perspektive – umgehen.

Wenn Sehen in so hohem Maße Wiedererkennen ist und wenn das Sehen der Sehenden so sehr auf Vertrautem, Bekanntem beruht, wie entwickelt sich diese riesige Bibliothek und welche Bedingungen sind erforderlich, damit sie sich entwickelt?

Dies ist die eine zentrale Forschungsfrage. Die andere bezieht sich darauf, was mit dieser Bilderbibliothek bei Sehverlust, z. B. im Alter, geschieht? Sie kann nicht einfach verschwunden sein, nur weil die 4 % der peripheren Information fehlen. Um diesen Sachverhalt nicht wirklich zu vertieft analysieren zu müssen, hat Herr Bonnet ein Syndrom erfunden und nach sich benannt: das Charles-Bonnet-Syndrom. Damit wurde die Bilderbibliothek in den Bereich der Halluzinationen eingeordnet und als zu Überwindendes markiert. Da die vorherrschende Meinung darin besteht, solche visuellen Erinnerungen hätten nichts mit der Realität zu tun, werden sie weder in ihrer Sinnhaftigkeit befragt, noch hinsichtlich ihrer Relevanz im alltäglichen Handeln. Sie werden als störend angesehen und viele Menschen beschreiben sie auch als störend. Ob das mit Selffulfilling Prophecy zu tun hat, müsste ermittelt werden. Eine rekonstruktive und genaue Erkundung könnte andere Facetten und andere Möglichkeiten dieses Phänomens ermitteln und diese Seherinnerungen als konstitutives Element des Alltagshandelns nutzen.

Eine lebensweltliche Analyse des Sehens, der Seherfahrungen, der unterschiedlichen Sehbedingungen und der Wirklichkeitskonstruktion müsste meines Erachtens von folgenden Zusammenhängen ausgehen:

Die Augenerkrankung, das Syndrom oder die Sehschädigung sind für eine lebensweltliche Analyse kein Ausgangspunkt, denn es wird nichts darüber ausgesagt, wie gesehen wird.

Die Überprüfung von Sehfunktionen unter unterschiedlichen Bedingungen und in der Alltagssituation könnte einen Anknüpfungspunkt bieten, weil sie nach dem Prinzip arbeitet „in Bezug auf" – d. h. worum soll es gerade gehen, welche Sehanforderungen stellt die Situation und „unter der Bedingung von", was bedeutet mit Hilfe welcher Handlungsstrategien, welcher Lichtbedingungen, welcher Umweltbedingungen gelingt Sehen. Solange sie jedoch nur prüft und die Erfahrungen, die Strategien nicht befragt, wird sie zu wenig erfahren.

Sehbeeinträchtigungen bedeuten in unserer Lebenswelt sehr häufig eine Verunsicherung der Selbstverständlichkeit und Vollständigkeit der eigenen Wahrnehmung, ein immer wieder erneutes Realisieren von Unterschieden, und zwar vor allem in der Interaktion mit anderen. Die Wertschätzung dieses Sehens und die Rekonstruktion seiner Gegebenheit und subjektiven Vollständigkeit für Wirklichkeitskonstruktion wäre eine wesentliche Voraussetzung für lebensweltliche Erkundungen im Bereich des Sehens.

Wie beim Hören auch, wären alle Gruppen, „anders Sehen von Geburt an", Jugendliche und erwachsene Menschen, wie auch diejenigen mit erworbener Sehbeeinträchtigung in den Dialog mit einzubeziehen.

Sehbeeinträchtigungserfahrene als Forschende sind für solche Erkundungen unverzichtbar, da eine antizipierte Vertrautheit aufgrund der vielfältigen Erfahrungen des Nicht-Verstanden-Werdens unbedingt erforderlich scheint.

Blinde Menschen haben es sowohl in unserer Gesellschaft, wie auch in den diversen professionellen Systemen leichter, ihren Wirklichkeitskonstruktionen Geltung zu verschaffen. Menschen mit Sehbeeinträchtigungen scheinen mir aufgrund der vermeintlich geteilten visuellen Wirklichkeit in einer sehr viel schwierigeren Position zu sein.

Die Wurzeln der sogenannten Sehbehindertenpädagogik sind auf der einen Seite eine an ihre Grenzen geratene Blindenpädagogik (Stichwort: Brailleskandal und usus abusus-Hypothese, die sich lange in den Köpfen gehalten hat) und auf der anderen Seite eine Ophthalmologie, die sich auf Augengesundheit und Augenkrankheit bezogen hat. Eine wirklich eigenständige Pädagogik des Sehens mit einem nicht medizinischen und nicht defizitären Theoriebezug hat sich trotz der wichtigen Versuche von Natalie Barraga (1976) und Uwe Beermann nicht entwickelt.

Ernsthafte Bemühungen, die Sehbedingungen als ein wichtiges Element der Wirklichkeitskonstruktion zu eruieren, d. h. das Sehen in all seinen Facetten zu erforschen und nicht nur die Sehschädigung, stehen noch aus.

Meine Damen und Herren, eine lange Reise durch verschiedene Themenfelder kommt zum Ende. Nach einem längeren Prozess der Analyse habe ich mit den Themen Hören und Sehen zwei Felder identifiziert und in Ansätzen beschrieben, die mir nach- und weiterdenkenswert erscheinen. Ich hoffe, dass die Beispiele und der Umgang mit diesen Themen, bei der Einen oder dem Anderen im Auditorium Resonanz erzeugen konnten. Solche Kongresse sind auch dazu da, sich einmal jenseits der Alltagsanforderungen mit eher grundsätzlichen Themen und Fragen zu beschäftigen. Ob Sie diesen Vortrag im Sinne der wachsenden Ringe, die sich über die Dinge ziehen, erlebt haben, weiß ich nicht. Ich hoffe es.

Literatur

Barraga, Natalie (1976): Visual Handicaps and Learning. A developmental approach. Belmont California: Wadworth

Beermann, Uwe (1966): Erziehung von Sehbehinderten. Die optische Leistungsfähigkeit als Grundlage der Bildung und Erziehung von Kindern mit geringem Sehvermögen. Weinheim: Beltz

Bender, Carsten, Schnurnberger, Marion (2016/17): Zwischen Sehen und Nichtsehen – Eine wahrnehmungs- und lebensweltliche Ethnographie zur Situation von Menschen mit Sehbeeinträchtigung im Alter. (eingereicht und im Druck)

Bentele, Verena (2013): Vertrauen heißt Training. Vortrag http://www.tedxbodensee.de/

Cattaneo, Zaira; Vecchi, Tomasio (2011): Blind Vision: The Neuroscience of Visual Impairment. Cambridge: MIT Press

Derrida, Jacques (2008): Aufzeichnungen eines Blinden. Paderborn: Wilhelm Fink Verlag

Freitag, Claudia; Schwarzer, Gudrun (2013). Die Wahrnehmung und Wiedererkennung von Gesichtern im Säuglings- und Kleinkindalter. In: Frühförderung interdisziplinär. Zeitschrift für Frühe Hilfen und frühe Förderung benachteiligter, entwicklungsauffälliger und behinderter Kinder. Heft 3, 160 – 168.

Greving, Heinrich; Beck, Iris (2012): Lebenslage und Lebensbewältigung. Stuttgart: W. Kohlhammer (Behinderung, Bildung, Partizipation: enzyklopädisches Handbuch der Behindertenpädagogik, 5).

Hammer, Gili (2013): "This is the anthropologist, and she is sighted": Ethnographic Research with Blind Women. In: *Disability Studies Quarterly* 33 (2).

Honer, Anne (2008): Verordnete Augen Blicke. Reflexionen und Anmerkungen zum subjektiven Erleben des medizinisch behandelten Körpers. In: Jürgen Raab, Michaela Pfadenhauer, Peter Stegmaier, Jochen Dreher und Bernt Schnettler (Hg.): Phänomenologie und Soziologie. Theoretische Positionen, aktuelle Problemfelder und empirische Umsetzungen. Wiesbaden: VS Verlag für Sozialwissenschaften, S. 379-387

Kurt, Ronald (2008): Vom Sinn des Sehens. Phänomenologie und Hermeneutik als Methoden visueller Erkenntnis. In: Jürgen Raab, Michaela Pfadenhauer, Peter Stegmaier, Jochen Dreher und Bernt Schnettler (Hg.): Phänomenologie und Soziologie. Theoretische Positionen, aktuelle Problemfelder und empirische Umsetzungen. Wiesbaden: VS Verlag für Sozialwissenschaften, S. 369–378.

Länger, Carolin (2002): Im Spiegel von Blindheit. Eine Kultursoziologie des Sehsinnes. Stuttgart: Lucius u. Lucius.

Lusseyran, Jacques (2002) : Das wiedergefundene Licht. Hamburg: Klett Cotta

Michalko, Rod (2010): What's Cool about Blindness? In: *Disability Studies Quarterly* 30 (3/4).

Raab, Jürgen; Pfadenhauer, Michaela; Stegmaier, Peter; Dreher, Jochen; Schnettler, Bernt (Hg.) (2008): Phänomenologie und Soziologie. Theoretische Positionen, aktuelle Problemfelder und empirische Umsetzungen. Wiesbaden: VS Verlag für Sozialwissenschaften.

Saerberg, Siegfried (2006): Geradeaus ist einfach immer geradeaus: eine lebensweltliche Ethnographie blinder Raumorientierung. Konstanz: UVK.

Saerberg, Siegfried (2008): Das Sirren in der Dschungelnacht – Zeigen durch Sich-wechselseitig-aufeinander-Einstimmen. In: Jürgen Raab, Michaela Pfadenhauer, Peter Stegmaier, Jochen Dreher und Bernt Schnettler (Hg.): Phänomenologie und Soziologie. Theoretische Positionen, aktuelle Problemfelder und empirische Umsetzungen. Wiesbaden: VS Verlag für Sozialwissenschaften, S. 401–410.

Schliermann, Rainer (2014): Lebensqualität, Erwerbstätigkeit und körperliche Aktivität bei Menschen mit Sehschädigungen: Eine Befragung ehemaliger Rehabilitanden von Berufsförderungs- und Berufsbildungswerken. Vortrag auf dem Dreiundzwanzigsten Rehabilitationswissenschaftlichen Kolloquium vom 10. bis 12. März 2014 Karlsruhe. Deutsche Rentenversicherung Bund - DRV. Karlsruhe, 2014.

Schürmann, Eva (2008): Sehen als Praxis. Ethisch-ästhetische Studien zum Verhältnis von Sicht und Einsicht. Frankfurt: suhrkamp

Schütz, Alfred; Luckmann, Thomas (2003): Strukturen der Lebenswelt. Konstanz UTB

Schulz, Miklas (2014): Disability meets Diversity – Dispositivtheoretische Überlegungen zum Verhältnis von Situativität, Intersektionalität, Agency und Blindheit. In: *Soziale Probleme* 25 (286-300).

Simkiss, Philippa; Reid, Fred (2013): The Hidden Majority Summary Report. A study of economic inactivity among blind and visually impaired people in Sweden, Germany, Romania, Netherlands, Poland, France and Austria.

Walthes, Renate (2014): Einführung in die Pädagogik bei Blindheit und Sehbeeinträchtigung. München: Reinhardt

Walthes, Renate (2013): Sehen – Anderssehen – Nichtsehen. In: In Frühförderung interdisziplinär. Zeitschrift für Frühe Hilfen und frühe Förderung benachteiligter, entwicklungsauffälliger und behinderter Kinder. Heft 3, 131 – 138.

Witt-Löw, Kerstin; Breiter, Marion (2005): „Nicht Mitleid, sondern faire Chancen!" Perspektiva – Erkundungsstudie zur Lebens- und Berufssituation blinder und hochgradig sehbehinderter Frauen in Wien. Wien

Internetquellen:

Blinde und Kunst e.V. Online verfügbar unter www.blindeundkunst.de

BLautor. Online verfügbar unter www.blautor.de

Raissakis, Petra. Online verfügbar unter www.anderssehen.at

Autorin

Prof. Dr. Renate Walthes, TU Dortmund

Themenschwerpunkt Medien

VIVIAN ALDRIDGE

Alte Inhalte in neuen Punkten: Die neue 6-Punkte-Braillemathematikschrift

2015 veröffentlichte das Brailleschriftkomitee der deutschsprachigen Länder (BSKDL) eine neue 6-Punkte-Braillemathematikschrift für den deutschen Sprachraum. Sommer 2016 löste sie die frühere Schrift ab. Im Folgenden werden der Hintergrund und die Neuerungen umrissen.

Warum eine neue Mathematikschrift?

Die 6-Punkte-Mathematikschrift im deutschen Sprachraum entsprang einer Welle internationaler Bestrebungen in den 1920er-Jahren nach Vereinheitlichung der Brailleschriften für verschiedene Fachbereiche. Die gemeinsamen Wurzeln sind noch eindeutig in fremden Brailleschriften zu erkennen, von der gerade abgelösten britischen Mathematikschrift über die russische bis zur chinesischen. In Polen wird sogar eine Übersetzung des letzten deutschen Regelwerks verwendet.

Die deutsche Mathematikschrift – noch mit der Bezeichnung „internationale Mathematikschrift" – war zuletzt in den 1980er-Jahren überarbeitet worden. Verschiedene zwischenzeitliche Entwicklungen führten zur Notwendigkeit der jüngsten Überarbeitung. So unter anderem:

- Regionale „Dialekte" und eigene Schreibweisen schlichen sich ein, die zwar alle ähnlich waren, aber die Eindeutigkeit der Schrift reduzierten, insbesondere bei der Kennzeichnung von Groß- und griechischen Buchstaben.
- Änderungen im Schwarzschriftgebrauch – bei der mathematischen Notation selber, aber auch von Darstellungen in Lehrmitteln – stellten neue Ansprüche an die Brailleschrift.

Eigene Schrift versus integrierte Schrift

Der 6-Punkte-Brailleschrift stehen lediglich 64 verschiedene Punktkombinationen zur Verfügung. Das muss nicht nur für die Abbildung der Vielfalt der Schwarzschriftsymbole reichen, sondern auch für die Wiedergabe anderer Notationselemente wie zum Beispiel Hochstellungen. Dafür sind in Braillemathematikschriften zwei unterschiedliche Ansätze zu erkennen.

- Dasselbe bzw. dieselben Braillezeichen haben unterschiedliche Bedeutungen je nach Kontext. So kann dasselbe Zeichen in der Voll- und Kurzschrift „ei" wiedergeben und in der Mathematik das Wurzelzeichen. Fehlt der Kontext, ist die Bedeutung nicht klar.
- Längere, aber eindeutige Zeichenketten werden gebildet, wobei die ersten Elemente der Ketten allein stehend keine Entsprechung in der Schwarzschrift haben. Zum Beispiel in den vor allem am Computer als Blindenmathematikschrift breit verwendeten LaTeX-Schreibweise findet man diesen Ansatz: Der Backslash wird nur als erstes Element von Zeichenketten verwendet, so etwa in \sqrt für Wurzelzeichen oder \pm für Plusminus.

In der Praxis gibt es kaum eine Brailleschrift, in der nicht beide Ansätze vorhanden sind. Manchmal überwiegt der eine, manchmal der andere.

Ein triviales Beispiel aus der 6-Punkte-Schrift:
3 + 5 = 8

Das Pluszeichen wird mit demselben Grundzeichen als Ausrufezeichen geschrieben, das Gleichzeichen mit demselben wie Klammer. In der Voll- bzw. Kurzschrift wird dem Plus- und dem Gleichzeichen Punkt 4 vorangestellt, um sie von Interpunktion zu unterscheiden. Siehe Abbildung 1.

In der Mathematikschrift stellen diese Braillezeichen – und zwar ohne Punkt 4 – das Plus- resp. das Gleichheitszeichen dar und der Ausdruck wird kürzer.

In manchen Fällen fehlen der Textschrift überhaupt adäquate Mittel. Sogar mit den Rechnungsklammern lässt sich das leicht illustrieren. In der Textschrift werden runde Klammern stets mit demselben Braillezeichen geschrieben – ob öffnende oder schließende. Aus dem Kontext ist beinahe immer zu erkennen, um

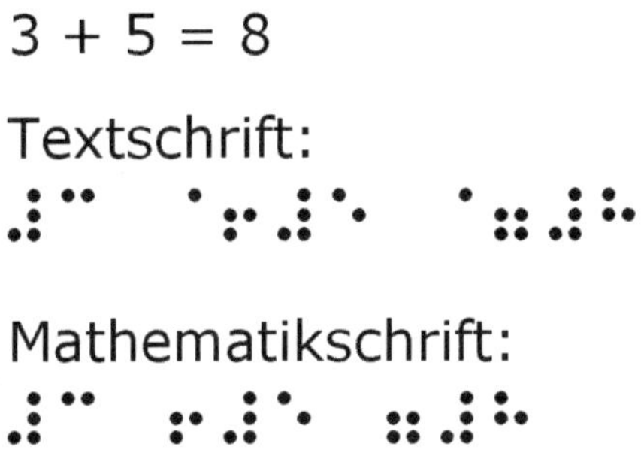

ALTE INHALTE IN NEUEN PUNKTEN: DIE NEUE 6-PUNKTE-BRAILLEMATHEMATIKSCHRIFT

$3 + 5 = 8$

Textschrift:

Mathematikschrift:

Abbildung 1

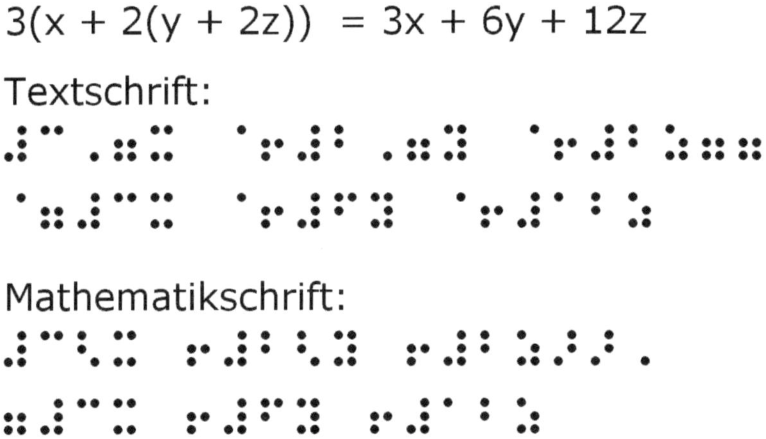

$3(x + 2(y + 2z)) = 3x + 6y + 12z$

Textschrift:

Mathematikschrift:

Abbildung 2

welche Variante es sich handelt. In der Mathematik ist dies nicht immer so unmittelbar ersichtlich. Nehmen wir den Ausdruck

$3(x + 2(y + 2z)) = 3x + 6y + 12z$

In der reinen Textschrift geschrieben (siehe Abbildung 2), ist es zunächst nicht klar, ob es sich um eine öffnende oder eine schließende Klammer zwischen der 2 und dem y handelt. Erst die Entlehnung zwei verschiedener Klammerzeichen aus der Mathematikschrift sorgt für Klarheit. Klarheit und Kürze in einem bietet jedoch erst die Mathematikschrift selber.

Schon in der Schulmathematik sind zahlreiche Beispiele zu finden, in denen die Textschrift auch nicht annähernd eine adäquate Darstellung zu bieten hat.

Kürze ist nicht das oberste Kriterium für eine Mathematikschrift, und bei einfachen Ausdrücken spielt sie kaum eine Rolle. Mit steigender Komplexität und Länge der Ausdrücke kann sie jedoch deutlich zur Überblickbarkeit beitragen.

Das neue Regelwerk – Bezug und Aufbau

Das 2015 veröffentlichte Regelwerk ist auf der Webseite des Brailleschriftkomitees der deutschsprachigen Länder (www.bskdl.org) gratis herunterzuladen – in einer Vielfalt von Versionen für den Ausdruck in Braille- und Schwarzschrift und für das elektronische Lesen. Gedruckte Ausgaben sind bei der SBS Schweizerischen Bibliothek für Blinde, Seh- und Lesebehinderte in Zürich (www.sbs.ch) erhältlich.

In der Kapiteleinteilung ist das Werk ein Mischwesen: Der Inhalt der ersten Kapitel ist brailletechnisch zusammengestellt, die späteren Kapitel sind dagegen mathematischen Teilgebieten gewidmet. Natürlich verursacht das einige Überlappungen und Verdoppelungen, was die Suche nach Symbolen und Regeln aus beiden Blickwinkeln ermöglicht.

Der Suche dienen auch eine nach der 6-Punkte-Brailletabelle geordnete Zeichenliste sowie ein Sachregister. Ebenfalls unter den Anhängen findet man ein Glossar der braillespezifischen Begriffe sowie eine Liste der Neuerungen und Änderungen in der Schrift.

Der erste, schriftlichen Rechenverfahren gewidmete Anhang tanzt gewissermaßen aus der Reihe. Er ist eine Sammlung von teils kommentierten, praktikablen Darstellungen von Rechenvorgängen in der Brailleschrift. Neben den vier Grundrechenarten in herkömmlicher Form wird auch exemplarisch ein lineares Additionsverfahren erläutert, das sowohl an der Bogenmaschine als auch am Computer durchführbar ist. Ebenfalls werden Beispiele für die Lösung von Gleichungen präsentiert. Anders als in den übrigen Kapiteln sind diese Darstellungen als Ideenreservoir zu verstehen und nicht als Vorschrift.

Es wurde großer Wert darauf gelegt, Hindernisse für die Kommunikation zwischen Nutzenden verschiedener Ausgaben abzubauen. Daher wurde auf Verweise auf Seitenzahlen verzichtet und stattdessen auf eine fein gegliederte Struktur mit dezimal nummerierten Abschnitten gesetzt. Sämtliche Beispiele sind ebenfalls nummeriert und daher problemlos über alle Ausgaben vergleichbar.

Die Beispiele sind nicht nur einheitlich nummeriert, sie sind auch einheitlich gestaltet. Nur im Anhang zu schriftlichen Rechenverfahren werden sie abweichend dargestellt. Unterhalb der Beispielsnummer wird in Schwarzschriftausgaben die übliche Schwarzschriftdarstellung des mathematischen Ausdrucks abgebildet. Es folgen die Darstellungen in der Braillemathematikschrift und in LaTeX.

Warum LaTeX?

Der Einsatz von LaTeX in einem Regelwerk zur 6-Punkte-Mathematikschrift gibt immer wieder Anlass zu Kommentaren.

Bei der Arbeit mit dem soeben abgelösten Regelwerk konnte immer wieder beobachtet werden, dass sehende Personen sich stark an den Schwarzschriftdarstellungen der Beispiele orientierten. Zum einen, um schnell Informationen zu einem Sachverhalt aufzuspüren. Aber auch, um die Brailledarstellung mit der Schwarzschrift zu vergleichen und somit ihr Verständnis der Brailletechniken bzw. –zeichen zu überprüfen.

Lesende der Brailleschriftausgaben hatten dagegen keine Vergleichsmöglichkeit – und auch nichts, das sie auf die falsche Auslegung des Dargestellten aufmerksam machen konnte.

Nachdem sich eine zunächst angestrebte Verbalisierung aller Beispiele als impraktikabel erwiesen hatte, wurde LaTeX als Vergleichsmöglichkeit herangezogen. Um die Merkmale der Schwarzschriftdarstellung wiederzugeben, wurde nicht die minimalisierte LaTeX-Schreibweise gewählt, die verbreitet in deutschsprachigen Schulen als lineare 8-Punkte-Mathematikschrift verwendet wird, sondern eine ebenfalls reduzierte, jedoch kompilationsfähige Version der ursprünglichen wissenschaftlichen Satzsprache.

In den Brailleschriftausgaben werden die LaTeX-Darstellungen in 8-Punkte-Braille wiedergegeben. Somit enthalten diese Ausgaben Seiten mit Zeilen aus sowohl 6- als auch 8-Punkte-Braille. Da bei weitem nicht alle Brailledrucksysteme dies bewerkstelligen können, wurden diese Ausgaben neu kodiert, damit sie auf einem 6-Punkte-System ausgedruckt werden können. Zu diesem Zweck muss man lediglich den Zeilenabstand auf 0 stellen und die Anzahl Zeilen pro Seite entsprechend anpassen können.

Ist wirklich Neues dabei?

Die neue Mathematikschrift ist unverkennbar eine Weiterentwicklung der alten. Es gibt sogar „Neues", das nicht wirklich neu ist. Neu ist in diesen Fällen lediglich, dass die bisherige Praxis im Regelwerk festgehalten wird, zum Beispiel:

- Die Schreibweise für periodische Dezimalbrüche fehlte im alten Regelwerk.
- Unter den Einheiten werden auch Währungseinheiten explizit aufgeführt.
- Der „kleine" Wechsel zwischen Text- und Mathematikschrift mittels Doppelleerzeichen wird erläutert.

Eine wichtige Entwicklung ist die weitgehende Annäherung der Buchstabenkennzeichnung an die Textschrift:

- Großbuchstaben werden einzeln und in Ketten mit Punkten 4,5 gekennzeichnet.
- Großschreibung – oder auch das Umstellen auf griechische Buchstaben – gilt lediglich für das aktuelle „Wort" und nicht für eine ganze Passage.
- Römische Zahlen werden als Buchstaben behandelt.

Natürlich gibt es auch echte Neuerungen. Davon nur drei Beispiele für Zeichen:

- Neu wird nicht zwischen Exponenten und anderen oberen Indizes unterschieden: Sie werden einheitlich mit dem Zeichen Punkte 3,4 eingeleitet.
- Einige Klammerarten – auch die geschweiften, etwa für Mengen – werden mit neuen Braillezeichen geschrieben, sind jetzt eindeutiger und dank koordinierter Änderungen in der Textschrift mit dieser kompatibler.
- Bei den Pfeilen wurden nicht nur Lehnformen aus der Textschrift eingeführt, sondern das sehr flexible, baukastenähnliche System für die Darstellung von Pfeilen wurde ausgebaut sowie von Unregelmäßigkeiten bereinigt.

Auffallend sind Neuerungen bei der Wiedergabe von Einheiten:

- Die alte Kennzeichnung für Einheiten, deren Gebrauch als „landschaftlich" bezeichnet werden könnte, wurde durch ein Zeichen ersetzt, das mit der Textschrift kaum in Konflikt steht.
- Alle Einheiten – und sogar Pseudoeinheiten wie das Prozentzeichen – werden einheitlich gekennzeichnet.

Ansonsten wurden einige Regeln vereinfacht, auch wenn dadurch manche Ausdrücke ein wenig an Kürze verlieren.

Schlussbemerkungen

Mit der neuen Mathematikschrift ist die vom Brailleschriftkomitee der deutschsprachigen Länder (BSKDL) eingesetzte Arbeitsgruppe nicht grundsätzlich neue Wege gegangen. Die neue Schrift geht offenkundig aus der alten hervor. Dennoch gibt es wichtige Unterschiede:

- Obwohl noch separat, kommen sich die Mathematik- und die Textschriften näher.
- Der Zeichenbestand wurde den aktuellen Anforderungen angepasst.
- Einige Regeln sind einfacher und konsequenter.
- Der Grundschulgebrauch wurde besser berücksichtigt.
- Die neue Schrift ist ausführlicher und konsistenter dargestellt.
- Das Regelwerk ist klarer strukturiert und enthält deutlich mehr Beispiele.
- Durch neue Ausgabeformen wurde auch der elektronische Zugang berücksichtigt.

Die neue Mathematikschrift gilt seit Sommer 2016, wo immer im deutschen Sprachraum die 6-Punkte-Mathematikschrift zum Einsatz kommt.

Autorin

Vivian Aldridge vertritt den VBS im Brailleschriftkomitee der deutschsprachigen Länder (BSKDL) und arbeitet in der beruflichen Rehabilitation bei der SBHprofessional der Sehbehindertenhilfe Basel.

URSULA HOFER UND MARKUS LANG

Zukunft der Brailleschrift (ZuBra)

Ein Forschungsprojekt der Interkantonalen Hochschule für Heilpädagogik Zürich und der Pädagogischen Hochschule Heidelberg

Ergebnisse der Onlinebefragung hochgradig sehbehinderter und blinder Personen zur Nutzung von Braille, Computer und anderen Technologien

„ZuBra" wird finanziell unterstützt:

- vom Eidgenössischen Büro für die Gleichstellung von Menschen mit Behinderungen EGBB
- von der Ernst Göhner Stiftung CH-Zug
- von der Herbert Funke Stiftung
- vom Verband für Blinden- und Sehbehindertenpädagogik
- von der Schweizerischen Stiftung für Taubblinde „Tanne"
- vom Heilpädagogischen Schul- und Beratungszentrum Sonnenberg
- vom Schweizerischen Blinden- und Sehbehindertenverband
- vom Deutschen Katholischen Blindenwerk

1. Zur Ausgangslage des Forschungsprojekts

Zusammen mit der fast 200-jährigen Brailleschrift gewährleisten Informations- und Kommunikationstechnologien blinden und hochgradig sehbehinderten Menschen heute den Zugang zu schriftlicher Information. Aufgrund sich rasch weiterentwickelnder Technologien bestehen allerdings Unsicherheiten darüber, wie diese Zugänge aktuell genutzt werden und welcher Stellenwert dabei der Brailleschrift zukommt. Befürchtungen, Vermutungen oder Hypothesen führen gar zu Fragen wie:

- Hat die Brailleschrift eine Zukunft?
- Sind Lese- und Schreibfähigkeiten blinder und hochgradig sehbehinderter Menschen gefährdet? (Tobin & Hill, 2015)

Auch in den folgenden Aussagen eines 14-jährigen blinden ZuBra-Teilnehmenden sind solche Befürchtungen erkennbar:

„Es wäre ja schon fast unverschämt, wenn die Brailleschrift abgeschafft würde. Das wäre ja wie wenn die Blinden einfach sagen würden, dass die Sehenden keine Schwarzschrift mehr lesen dürfen, weil die Technologien ja so weit fortgeschritten sind."

Sein Appell:

„Stellen Sie sich das bitte einmal vor und überlegen Sie genau, wie es für Sie wäre, wenn wir einfach die Schwarzschrift abschaffen würden. Versuchen Sie sich bitte genau in diese Lage hineinzuversetzen und ich bin mir sicher, dass sie verstehen werden, wie wütend mich das macht. Natürlich verwendet man als blinde oder sehbehinderte Person Schwarzschrift, aber meist nur, um die Unterschrift zu schreiben, denn das kann man wirklich nicht mit Brailleschrift tun."

Zielsetzungen des Forschungsprojekts ZuBra

Das Projekt ZuBra (2015-2018) soll erfassen, wie hochgradig sehbehinderte und blinde Menschen Braille, adaptierte Schwarzschrift sowie assistive Technologien nutzen und über welche schriftsprachlichen Kompetenzen sie verfügen.

ZuBra will beitragen zur:

- Sicherung des Erwerbs schriftsprachlicher und technologischer Kompetenzen hochgradig sehbehinderter und blinder Menschen;
- Weiterentwicklung von Unterricht, Förderung und Beratung;
- Sicherung des Rechts auf behinderungsspezifische Medien, Lernmittel und Technologien.

2. Die erste Erhebung im Projekt ZuBra: Onlinebefragung (01.09. bis 31.10.2015)

2.1 Beschreibung der Stichprobe

819 der zugesandten Fragebögen konnten als gültig berücksichtigt werden. 105 davon (12.8 %) wurden offline als Brailleausdruck oder Worddokument ausgefüllt.

Die so entstandene Stichprobe kann folgendermaßen beschrieben werden:

- Ihre Mitglieder stammen zu 78.4% aus Deutschland, zu 19.2% aus der Schweiz; 20 Fragebogen enthalten hierzu keine Angaben.
- Vom Gesamt der 819 Teilnehmenden sind 440 weiblich, 370 männlich; von 9 Personen fehlen diese Angaben.
- 217 Teilnehmende sind hochgradig sehbehindert und 602 sind blind.
- Mehr als drei Viertel (n=682) aller Teilnehmenden sind bereits seit Geburt oder Kindheit und Jugend (unter 16 Jahren) hochgradig sehbehindert oder blind. Nur sehr wenige der Teilnehmenden (n=8) wurden erst nach dem 62. Lebensjahr hochgradig sehbehindert resp. blind.

Diese Verteilung legt den Schluss nahe, dass in der ZuBra-Stichprobe, anders als aktuelle Prävalenzangaben dies vermuten ließen (vgl. Spring, 2012 oder Statistisches Bundesamt, 2013), die Gruppe der Menschen mit altersbedingter Sehschädigung eindeutig untervertreten ist.

Die Befragten sind 6 bis 89 Jahre alt und im Durchschnitt 44-jährig; 11 von ihnen machen keine Altersangaben. Alle anderen (n=808) werden zu altersbezogenen Auswertungen in vier Gruppen (A1-4) aufgeteilt:

A1	Bis 22 Jahre:	gesamt: n = 139	davon: blind: n = 96;	hochgradig sehbehindert: n = 43
A2	23 – 42 Jahre:	gesamt: n = 207	davon: blind: n = 166;	hochgradig sehbehindert: n = 41
A3	43 – 62 Jahre:	gesamt: n = 335	davon: blind: n = 244;	hochgradig sehbehindert: n = 91
A4	Ab 63 Jahren:	gesamt: n = 127	davon: blind: n = 87;	hochgradig sehbehindert: n = 40

Die 682 Befragten, deren Behinderung des Sehens bereits vor dem 16. Lebensjahr eingetreten ist, besuchten oder besuchen in allen Altersgruppen am häufigsten die Sonder- resp. Förderschule.

Schulbiografien in der ZuBra-Stichprobe (in %-Zahlen):

1. Nur Sonder- resp. Förderschule:
   blind: 57.7%; hochgradig sehbehindert: 37.3%
2. Sonder-, wie auch Regelschule:
   blind: 30.0%; hochgradig sehbehindert: 35.2%
3. Nur Regelschule:
   blind: 12.3%; hochgradig sehbehindert: 27.5%

Erkennbar ist die identische Rangreihenfolge bei Blindheit wie bei hochgradiger Sehbehinderung, wobei die Verteilung im letzteren Fall als wesentlich ausgeglichener auffällt.

2.2 Lesen und Schreiben: Schwarzschrift – Braille

Ein kurzer Überblick über alle Altersstufen hinweg belegt die beim Lesen große Priorität von Braille bei den blinden Befragten. Bei den hochgradig sehbehinderten Befragten findet sich die Schwarzschrift klar an erster Stelle.

Anders stellt sich dies in Bezug auf das Schreiben dar. Hier ist die Hauptschrift für alle, also für blinde wie auch für sehbehinderte Befragte, die mit Tastatur geschriebene Schwarzschrift.

2.3 Lesen und Schreiben in Vollschrift, Kurzschrift oder Eurobraille

Wird Braille genutzt, so ist die Wahl verschiedener Systeme von besonderem Interesse. Exemplarisch dargestellt werden hier die Angaben der Befragten zu täglicher oder fast täglicher Nutzung von Braille in Vollschrift, Kurzschrift oder als Eurobraille (8-Punkt-Braille). Über alle Altersstufen hinweg ergibt sich dabei folgendes Bild:

Lesen Vollschrift: blind: 39.4%; hochgradig sehbehindert: 33.1%

Schreiben Vollschrift: blind: 20.5%; hochgradig sehbehindert: 17.8%

Lesen Kurzschrift: blind: 68.0%; hochgradig sehbehindert: 47.1%

Schreiben Kurzschrift: blind: 40.9%; hochgradig sehbehindert: 28.2%

Lesen Eurobraille: blind: 73.8%; hochgradig sehbehindert: 43.7%

Schreiben Eurobraille: blind: 25.7%; hochgradig sehbehindert: 18.4%

Während blinde wie hochgradig sehbehinderte Befragte in Vollschrift in vergleichbarer Weise lesen und schreiben, entscheiden sich die blinden Befragten wesentlich häufiger als die hochgradig sehbehinderten Befragten für die Kurzschrift – sowohl zum Lesen als auch zum Schreiben. In Eurobraille lesen die blinden Befragten ebenfalls weit häufiger als die hochgradig sehbehinderten. Beim Schreiben in Eurobraille dagegen fallen die Unterschiede weit geringer aus.

2.4 Nutzung von Technologien beim Schreiben

Hochgradig sehbehinderte und blinde Menschen bedienen sich vielfältiger technologischer Möglichkeiten, wenn sie schreiben, wobei sich allerdings auch klare Präferenzen erkennen lassen. So nutzen die blinden ZuBra-Teilnehmenden täglich, fast täglich oder zumindest wöchentlich (Mehrfachantworten waren möglich):

1. Schreiben mit der Computer-Tastatur: 92.4%
2. Schreiben mit der Punktschriftmaschine: 48.8%
3. Spracheingabe in iPhone/iPad statt schreiben: 42.1%
4. Brailleeingabetastatur auf der Braillezeile: 37.1%
5. Sprechen auf ein Aufnahmegerät/eine App: 36.9%
6. Braille schreiben mit Tafel und Stichel: 19.3%
7. Integrierte Brailleschrifteingabe in iPhone/iPad: 13.8%
8. Schwarzschrift schreiben von Hand: 12.5%

Die hochgradig sehbehinderten Befragten wählen die Computer-Tastatur zum Schreiben mit ebenso großer Priorität. Anschließend bilden sich ihre Präferenzen jedoch etwas anders ab:

1. Schreiben mit der Computer-Tastatur: 92.8%
2. Schwarzschrift schreiben von Hand: 65.0%
3. Spracheingabe in iPhone/iPad statt schreiben: 39.0%
4. Sprechen auf ein Aufnahmegerät/eine App: 27.7%

5. Schreiben mit der Punktschriftmaschine: 27.1%
6. Brailleeingabetastatur auf der Braillezeile: 21.7%
7. Integrierte Brailleschrifteingabe in iPhone/iPad: 5.6%
8. Braille schreiben mit Tafel und Stichel: 3.3%

2.5 Aufgabenbezogene Lese- und Schreibstrategien

Gefragt wurde in der Online-Erhebung auch, welche Schriften und Technologien bei unterschiedlichen Aufgaben bevorzugt werden.

Blinde Befragte nutzen für *„schnelles Lesen"* am häufigsten die Sprachausgabe kombiniert mit der Braillezeile und am zweithäufigsten Braille-Kurzschrift auf Papier. Es folgt – mit großem Abstand – die Sprachausgabe allein. Um *„das Gelesene gut zu verstehen"* oder *„zum Vergnügen zu lesen"* ist Braille-Kurzschrift auf Papier ihre erste Wahl, gefolgt von der Sprachausgabe mit resp. ohne Braillezeile.

Hochgradig sehbehinderte Befragte dagegen nutzen für *„schnelles Lesen"* am häufigsten die Schwarzschrift am Computer, am Bildschirmlesegerät, oder auf Papier, gefolgt von der Sprachausgabe kombiniert mit Schwarzschrift und anschließend der Braille-Kurzschrift auf Papier. Geht es darum, *„das Gelesene gut zu verstehen"* steht für sie die Schwarzschrift am Computer an erster, Braille-Kurzschrift auf Papier an zweiter und die Sprachausgabe kombiniert mit Schwarzschrift an dritter Stelle. Wird *„zum Vergnügen gelesen"*, nutzen die hochgradig sehbehinderten Befragten am liebsten Braille-Kurzschrift auf Papier. Fast ebenso oft wählen sie die Sprachausgabe allein; sie steht hier an zweiter Stelle.

Detaillierter aufgezeigt werden nun die Unterschiede zwischen blinden und hochgradig sehbehinderten Befragten am Beispiel *„das Gelesene gut verstehen"*.

Dazu geben blinde Befragte ihre Präferenzen wie folgt an:
1. Braille-Kurzschrift auf Papier: 54.7%
2. Sprachausgabe mit Braillezeile: 50.5%
3. Eurobraille auf der Braillezeile: 32.9%
4. Braille-Kurzschrift auf der Braillezeile: 18.8%
5. Nur Sprachausgabe: 15.1%

Bei hochgradig sehbehinderten Befragten ergibt sich bei derselben Aufgabe ein wesentlich anderes Bild:

1. Schwarzschrift am Computer: 28.6%
2. Braille-Kurzschrift auf Papier: 24.9%
3. Sprachausgabe mit Schwarzschrift: 24.4%
4. Schwarzschrift am Bildschirmlesegerät: 23.5%
5. Schwarzschrift auf Papier: 23.0%
6. Sprachausgabe mit Braillezeile: 19.4%

Was primär bei der Aufgabe „*das Gelesene gut verstehen*" auffällt, sich allerdings auch bei allen anderen Aufgaben zeigt, ist, dass die Braillezeile von hochgradig sehbehinderten Lesenden wesentlich seltener genutzt wird, als von den blinden Lesenden. Dies wirft Fragen nach deren Verfügbarkeit auf: Haben hochgradig sehbehinderte Menschen hier gleiche Möglichkeiten wie blinde?

Bezüglich der Altersunterschiede in der Wahl von Nutzungsstrategien bei verschiedenen Leseaufgaben ist erkennbar, dass die Jüngsten (bis 22 Jahre) die Präferenzen der älteren Befragten in ihrer Bezugsgruppe der blinden oder der hochgradig sehbehinderten Teilnehmenden weitgehend teilen. Ein deutlicher Unterschied zeigt sich allerdings in der offensichtlichen Zurückhaltung der Jüngsten im Nutzen der Braille-Kurzschrift und dem dagegen häufigeren Gebrauch der Braille-Vollschrift. Die Altersgruppen der 23- bis über 63-Jährigen nennen beispielsweise bei den Leseaufgaben „Gutes Verstehen" und „Schnelles Lesen" zwei- bis dreimal häufiger Kurzschrift auf Papier oder Kurzschrift auf der Braillezeile im Vergleich zu den bis 22-Jährigen.

Wie beim Lesen bieten sich auch beim Schreiben vielfältige Strategien sowie deren Kombinationen an. Schreiben mit der Computertastatur allein oder in Kombination mit Sprachausgabe und/oder Braillezeile zählt bei den meisten Aufgaben bei hochgradig sehbehinderten wie bei blinden Befragten zu den am meistgewählten Strategien. Neben der Verwendung der Computertastatur spielt jedoch auch das Schreiben mit der Brailleschreibmaschine in Kurzschrift eine relativ große Rolle. Die Vielfalt an genutzten Strategien ist beim Schreiben von Notizen besonders groß. Sie erstreckt sich vom Schreiben mit Tafel und Stichel bis hin zu aktuellen Möglichkeiten des Sprechens auf Aufnahmegeräte, auf Apps sowie der Spracheingabe in iPhone oder iPad und der integrierten Brailleschrifteingabe in diesen Geräten. Wie beim Lesen unterscheiden sich die jüngsten Teilnehmenden von den älteren auch beim Schreiben bezüglich der Braillenutzung. In Kurzschrift schreiben sie deutlich seltener als die älteren Teilnehmenden.

3. Fazit

Nach diesen kurzen, exemplarisch ausgewählten Ergebnisdarstellungen aus ZuBra wenden wir uns nochmals den eingangs gestellten Fragen und Befürchtungen von Tobin und Hill (2015) zu.

Hat Braille eine Zukunft?

Als Fazit aus der Onlinebefragung lässt sich festhalten, dass die Punktschrift als Garant des selbstbestimmten Zugangs zu schriftlicher Kommunikation durchaus nicht in dem Ausmaß an Bedeutung verloren hat, wie oft vermutet wird. Zwar zeigt sich in allen Altersgruppen, dass auditive Technologien im Zugang zu wie auch in der Produktion von schriftlicher Kommunikation selbstverständlichen Eingang gefunden haben. Eine Teilnehmende an der Befragung sieht dies folgendermaßen: „*Heute verschmelzen Braille und die digitale Welt zunehmend miteinander, jedoch ist meiner Meinung nach die Brailleschrift ein Grundrecht und ihre Beherrschung als Kompetenz unerläßlich.*" Eine andere Befragte äußert sich dazu folgendermaßen: „*Bei der PC-Arbeit hat die Punktschrift vor allem eine unterstützende und nervenentlastende Bedeutung. Unerlässlich ist sie beim Korrekturlesen.*" Und eine weitere befragte Person verweist auf die folgende, erst in jüngster Zeit sich anbietende Nutzungsstrategie: „*Ich benutze die Brailleschrift zur Zeit nur zum Schreiben auf dem iPhone.*"

Die vielfach befürchtete Verdrängung der Brailleschrift durch Technologien lässt sich anhand der vorliegenden quantitativen Forschungsbefunde nicht bestätigen. Die weitaus meisten Befragten geben an, dass sie die Brailleschrift regelmäßig nutzen. Dies allerdings mehrheitlich kombiniert mit Computer-Technologien, wie beispielsweise der Sprachausgabe.

Selbst wenn sich zwischen jüngeren und älteren Befragten teilweise deutliche Unterschiede beim Schreiben und Lesen mit Brailleschrift und Technologien zeigen, scheint die Brailleschrift für alle Altersgruppen wichtig. Für viele ist sie unverzichtbar in Ausbildung, Beruf wie im Alltag. Ein befragter blinder Schüler meint: „Punktschrift ist wichtig, damit blinde Menschen die Rechtschreibung beherrschen, um später im Beruf sämtliche Chancen zu bekommen! Punktschrift bedeutet Inklusion!"

Sind Lese- und Schreibfähigkeiten blinder und hochgradig sehbehinderter Menschen gefährdet?

Im Rahmen der nun folgenden zweiten ZuBra-Erhebung gilt es hierzu grundlegende Daten zu gewinnen. Die Frage, welche Auswirkungen die Nutzung von Braille und Technologien auf schriftsprachliche Fähigkeiten hat, steht darin im Zentrum.

Umfassende Daten zu Lese- und Schreibkompetenzen (Lese- und Hörverständnis, Lesegeschwindigkeit, Rechtschreibung) Jugendlicher und junger Erwachsener werden mittels standardisierter Testverfahren erhoben und analysiert.

Eine Befragung, welche wesentliche Inhalte die Onlineumfrage enthält und darüber hinaus auch Fragen zu verfügbaren technologischen Ausrüstungen und Brailleausdrucken sowie zum Braille- und Technologieunterricht, zu schulischen Settings und zu persönlichen Lernbiographien aufweist, ergänzt die Testungen.

Zielgruppe der zweiten Erhebung sind hochgradig sehbehinderte oder blinde Brailleleserinnen und -leser im Alter von 11.0 bis 22.11 Jahren.

Die Probanden besuchen (oder besuchten) die Schule in unterschiedlichen Settings (Regelschule, Sonder- resp. Förderschule). Es wird jedoch vorausgesetzt, dass sie im Rahmen des Regelcurriculums unterrichtet werden/wurden, allenfalls mit individueller Lernzielsetzung. Eine Stichprobe von ungefähr 300 Probanden (DE und CH) wird angestrebt.

Literatur

Spring, Stefan (2012): Sehbehinderung und Blindheit: Entwicklung in der Schweiz. Schweizerischer Zentralverein für das Blindenwesen:
http://www.szb.ch/angebot/dachorganisation/forschung.html

Statistisches Bundesamt (2013): Sozialleistungen. Schwerbehinderte Menschen. Fachserie 13 / Reihe 5.1
https://www.destatis.de/DE/Publikationen/Thematisch/Gesundheit/Behinderte-Menschen/Schwerbehinderte2130510119004.pdf?__blob=publicationFile

Tobin, Michael; Hill, Eileen (2015): Is literacy for blind people under threat? Does braille have a future? British Journal of Visual Impairment, 33 (3), 239-250

Anschriften der Projektleitenden

Prof. Dr. Ursula Hofer,
Interkantonale Hochschule für Heilpädagogik Zürich, Schaffhauserstr. 239, Postfach 5850, CH - 8050 Zürich, E-Mail: ursula.hofer@hfh.ch

Prof. Dr. Markus Lang,
Pädagogische Hochschule Heidelberg, Zeppelinstr. 1, D - 69121 Heidelberg,
E-Mail: lang@ph-heidelberg.de

Homepages mit weiteren Projektinformationen

http://www.hfh.ch/de/forschung/projekte/zukunft_der_brailleschrift_zubra/
www.ph-heidelberg.de/blinden-und-sehbehindertenpaedagogik/forschung/zubra.html

ELLEN UND MARTIN BRIEGER

iPad-Klassen am bbs nürnberg

Chancen, Grenzen und weiterführende Überlegungen

Im Mittelpunkt steht die Arbeit mit iPads bei sehbehinderten Schülerinnen und Schülern am bbs nürnberg am Förderzentrum Förderschwerpunkt Sehen in einer 2. und 4. Jahrgangsstufe mit z. T. hochgradig sehbehinderten Kindern. Die praktische Arbeit mit dem iPad wird jeweils als Chance in drei eher künstlichen, exemplarischen Stufen dargestellt:

- Lesen,
- Bearbeiten,
- Gestalten & Präsentieren.

Abschließend folgen die Grenzen für Lehrerinnen und Lehrer und einige Impulse zu weiterführenden Überlegungen.

Entwicklung

Vor fünf Jahren begannen wir mit sechs iPads, die stundenweise in unterschiedlichen Klassenstufen des Förderzentrums herumgereicht wurden. Schnell wurde klar, dass die iPads für einen pädagogischen Einsatz intensiv betreut werden müssen. Vor fast zwei Jahren konnte mit großzügigen Spendengeldern in einer Art „schulhausinternem Schulversuch" für zwei Klassen der Grundschulstufe für jede Schülerin und jeden Schüler ein iPad angeschafft werden. Wir entschieden uns für das damals aktuelle iPad Air2 von Apple, weil es stabil und zuverlässig arbeitet. Das Angebot der Apps und die Sicherheit bei den iPads sind recht gut. Die sogenannten Bedienungshilfen der iPads kommen aus unserer Sicht Kindern mit Seheinschränkungen gut entgegen. Zu diesen 21 iPads wurden noch stabile Schutzhüllen, einige Tastaturen, Geld für Apps-Lizenzen, ein Ladeturm und ein MacMini gesponsert. Vor etwa einem Jahr wurden die iPads ausgegeben. Die Kinder setzen sie wie ein eigenes Gerät in der Schule und in der Tagesstätte, aber auch zu Hause, bei der Schulwegbeförderung und in den Ferien intensiv ein.

... als Chance – Lesen

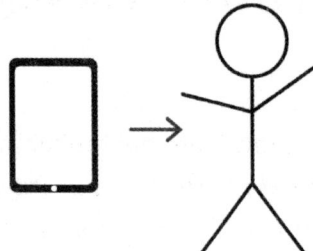

Abbildung 1: Informationsaufnahme

Das iPad bietet den Zugang zu vielfältigen Informationen. Der Nutzer nimmt die Informationen entsprechend seiner Wahrnehmungsmöglichkeit auf.

- Die Schülerinnen und Schüler der beiden Klassen verwenden jeweils individuelle, teils sehr unterschiedliche Leseeinstellungen. Sie können Kontrast, Farbigkeit, Helligkeit, Schriftart und Schriftgröße, Zeilenabstände, Seitenränder usw. frei wählen. Diese Einstellungen können auch für weitere Dokumente beibehalten werden.
- Besonders für hochgradig sehbehinderte Schülerinnen und Schüler ist es schwierig, ausreichend Lesestoff zu finden. Mit dem Tablet kann man – genauso wie mit einem eBook-Reader – nach der Anmeldung in einer öffentlichen Bibliothek in der Regel eBooks kostenlos ausleihen. Das Buch wird über WLAN geladen. Nach 21 Tagen verschwindet das Buch ganz von selbst. Die verwendete Lese-App Bluefire Reader mit ihren vielfältigen Einstellmöglichkeiten hat sich in den Klassen für ausgeliehene Bücher bewährt.
- Im Englisch-Unterricht bietet sich die Verknüpfung von Lesetexten mit Hördateien an. Die Schülerinnen und Schüler verfügen sozusagen jederzeit über ihr eigenes Sprachlabor.
- Texte oder auch die Interpretation einer Situation können Kinder mit Seheinschränkung oftmals überfordern – nicht nur in der Schule. Auch bei Unter-

richtsgängen oder in ihrem Lebensalltag setzen die Kinder die Kamera des iPads ein.

- ◻ Wenn sich Situationen schnell verändern, wie z. B. beim Beobachten von Küken in einem Käfig oder wenn beispielsweise die Lesetafel zu hoch hängt, hilft oft eine Aufnahme mit der Kamera, welche die Information leichter zugänglich machen kann.
- ◻ Wenn die Anleitung auf der Rückseite einer Puddingpackung mit etwa einer Schriftgröße 7 zu klein geschrieben ist, dann zuerst abfotografieren und anschließend am iPad lesbar aufziehen.

Die Anpassung der Vergrößerung am Tablet lässt sich in der Regel auf zwei unterschiedlichen Wegen verwirklichen:

- Bei vielen Apps können mit den Fingern die Darstellungen auseinandergezogen werden. Am Bildschirm kann direkt vergrößert werden. Die Kinder verändern gezielt für ihre Ansprüche den Bildausschnitt.
- Manche Apps bieten die Vergrößerung mit zwei auseinanderziehenden Fingern nicht an. Eine interne Lupe kann hochgradig sehbehinderten Kindern gute Dienste leisten. In dieser Lupe kann man auch einfach weiterarbeiten. Was man hineinzieht, bleibt touchempfindlich, wird aber vergrößert.

Die Schülerinnen und Schüler begeistern sich für Bücher und das Lesen am iPad. Bei der Informationsaufnahme besticht das iPad beispielsweise durch

- eine verhältnismäßig einfache Bedienung,
- eine hochauflösende Darstellung,
- eine gute Kamera

und es ermöglicht eine individuelle Anpassung an die eigenen Bedürfnisse.

... als Chance – Bearbeiten

Abbildung 2: Das Zusammenspiel zwischen Ausgabe und Eingabe

Hilfsmittel

Das iPad kann als sehbehindertengemäßes Hilfsmittel im Zusammenspiel zwischen Ausgabe und Eingabe dienen:

- Bei vielen interaktiven Anwendungen, wie bei speziellen Apps zum Erlernen der Schreibweise von Buchstaben oder Zahlen, steuert die Berührung am Bildschirm den weiteren Ablauf der App. Das Kind beginnt mit dem Teilbuchstaben. Wenn dieser richtig und vollständig ist, gibt die App das weitere Buchstabenbild vor. Die Schülerin oder der Schüler erkennt genau im richtigen Moment die Reihenfolge und die Richtung der Schreibbewegung. Es ist somit eine dynamische Anleitung, wie sie ein Lehrer auch vormachen würde. Das iPad bietet für sehbehinderte Kinder eine unmittelbare Auge-Hand-Koordination.
- Prinzipiell ist das Schreiben mit dem Finger möglich, die Treffgenauigkeit und Formklarheit sind jedoch in der Regel nicht befriedigend. Auf dem iPad Air2 zu schreiben, kann nicht mit dem Schreiben auf Papier mithalten. Die Schülerinnen und Schüler nutzen die Eingabe mit dem Finger für Übungen, bei denen weggestrichen oder bestätigt werden soll. Es werden z. B. Buchstaben eingesetzt und anschließend werden die korrigierten Arbeitsergebnisse des iPads ins Heft übertragen.
- Die Kinder der 4. Klasse nutzen meistens die genauere Eingabe mit einem geeigneten Stift.
- Auch die Eingabe mit einer externen Tastatur ist möglich, besonders bei Schülerinnen und Schülern, die ihre Handschrift nicht gut entziffern können.

Lernmittel

Zusätzlich unterstützt das Tablet als sehbehindertengemäßes Lernmittel durch vielfältige Einsatzmöglichkeiten die Arbeit von Kindern mit Seheinschränkung:

- Viele Kinder im Förderschwerpunkt Sehen sind inzwischen individuell sehr unterschiedlich. Sie variieren in den Lernvoraussetzungen, in ihrem Lerntempo, in ihrer Belastbarkeit, ihrer sprachlichen Sicherheit usw. Ausgewählte Anwendungen am iPad bieten eine große Vielfalt und können damit jedes Kind auf dem aktuellen Niveau fördern.

- Darüber hinausgehend können geflüchtete sehbehinderte Kinder, aber auch anders sozial oder sprachlich benachteiligte Kinder ein Stück weit bei ihren Sprachschwierigkeiten oder z. B. beim Verständnis der Kultur durch ein vielfältiges Angebot mit klarem, vergrößertem und leuchtstarkem Anschauungsmaterial unterstützt werden. Die mögliche Interaktivität mit Selbstkontrolle kann ein selbstständiges Lernen auch in der eigenen Sprache fördern.

Das iPad bietet ein riesiges Angebot an Übungen und Erklärungen, die eine Lehrkraft mit kopierten Arbeitsblättern und Betreuung nicht bereitstellen könnte. Es gibt jedoch im Überangebot der Software viel Müll. Deswegen muss jede Lehrerin oder jeder Lehrer die verwendeten Apps gezielt testen und passgenau einsetzen. Hier eine Liste der Apps, die von den Schülerinnen und Schülern am bbs nürnberg seit etwa einem Jahr erfolgreich verwendet werden:

- **Bluefire Reader** – gut einstellbarer Reader für eBooks – von Bluefire Productions – kostenlos
- **Book Creator** – klares Tool, um eBooks zu erstellen – von Red Jumper Limited – mit VPP je 2,49 €
- **Classroom** – Verwaltung und Kontrolle von Schüler-iPads – von Apple – kostenlos
- **Der kleine Drache Kokosnuss** – Vorschule und 1. Klasse – von Verlagsgruppe Random House – je 2,99 €
- **Documents 5** – PDF-Betrachter und Download-Manager – von Readdle – kostenlos
- **Einmaleins Üben** – differenziertes Üben der Einmaleinsreihen – von Rudie Ekkelenkamp – kostenlos

- **Geoboard** – von Clarity Innovations – kostenlos
- **Lernerfolg Grundschule** – Schulversion Grundschule (Klasse 1-4) – von Tivola Publishing GmbH – mit VPP je 12,49 €
- **Lernerfolg Vorschule** – Capt'n Sharky: Alphabet, Zahlen, Rechnen und Englisch – von Tivola Publishing GmbH – mit VPP je 1,49 €
- **Onleihe** – zum Ausleihen von eBooks aus öffentlichen Büchereien – von ekz. bibliotheksservice GmbH – kostenlos
- **Paper** – Notizen, Fotokommentare und Skizzen – von FiftyThree Inc. – kostenlos
- **PDF Expert 5** – Formulare ausfüllen, Anmerkungen machen – von Readdle (notwendig, um PDFs in Documents 5 zu bearbeiten) – mit VPP je 4,99 €
- **swipe** – Strategie-Spiel – von Tobias Brieger – kostenlos
- **Unsere Welt** – das Geographie-Quiz – von Trilliarden – kostenlos

Diese Apps wurden ausgewählt, weil sie gleichzeitig aufgrund ihrer Darstellung und ihrer Einstellmöglichkeit, ihres inhaltlichen Angebotes und dem grundsätzlichen Fehlen von Werbung oder Ablenkungen sich in der Arbeit mit sehbehinderten Kindern bewährt hatten.

... als Chance – Gestalten & Präsentieren

Abbildung 3: Die „Welt" wird ins iPad hereingeholt, gestaltet und anschließend präsentiert.

Mit dem iPad kann man teilweise ähnlich anspruchsvoll wie mit einem PC oder Mac arbeiten. Beim „Gestalten & Präsentieren" werden nachfolgend komplexere Strukturen beispielhaft dargestellt.

Das Kind holt sich auf unterschiedliche Weise (Internet, Kamera, Texteingabe...) die „Welt" ins iPad herein. Es verarbeitet und gestaltet mit passenden Apps diese „Welt" und präsentiert das Ergebnis anderen. Die sehbehinderten Schülerinnen und Schüler am bbs nürnberg schätzen inzwischen sehr, welche komplexen Anwendungen das iPad ihnen bei richtiger Verwendung bieten kann:

- Eine Schülerin fotografiert eine Schildkröte in einem Terrarium, um sie dann durch Vergrößerung detailliert betrachten zu können. Später verwendet sie dieses Foto bei einem Referat zu diesem Thema.

- Die Schülerinnen und Schüler setzen im Englischunterricht das Backen von Cookies als Vorgangsbeschreibung um. In Gruppenarbeit führen sie die Arbeitsanleitung durch, während eine Schülerin die einzelnen Arbeitsschritte mit der Kamera dokumentiert. Anschließend gestaltet jedes Kind ein eBook aus den Bildern, dem Text und einer selbst gesprochenen Sprachdatei.

- Manche Schülerinnen und Schüler gestalten ihre persönlichen Erlebnisse wie in einem elektronischen Tagebuch am iPad. Mittels WLAN-Übertragung an den PC werden den Mitschülerinnen und Mitschülern sehr anschaulich z. B. die Eindrücke eines Krankenhausaufenthaltes an der elektronischen Tafel als Fotostrecke, als Video oder zusammengebasteltes eBook präsentiert.

- Viele Kinder und Jugendliche verbringen viel Zeit im Internet und sehen sich „Tutorials" auf bekannten Plattformen an. Diese klaren und kleinschrittigen Erklärungen geben als filmische Gebrauchsanleitungen alle möglichen Tipps zum Beispiel zum Schminken oder zum Basteln. Die beiden Klassen am bbs nürnberg haben inzwischen viele Lern-Tutorials zu unterschiedlichen Unterrichtsthemen wie dem Zehnerübergang oder dem schriftlichen Teilen erstellt, um komplexere Inhalte in der eigenen Jugendsprache aufzubereiten. Sie schätzen es als „Unterrichts-Konserve", wenn sie zum Beispiel auf Proben üben. Sie lernen dabei zusätzlich die Kameraführung, das deutliche Einsprechen der Texte und die Notwendigkeit einer gemeinsamen Planung. Die Freude und Motivation beim Erstellen und Gestalten und auch ihr Anspruch sind hoch.

- Bei einer Projektwoche zum sozialen Lernen arbeiteten beide Klassen zusammen. In Gruppen überlegten sich die Schülerinnen und Schüler je eine Konfliktsituation. Sie bauten im spannungsreichsten Moment einen Stopp ein. Die Zuschauer sollten später bei der Vorführung unterschiedliche Ausgänge der Geschichte nennen. Einige mögliche Fortsetzungen wollten die Kinder zusätzlich vorher filmisch vorbereiten. Sie malten ein Storyboard, suchten einen passenden Drehort, übten die Rollen und Kameraeinstellungen, drehten den Film und schnitten den Film selbstständig mit iMovie am iPad. Es war eine kreative und sehr lehrreiche Zeit, in der manche Kinder plötzlich auch unbekannte Qualitäten zeigen konnten, in der sehr viel geplant, diskutiert und gelacht wurde. Das iPad war fast immer dabei!

Grenzen

Von unserer Einrichtung erhielten wir die tolle finanzielle Unterstützung und die Erlaubnis, uns bei Fortbildungen in Dillingen oder bei Apple zu schulen, ein Kollege unterstützte uns dankenswerterweise beim Kampf mit der Firewall, ansonsten waren wir leider auf uns selbst gestellt. Oftmals fühlen wir uns als Pioniere in einer noch nicht erforschten Welt. Mit der tatkräftigen Unterstützung unserer interessierten Söhne konnten wir immer wieder größere Schwierigkeiten lösen.

Datenschutz

Die Zielsetzung, den Datenschutz stets ernst zu nehmen, stand im Vordergrund. Doch in vielen Apps können die Daten ausschließlich in der Cloud gespeichert werden. Das heißt, dass die Dokumente oder Fotos auf ausländischen Servern gespeichert werden. Die Schülerinnen und Schüler der beiden Klassen am bbs nürnberg verwenden deshalb

- nur Apps ohne Cloud-Nutzung.
- Mit einem MacMini als eigenen NAS-Rechner wurde ein hausinterner Speicher realisiert.

Einschränkungen

Mit einem iPad kann man gut lesen, gut arbeiten und sich fast unbegrenzt kreativ ausleben. Man kann aber auch sehr viel falsch machen. Bei den Sicherheitseinstellungen wurde deshalb eine sehr eingeschränkte Betreuung eingerichtet.

- Die iPads sind sehr eingeschränkt und nur mit pädagogisch wertvollen Apps bestückt, von deren Nutzen wir überzeugt sind.
- Die Schülerinnen und Schüler haben keine Passwörter, können keine Einkäufe tätigen, können Apps nicht laden oder löschen, können die Anordnung nicht verstellen, können aber ansonsten die freigegebenen Apps in vollem Umfang verwenden.
- Außerdem haben sie kein oder ein sehr eingeschränktes Internet – je nach Benutzergruppe.

Verwaltung

Wir verwalten mit dem Profilmanager der Server-App die iPads völlig kabellos mit eigener Fernwartung als MDM (Mobile Device Management). Das bedeutet, iPads erhalten, sobald sie in einem WLAN sind, die Einstellungen, die wir erzwingen. Unsere Einstellungen können von den Kindern nicht umgangen werden. Wir können Apps installieren oder löschen, Einschränkungen setzen oder aufheben. Die Qualität des Netzwerkes und der WLAN-Verbindung ist jedoch sehr wichtig.

Konnektivität

iPads haben keinen USB-Port, eine funktionelle Grenze dieser Tablets. Aber wie bekommt man Dateien hinein und hinaus? Es gibt unterschiedliche Arten, mit einem iPad zu kommunizieren.

- Per eMail oder per Dateifreigabe senden wir von Zuhause die Dokumente meistens als PDF. Über WLAN empfangen die Schülerinnen und Schüler die neuen Arbeitsmaterialien und laden sie in die App Documents 5, mit deren Hilfe man Dateien sehr gut verwalten und bearbeiten kann.
- Auch über Air-Drop kann man von iPad zu iPad per Funkverbindung jederzeit Inhalte oder Bilder austauschen.

- Die Vernetzung der iPads mit der elektronischen Tafel erfolgt über den AppleTV oder eine Software wie zum Beispiel AirServer. Der Bildschirm eines iPads wird auf die elektronische Tafel projiziert. Dadurch kann man gemeinsam Dokumente, Bilder und Abläufe erarbeiten und besprechen.
- Apple versucht, den Lehrkräften immer mehr Hilfen an die Hand zu geben. In der Classroom-App kann der Lehrer über sein eigenes iPad die betreuten Schülerinnen- und Schüler-iPads überwachen oder ein Buch für alle gleichzeitig bei unterschiedlicher Leseeinstellung genau an der gleichen Stelle öffnen.

Weitere entscheidende Grenzen

✓ Wollen Sie derjenige sein, der die finanziellen Mittel beschaffen will?
✓ Wollen Sie die Anschaffung und die technische Umgebung ausarbeiten?
✓ Wollen Sie sich um das Einrichten der iPads kümmern?
✓ Wollen Sie für Kollegen verantwortlich sein und sie noch schulen?
✓ Und wollen Sie dann auch noch für die langfristige Betreuung mit Fehlersuche und Aktualisierung zuständig sein?

– wie bei uns ganz ohne Stundenermäßigung –

Viele Aufgabenbereiche erscheinen machbar, doch die Umsetzung fordert oft sehr viel mehr Zeit und Energie als vorher gedacht. Die teils extrem schnelle technische Entwicklung kann schnell überfordern. Häufig ist man als Lehrerin oder Lehrer schon mit den Aufgaben in der Klasse ausgelastet. Dann würde es reichen, wenn die Lehrkraft sich nur darauf konzentrieren könnte, die iPads pädagogisch wertvoll im Unterricht einzusetzen.

Wissens-Management

Der Einsatz von iPads oder sonstigen Tablets im Unterricht bleibt häufig noch eine Insel-Lösung von einzelnen engagierten Lehrerinnen und Lehrern. Viele Lehrkräfte sind von der Idee begeistert, doch die Hilfestellungen fehlen noch.

Weiterführende Überlegungen

- Die moderne Lebenswelt mit Spielekonsole, Computer, Tablet und Smartphone einerseits,
- der angestaubt wirkende, oftmals wissensüberladene schulische Betrieb andererseits,
- dazwischen ist manchmal eine Kluft!

Diese Kluft kann mit einem klar strukturierten, vielfältigen Angebot verringert werden. Vor allem bei so besonderen und „abwechslungsreichen" sehbehinderten Kindern im Förderschwerpunkt Sehen.

Helfen wir den Schülerinnen und Schülern, wenn wir sie mit iPads beglücken?

Mit beiden Klassen versuchen wir, möglichst viele Kompetenzen anzubahnen. Wir wollen die Kinder befähigen, verantwortungsvolle Menschen zu werden. Wir wollen alte und bewährte Überlegungen der Reformpädagogen, das Lernen mit Kopf, Herz und Hand nach wie vor umsetzen und mit den neuen Techniken verbinden:

- Manchmal spielen wir mit den Schülerinnen und Schülern im Wald,
- manchmal gestalten wir am iPad einen Bericht vom Ausflug als eBook,
- manchmal singen und musizieren wir zusammen
- und manchmal ist das iPad eine Filmkamera.

Wir versuchen, den Schülerinnen und Schülern die riesigen Möglichkeiten und Handlungsspielräume zu zeigen, die sowohl die pädagogischen Überlegungen als auch die moderne Medienvielfalt bieten. Für uns ist deswegen das iPad besonders für Kinder mit Seheinschränkung erst einmal ein

- individuelles Hilfsmittel, das auch durch seine Leuchtkraft eine tolle Zusammenarbeit ermöglicht.
- Als Tablet ist es mobil – die Kinder verwenden es am Schülertisch, in der Gruppenecke, im Stuhlkreis, im Fachraum, irgendwo bei der Partnerarbeit und auch Zuhause bei den Hausaufgaben.
- Das iPad bietet ein vielfältiges Übungsangebot oft mit toller Selbstkontrolle.
- Als multimediales Werkzeug können die Schülerinnen und Schüler damit ihre Erlebnisse gestalten und präsentieren.

Die Schülerinnen und Schüler lernen, sich besser in einer Welt zu orientieren, die auf sehbehinderte Kinder manchmal wenig Rücksicht nimmt. Mit unserer Arbeit mit dem iPad wollen wir die Kinder stärken.

Autoren

Ellen und Martin Brieger, Blinden- und Sehbehindertenpädagogen, bbs nürnberg